# **RAYMOND CHANDLER**
(1888-1959)

RAYMOND CHANDLER foi uma das grandes personalidades da literatura americana do século XX. Pontificou no gênero policial *noir* uma vertente, digamos assim, mais intimista e realista do que aquele tipo de literatura de crime e mistério que surgiu com Poe, Conan Doyle e Chesterton e que teve seguidores célebres como Agatha Christie, Ruth Rendell, Rex Stout e, de certa forma, Georges Simenon. Chandler e seu mestre, Dashiell Hammett, desprezavam essa comparação. Seus romances não tinham como elemento-chave o investigador superarguto e suas deduções geniais. Em vez de um elegante Hercule Poirot, de um curioso Padre Brown, de um impressionante Sherlock ou de seu pai literário, o inspetor Dupin, de Poe, encontramos homens comuns (ou quase) tentando ganhar a vida trabalhando por "25 dólares por dia mais despesas". Philip Marlowe, o fascinante detetive e principal personagem de Chandler, figurou em oito romances ambientados nos Estados Unidos em plena pós-recessão, um país cheio de incertezas com uma legião de desempregados andando pelas ruas em busca de um meio para sobreviver.

Raymond Chandler nasceu em Illinois, em 1888. Depois do divórcio dos pais, em 1896, foi morar com a mãe em Londres. Jamais voltou a ver o pai. Criado na Inglaterra, seguiu sendo cidadão americano, embora sua mãe tivesse se naturalizado inglesa. Retornou para os Estados Unidos em 1912 e, na Primeira Guerra Mundial, serviu nas forças canadenses e na britânica Royal Air Force. Tentou ser jornalista, empresário, detetive e até executivo de uma companhia de petróleo. Desenvolveu o gosto pela literatura e devorou livros durante a vida inteira. Em 1933, com 45 anos, conseguiu publicar seu primeiro conto na célebre revista *Black Mask*, da qual Dashiell F
Imediatamente foi considerado
tos passaram a fazer muito su
literatura *noir*. Seu primeiro liv

cado em 1939. Nele, o protagonista já era Philip Marlowe, cujo caráter e personalidade foram desenvolvidos sob várias identidades em seus contos. A seguir, publicou os romances *Adeus, minha adorada* (1940), *Janela para a morte* (1942), *A dama do lago* (1943), *A irmãzinha* (1949), *O longo adeus* (1953) e *Playback* (1958). Deixou inacabada a novela *Amor & morte em Poodle Springs*, que foi concluída pelo escritor Robert Parker com a permissão da família e publicada em 1989. Seus contos foram recolhidos e publicados em dois grandes volumes: *A simples arte de matar* e *Assassino na chuva*. Escreveu roteiros para Hollywood e teve todos os seus livros adaptados para o cinema, em filmes nos quais trabalharam grandes astros e estrelas, como Humphrey Bogart, Lauren Bacall, Robert Mitchum, Charlotte Rampling, James Stewart, Robert Montgomery, James Gardner, Elliot Gould, entre muitos outros. Tornou-se alcoólatra após a morte da mulher, em 1956, e morreu em Los Angeles em 1959, consagrado como um dos maiores escritores americanos de todos os tempos.

## Livros do autor publicados L&PM Editores

*A dama do lago* (Coleção **L**&**PM** Pocket)
*Adeus, minha adorada* (Coleção **L**&**PM** Pocket)
*A irmãzinha* (Coleção **L**&**PM** Pocket)
*Amor & morte em Poodle Springs* (com Robert Parker) (Coleção **L**&**PM** Pocket)
*Armas no Cyrano's e outras histórias* (Coleção **L**&**PM** Pocket)
*Assassino metido a esperto e outras histórias* (Coleção **L**&**PM** Pocket)
*Assassino na chuva*
*Janela para a morte* (Coleção **L**&**PM** Pocket)
*O longo adeus* (Coleção **L**&**PM** Pocket)
*O sono eterno* (Coleção **L**&**PM** Pocket)
*Para sempre ou nunca mais* (*Playback*) (Coleção **L**&**PM** Pocket)
*Vou estar esperando e outras histórias* (Coleção **L**&**PM** Pocket)

# Raymond Chandler

# *A irmãzinha*

Tradução de Caroline Chang

www.lpm.com.br

**L&PM** POCKET

Coleção **L&PM** Pocket, vol. 411

Título original: *Little sister*

Primeira edição na Coleção **L&PM** POCKET: abril de 2005
Esta reimpressão: novembro de 2007

*Capa*: Ivan Pinheiro Machado
*Foto da capa*: Foto de Eve Arnold, 1952, *Marlene Dietrich nos estúdios de gravação da Columbia Records* (Magnum Photos).
*Revisão*: Renato Deitos, Eva Motchi e Jó Saldanha
*Tradução*: Caroline Chang

ISBN 978-85-254-1388-8

---

S456a   Chandler, Raymond, 1888-1959.
       A irmãzinha / Raymond Thornton Chandler;
  tradução de Caroline Chang. – Porto Alegre :
  L&PM, 2007.
      272 p. ; 18 cm. – (Coleção L&PM Pocket)

      1.Literatura norte-americana-Romances policiais.
  I.Título. II.Série.
               CDD 813.872
               CDU 821.111(73)-312.4

Catalogação elaborada por Izabel A. Merlo, CRB 10/329.

---

© 1940, by Raymond Chandler

Todos os direitos desta edição reservados a L&PM Editores
Rua Comendador Coruja 314, loja 9 – Floresta – 90.220-180
Porto Alegre – RS – Brasil / Fone: 51.3225.5777 – Fax: 51.3221-5380

Pedidos & Depto. Comercial: vendas@lpm.com.br
Fale conosco: info@lpm.com.br
www.lpm.com.br

Impresso no Brasil
Primavera de 2007

# 1

Na porta de vidro rugoso está gravado com tinta preta descascada: *Philip Marlowe... Investigações*. É uma porta bastante surrada ao final de um corredor bastante surrado no tipo de prédio que era novo lá pelo ano em que o banheiro inteiramente de azulejos se tornou a base da civilização. A porta está trancada, mas ao lado dela há outra, com a mesma inscrição, que não está trancada. Entre – não há ninguém aqui além de mim e uma mosca varejeira. Mas não entre se você for de Manhattan, Kansas.

Era uma daquelas claras e radiosas manhãs de verão que vemos no início da primavera californiana antes de os nevoeiros chegarem. As chuvas acabaram. As colinas ainda estão verdes, e nos vales além das colinas de Hollywood pode-se ver neve nos montes mais altos. As lojas de peles anunciam a liquidação anual. Os bordéis especializados em virgens de dezesseis anos de idade atualizam seus cadastros de clientes. E, em Beverly Hills, os jacarandás começam a florescer.

Fiquei à espreita da mosca varejeira durante cinco minutos, esperando que ela pousasse. Ela não queria pousar. Só queria saber de dar vôos rasantes e cantar o prólogo de *Pagliacci*. Eu estava pronto, com o mata-moscas erguido no ar. Havia uma luminosa faixa de luz do sol no canto da mesa, e eu sabia que cedo ou tarde era lá que ela iria pousar. Mas, quando o fez, demorei para perceber. O zumbido cessou e lá estava ela. E então o telefone tocou.

Estiquei até o aparelho, centímetro por centímetro, uma mão esquerda lenta e paciente. Levantei o telefone devagar e falei, baixinho:

– Espere na linha um momento, por favor.

Pousei o fone delicadamente sobre o bloco de anotações marrom. Ela ainda estava lá, brilhante, azul-esverdeada e pecaminosa. Respirei fundo e dei o bote. O que sobrou da mosca voou até o centro da sala e caiu no tapete. Fui até ela, segurei-a pela asa que estava inteira e a larguei na lata de lixo.

– Obrigado por esperar – falei ao telefone.

– É o sr. Marlowe quem fala, o detetive? – era uma voz fina de menina, um pouco apressada. Falei que era o sr. Marlowe, o detetive. – Quanto cobra por seus serviços, sr. Marlowe?

– O que gostaria que eu fizesse?

A voz afinou mais um pouco:

– Não posso contar pelo telefone. É... é muito confidencial. Antes de perder tempo indo até o seu escritório eu precisaria ter uma idéia...

– Quarenta dólares por dia mais despesas. A não ser que se trate do tipo de trabalho que pode ser feito por uma quantia fixa.

– Isso é muito caro – disse a vozinha. – Pode custar centenas de dólares, e eu recebo apenas um pequeno salário e...

– Onde você está agora?

– Ora, estou em uma farmácia. Bem ao lado do prédio onde fica o seu escritório.

– Podia ter economizado uma moeda. O elevador é grátis.

– Eu... como?

Falei tudo de novo.

– Suba aqui e vamos dar uma olhada em você – acrescentei. – Se o seu problema for o meu tipo de problema, posso lhe dar uma boa idéia de...

– Preciso saber uma coisa sobre você – disse a vozinha, muito firme. – Trata-se de uma questão muito delicada, muito pessoal. Não posso contar para qualquer um.

– Se é tão delicada assim – falei –, talvez você precise de uma detetive mulher.

– Nossa, eu nem sabia que existia. – Pausa. – Mas acho que não adiantaria uma detetive mulher. Orrin estava morando em uma vizinhança muito perigosa, senhor Marlowe. Pelo menos eu achei perigosa. O gerente da pensão é uma pessoa das mais desagradáveis. Cheirava a bebida. O senhor bebe, sr. Marlowe?

– Bem, já que a senhora está perguntando...

– Acho que eu não contrataria um detetive que utilizasse qualquer tipo de bebida. Não aprovo nem mesmo o cigarro.

– E tudo bem se eu descascar uma laranja?

Percebi um som forte de respiração do outro lado da linha.

– O senhor pode pelo menos falar como um cavalheiro – ela disse.

– Melhor tentar no Rotary Club – falei. – Ouvi dizer que eles têm uns dois cavalheiros sobreviventes por lá, mas não tenho certeza se vão deixá-la entrar. – Desliguei.

Já era um passo na direção certa, mas não era o suficiente. Eu devia ter trancado a porta e me escondido embaixo da mesa.

# 2

Cinco minutos depois, a campainha tocou na parte do escritório que uso como sala de espera. Ouvi a porta fechar-se novamente. Então não ouvi mais nada. A porta entre eu e aquela sala estava entreaberta. Escutei e concluí que alguém havia espiado para dentro do escritório errado e saído sem entrar. Então, ouvi uma leve batida na porta. Em seguida, o tipo de tosse que se usa com o mesmo propósito. Tirei os pés de cima da mesa, me levantei e olhei para fora. Lá estava ela. Não precisava abrir a boca para eu saber quem ela era. E nunca ninguém se pareceu tão pouco com Lady Macbeth. Era uma garota pequena, bem arrumada, certinha, com sedosos cabelos castanhos sem um fio fora do lugar e óculos sem aros. Vestia um conjunto marrom feito sob medida, e de uma tira sobre o seu ombro pendia uma daquelas bolsas quadradas e estranhas que lembram uma Irmã da Misericórdia levando primeiros-socorros aos feridos. Sobre o sedoso cabelo castanho, um chapéu provavelmente roubado da mãe. Não usava maquiagem, nem batom, nem jóias. Os óculos sem aros davam a ela um ar de bibliotecária.

– Aqueles não são modos de falar com uma pessoa no telefone – disse ela asperamente. – Devia ter vergonha.

– Que bom que você percebeu – falei. – Entre – segurei a porta e então lhe apontei a cadeira.

Ela ocupou dois centímetros da beirada do móvel.

– Se eu falasse daquele jeito a um dos pacientes do dr. Zugsmith – disse –, eu perderia o meu emprego. Ele dá muita importância ao modo como falo com os pacientes, mesmo com os difíceis.

– Como está aquele velho rapaz? Não o vejo desde a época em que caí do telhado da garagem dele.

Ela pareceu surpresa e muito séria.

– Ora, o senhor não pode conhecer o dr. Zugsmith – a ponta de uma língua bastante anêmica saiu-lhe por entre os lábios e tateou furtivamente buscando em vão alguma coisa.

– Eu conheço um dr. George Zugsmith – falei –, em Santa Rosa.

– Oh, não. Este é dr. Alfred Zugsmith, de Manhattan. Manhattan, Kansas, sabe? Não Manhattan, Nova York.

– Deve ser outro dr. Zugsmith – falei. – E como a senhorita se chama?

– Não sei se quero dizer.

– Está só olhando, é?

– Acho que se pode dizer que sim. Se preciso contar os meus assuntos de família a um desconhecido, tenho pelo menos o direito de decidir se se trata do tipo de pessoa em quem posso confiar.

– Alguém já lhe disse que você é uma gracinha?

Os olhos por trás dos óculos sem aros brilharam.

– Espero que não.

Peguei um cachimbo e comecei a enchê-lo.

– Esperança não tem nada a ver com isso – falei. – Livre-se desse chapéu e arranje um par daqueles óculos descolados, com aros coloridos. Sabe, aqueles com as extremidades bem alongadas, tipo oriental...

– Dr. Zugsmith não permitiria nada disso – ela falou rapidamente. E então: – Você acha mesmo? – ela perguntou, e enrubesceu muito levemente.

Levei um fósforo ao cachimbo e espalhei fumaça por cima da mesa. Ela recuou.

– Se me contratar – falei –, me contratou. Eu. Assim como sou. Se acha que vai encontrar algum amador neste negócio, está louca. Desliguei o telefone na sua cara, mas você subiu aqui mesmo assim. Então, precisa de ajuda. Qual o seu nome e o seu problema?

Ela apenas me encarou.

– Olhe – falei –, você vem de Manhattan, Kansas. Da última vez que memorizei o *Atlas*, isso era uma cidade não muito longe de Topeka. População ao redor de doze mil. Você trabalha para o dr. Alfred Zugsmith e está procurando por alguém chamado Orrin. Manhattan é uma cidade pequena. Tem de ser. Apenas meia dúzia de locais em Kansas não são. Já tenho informação suficiente sobre você para descobrir a história de toda a sua família.

– Mas por que faria isso? – perguntou, confusa.

– Eu? – falei. – Não faria. Estou cheio de gente me contando histórias. Só estou sentado aqui porque não tenho outro lugar para ir. Não quero trabalhar. Não quero nada.

– Você fala demais.

– Sim – concordei –, falo demais. Homens solitários sempre falam demais. Ou isso, ou não falam absolutamente nada. Vamos aos negócios? Não parece o tipo de pessoa que procura detetives, e principalmente detetives particulares que não conhece.

– Sei disso – ela falou baixinho. – E Orrin ficaria absolutamente furioso. Mamãe ficaria furiosa, também. Simplesmente peguei o seu nome na lista telefônica...

– Como escolheu? – perguntei. – E com os olhos fechados ou abertos?

Ela me fitou por um momento como se eu fosse alguma aberração.

– Sete e treze – falou, baixinho.
– Como?
– *Marlowe* tem sete letras – falou. – E *Philip Marlowe* tem treze. Sete com treze...

– Qual o *seu* nome? – praticamente grunhi.

– Orfamay Quest* – ela piscou os olhos como se fosse chorar. Soletrou para mim o primeiro nome, tudo num jorro só. – Moro com a minha mãe – continuou, com a voz agora se acelerando, como se o meu tempo lhe custasse dinheiro. – Meu pai morreu quatro anos atrás. Era médico. Meu irmão Orrin ia ser cirurgião, também, mas ele trocou para engenharia depois de dois anos de medicina. Então, há um ano, Orrin veio trabalhar para a Cal-Western Aircraft Company, em Bay City. Ele não precisava. Tinha um bom emprego em Wichita. Acho que ele queria vir para a Califórnia. Todo mundo quer.

– *Quase* todo mundo – falei. – Se vai continuar usando esses óculos sem aro, podia pelo menos tentar fazer jus a eles.

Ela soltou um risinho e riscou uma linha ao longo da mesa com a ponta do dedo, olhando para baixo:

– Estava se referindo àquele tipo de óculos curvados que fazem você parecer meio oriental?

– Ã-hã. Agora, sobre Orrin. Levamos ele para a Califórnia e para Bay City. O que fazemos com ele agora?

Ela pensou por um instante e franziu o cenho. Então estudou meu rosto como se estivesse pensando em uma resposta. As palavras saíram-lhe num jorro:

– Não era do feitio de Orrin passar muito tempo sem escrever para nós. Ele escreveu apenas duas vezes à mamãe

---

*Quest: busca, procura, investigação em inglês. (N. do T.)

e três vezes para mim nos últimos seis meses. E a última carta foi há vários meses. Mamãe e eu ficamos preocupadas. Eu tinha férias e vim vê-lo. Ele nunca tinha saído do Kansas antes. – Ela fez uma pausa. – Não vai tomar nota? – perguntou.

Eu grunhi.

– Pensei que detetives sempre anotassem coisas em pequenas cadernetas.

– As piadas são comigo – falei. – Você conta a história. Então você veio durante as suas férias. E aí?

– Escrevi a Orrin avisando que viria, mas não recebi nenhuma resposta. Então mandei um telegrama de Salt Lake City, mas ele também não respondeu. Então, tudo o que eu podia fazer era vir até onde ele morava. É terrivelmente longe. Vim de ônibus. É em Bay City. Rua Idaho, 449.

Parou de novo, então repetiu o endereço, e mesmo assim não tomei nota. Apenas fiquei sentado, olhando para os óculos dela, para o seu cabelo castanho e macio, para o tolo chapeuzinho, para as unhas sem esmalte, para sua boca sem batom e para a pontinha da sua língua, que ia e voltava entre os pálidos lábios.

– Talvez o senhor não conheça Bay City, senhor Marlowe.

– Rá – falei. – Tudo o que sei sobre Bay City é que, a cada vez que vou lá, preciso comprar uma cabeça nova para mim. Quer que eu termine a história por você?

– O-o quê? – seus olhos abriram-se tanto por trás dos óculos que se pareceram com algo em exposição nos tanques de peixes marinhos.

– Ele se mudou – falei. – E você não sabe para onde. E tem medo de que ele esteja levando uma vida de pecado em uma cobertura no topo da Regency Towers junto a alguém vestido com um longo casaco de mink e um perfume interessante.

– Ora, pelo amor de Deus!

– Estou sendo rude? – perguntei.

– Por favor, senhor Marlowe – ela falou, finalmente –,

não acho nada disso de Orrin. E se Orrin o ouvisse falando, você se arrependeria. Ele pode ser terrivelmente mau. Mas sei que alguma coisa aconteceu. Era apenas uma pensão barata, e não gostei nem um pouco do gerente. Um tipo horrível de homem. Ele disse que Orrin mudou-se há algumas semanas, que não sabia para onde, não dava a mínima, e tudo o que queria era um bom trago de gim. Não sei como Orrin podia viver num lugar daqueles.

– Você disse um trago de gim? – perguntei.

Ela enrubesceu.

– Foi o que o gerente disse. Estou apenas contando.

– Está bem – falei. – Continue.

– Bem, liguei para o lugar onde ele trabalhava. A Cal-Western Company, você sabe. E eles disseram que ele tinha sido demitido como muitos outros e que era tudo o que podiam informar. Então fui ao correio e perguntei se Orrin havia deixado algum endereço. Disseram que não podiam me dar nenhuma informação. Era contra as normas. Então expliquei a eles e o homem disse que bem, já que eu era a irmã dele, iria dar uma olhada. Então ele se foi, olhou, voltou e disse que não. Orrin não havia deixado nenhum endereço. Então comecei a ficar um pouco preocupada. Ele pode ter sofrido um acidente ou algo assim.

– Não pensou em procurar a polícia?

– Eu não teria coragem de perguntar à polícia. Orrin jamais me perdoaria. Ele é uma pessoa difícil. Nossa família... – ela hesitou, e seus olhos tentavam esconder algo. Então prosseguiu, sem retomar o fôlego: – A nossa família não é o tipo de família...

– Olhe – eu disse, cansado –, não estou falando em roubar carteiras. Estou falando sobre ele ter sido atingido por um carro e ter perdido a memória ou ter ficado ferido demais para falar.

Ela me deu um olhar por cima dos óculos que não era dos mais lisonjeiros.

– Se fosse algo desse tipo, saberíamos – falou. – Todo mundo carrega nos bolsos algum tipo de identificação.

– Às vezes, só o que sobra são os bolsos.
– Está tentando me assustar, sr. Marlowe?
– Se estou, certamente é sem êxito algum. O que acha que pode ter acontecido?

Ela levou seu fino indicador até os lábios e tocou-o delicadamente com a ponta da língua.

– Creio que se soubesse não teria vindo falar com o senhor. Quanto cobraria para encontrá-lo?

Por um longo momento, não respondi, e então falei:
– Quer dizer sozinho, sem poder falar ou perguntar nada a ninguém?
– Sim. Quero dizer sozinho, sem comentar nada com ninguém.
– Ã-hã. Bem, isso depende. Já falei o meu preço.

Ela juntou as mãos sobre a beira da mesa e as apertou uma contra a outra com força. Gesticulava do jeito mais sem sentido que jamais vi.

– Pensei que você, sendo um detetive e tudo, poderia encontrá-lo logo – ela disse. – Eu não teria como gastar mais de vinte dólares. Preciso pagar as minhas refeições aqui, e o hotel é terrivelmente caro, e a comida do trem...
– Em qual hotel está hospedada?
– Eu... eu preferiria não dizer, se não se importa.
– Por quê?
– Apenas prefiro assim. Tenho muito medo do temperamento de Orrin. E, bem, posso ligar para você, não posso?
– Ã-hã. Me diga: do que está com medo, além do temperamento de Orrin, senhorita Quest?

Eu tinha deixado o meu cachimbo se apagar. Risquei um fósforo e segurei-o sobre o fornilho, observando-a por cima deste.

– Fumar cachimbo não é um hábito nojento? – ela perguntou.
– Provavelmente – falei. – Mas custaria mais do que vinte pratas para me fazer largá-lo. E não tente fugir das minhas perguntas.
– Não pode falar comigo desse jeito – ela se enfureceu.

– Fumar cachimbo *é* um hábito nojento. Mamãe nunca deixou papai fumar dentro de casa, mesmo nos dois últimos anos, depois que ele teve o ataque. Às vezes ele costumava se sentar com aquele cachimbo vazio na boca. Mas na verdade ela não gostava que ele fizesse aquilo. Também devíamos muito dinheiro, e ela disse que não podia se dar ao luxo de dar a ele dinheiro para coisas inúteis como o tabaco. A igreja precisava muito mais do que ele.

– Estou começando a entender – falei, lentamente. – Numa família como a sua, alguém tem de ser a ovelha negra.

Ela se levantou asperamente e agarrou a bolsa, que mais parecia um kit de primeiros-socorros, junto ao corpo.

– Não gosto de você – falou. – Acho que não vou contratá-lo. Se está insinuando que Orrin fez algo errado, bem, posso assegurar que não é Orrin a ovelha negra da nossa família.

Não mexi um cílio. Ela se virou, marchou em direção à porta, colocou a mão na maçaneta, então se virou novamente e marchou de volta, e de repente começou a chorar. Reagi a isso exatamente da mesma maneira que um peixe empanturrado reage a uma isca fresca. Ela pegou o seu lenço e cutucou os cantos dos olhos.

– E agora imagino que vá chamar a p-polícia – disse, com a voz vacilante. – E o j-jornal de Manhattan vai ficar sabendo de tudo e vai publicar algo n-nojento sobre a gente.

– Não imagine nada disso. Pare de brincar com os meus sentimentos. Vejamos uma foto dele.

Ela guardou o lenço rapidamene e desencavou algo mais da bolsa. Alcançou-o por cima da mesa. Um envelope que não parecia conter nada de muito volumoso, mas poderia haver algumas fotografias dentro. Não abri.

– Descreva-o como você o vê – falei.

Ela se concentrou. Suas sobrancelhas franziram-se num esgar dos mais estranhos.

– Ele fez vinte e oito anos em março. Tem cabelo castanho claro, bem mais claro que o meu, e olhos azuis também mais claros, e penteia o cabelo para trás. É muito alto, tem mais de um metro e oitenta. Mas pesa apenas uns 63 quilos. É bem magricela. Costumava usar um pequeno bigode loiro, mas mamãe o fez raspá-lo. Ela dizia que...

– Não precisa me dizer. O pastor precisava dele para rechear uma almofada.

– Não pode falar assim da minha mãe – ela latiu, empalidecendo de raiva.

– Ora, deixe de ser boba. Há muitas coisas sobre você que não sei. Mas pare de se fingir de lírio virginal agora mesmo. Orrin tem algum sinal, como verrugas ou cicatrizes, ou uma tatuagem do salmo número 33 no peito? E não perca tempo ficando vermelha.

– Bem, não precisa gritar comigo. Por que não olha a fotografia?

– Ele provavelmente está de roupa. Afinal de contas, é irmã dele. Deveria saber.

– Não, ele não tem – ela disse, ríspida. – Ele tem uma pequena cicatriz na mão esquerda, de onde teve um cisto removido.

– E os seus hábitos? O que ele faz para se divertir, além de não fumar, não beber e não sair com mulheres?

– Por que... como sabia disso?

– Sua mãe me disse.

Ela sorriu. Eu estava começando a me perguntar se ela tinha idéia de como fazer isso. Tinha dentes muito brancos e não mostrava as gengivas. Era algo.

– Como você é bobo – falou. – Ele estuda muito e tem uma câmera cara com a qual gosta de fotografar as pessoas sem elas se darem conta. Às vezes elas ficam furiosas. Mas Orrin diz que as pessoas deveriam se ver como são.

– Vamos torcer que isso nunca aconteça com ele – falei. – Que tipo de câmera é?

– Uma dessas camerazinhas com lentes muito potentes. Você pode tirar fotos em quase qualquer tipo de luz. Uma Leica.

Abri o envelope e tirei umas fotos pequenas, muito nítidas.

– Estas aqui não foram tiradas com esse tipo de câmera – falei.

– Oh, não. Philip bateu essas. Philip Anderson. Um rapaz que namorei durante um tempo. – Ela parou e suspirou. – E acho que na verdade foi por isso que vim aqui, sr. Marlowe. Só porque o seu nome também é Philip.

Falei apenas:

– Ã-hã – mas me senti vagamente tocado. – O que aconteceu com Philip Anderson?

– Mas é sobre Orrin...

– Eu sei – interrompi. – Mas o que aconteceu com Philip Anderson?

– Continua lá em Manhattan. – Ela desviou o olhar. – Mamãe não gosta muito dele. Sabe como é.

– Sim – falei –, sei como é. Pode chorar, se quiser. Não a culpo. Eu mesmo sou um tolo sentimental.

Olhei as duas fotografias. Em uma delas ele olhava para baixo, e isso não me servia. A outra era uma foto bastante boa de um sujeito alto e anguloso, com um par de olhos apertados, uma boca reta e fina, e um queixo proeminente. Ele tinha a expressão que eu estava imaginando. Se você esquecesse de limpar a lama dos sapatos, ele seria o tipo de rapaz que o avisaria. Pus as fotos de lado e olhei para Orfamay Quest, tentando encontrar algo na sua expressão remotamente parecido com aquilo. Não encontrei. Nem o mais suave traço de semelhança familiar, o que, é claro, não significava absolutamente nada. Nunca significou.

– Está bem – falei. – Vou descer e dar uma olhada. Mas você deve ser bem capaz de adivinhar o que aconteceu. Ele está em uma cidade estranha. Ganha um bom dinheiro durante algum tempo. Mais do que jamais ganhou na vida, talvez. Conhece pessoas novas. E não se trata do mesmo tipo de cidade – acredite em mim, conheço Bay City – que Manhattan, Kansas. Então, ele simplesmente saiu da linha e não quer que sua família saiba. Mas vai acabar se endireitando.

Ela ficou me olhando por um momento, em silêncio, e então balançou a cabeça:

– Não. Orrin não é do tipo que faria isso, sr. Marlowe.

– Qualquer um faz – falei. – Principalmente um cara como Orrin. O tipo do santinho provinciano que viveu a vida inteira com a mãe pegando no seu pé e com o pastor segurando a sua mão. Aqui fora ele se sente sozinho. Tem grana. Quer um pouco de harmonia e serenidade, mas não o tipo de harmonia que encontramos numa igreja. Não que eu tenha qualquer coisa contra. O que quero dizer é: ele já teve o suficiente disso, não?

Ela fez que sim com a cabeça, em silêncio.

– Então ele começa a jogar – continuei –, mas joga mal. Também isso requer experiência. Ele se envolve com alguma vagabunda e com uma garrafa de bebida contrabandeada, e aquilo que fez o persegue, o atormenta, como se ele tivesse roubado a batina do bispo. Afinal de contas, o cara está com vinte e nove anos, e, se quer rolar na sarjeta, é problema dele. Mas ele vai terminar encontrando alguém em quem pôr a culpa.

– Eu odiaria que o senhor tivesse razão, sr. Marlowe – ela disse lentamente. – Eu odiaria que mamãe...

– Algo foi dito a respeito de vinte dólares – interrompi.

Ela parecia chocada.

– Preciso pagar agora?

– Qual seria o costume em Manhattan, Kansas?

– Não temos nenhum detetive particular em Manhattan. Apenas a polícia. Quer dizer, acho que não temos.

Ela perscrutou novamente a sua maleta de ferramentas, isto é, a sua bolsa, desencavou uma niqueleira vermelha e dali tirou uma quantidade de notas, todas cuidadosamente dobradas e separadas. Três notas de cinco e cinco notas de um. Não parecia haver muito mais além disso. Ela segurou a bolsa para que eu visse como estava vazia. Então estendeu as notas na mesa, colocou uma em cima da outra e as empurrou para mim. Lentamente, melancolicamente, como se afogasse o gatinho de estimação preferido.

– Vou lhe dar um recibo – falei.

– Não preciso de recibo, sr. Marlowe.

– Eu sim. Não vai me dar seu nome e endereço, então quero o seu nome registrado em algum lugar.

– Para quê?

– Para provar que estou representando você – puxei o talão de recibos e o alcancei para ela assinar a segunda via. Ela não quis. Depois de relutar um momento, tomou o lápis e escreveu "Orfamay Quest" em uma límpida caligrafia de secretária ao longo da folha da segunda via.

– Nenhum endereço? – perguntei.

– Prefiro assim.

– Ligue para mim quando quiser. O número da minha casa está na lista. Conjunto Bristol, apartamento 428.

– É pouco provável que eu vá visitá-lo – disse com frieza.

– Ainda não a convidei – falei. – Ligue-me por volta das quatro, se quiser. Posso ter alguma coisa. E, também, posso não ter.

Ela se levantou.

– Espero que mamãe não pense que agi errado – ela disse, puxando os lábios com a ponta das pálidas unhas. – Por ter vindo aqui, quero dizer.

– Não me diga mais nada sobre o que a sua mãe não vai gostar – falei. – Deixe isso de fora.

– Ora, francamente!

– E pare de dizer "Ora, francamente".

– Acho que o senhor é uma pessoa muito rude – ela disse.

– Não, não acha. Acha que sou bonito. E eu acho que você é uma mentirosa fascinante. Não está pensando que estou fazendo isso pelos vinte paus, está?

Ela me deu um olhar vindo de cima, gelado.

– E então por quê?

Como não respondi, ela acrescentou:

– Porque a primavera chegou?

Ainda assim não respondi. Ela enrubesceu de leve. E então deu uma risadinha.

Mesmo assim não tive coragem de dizer a ela que eu

estava simplesmente entediado de não fazer nada. *Talvez* fosse a primavera, também. E algo nos seus olhos que era muito mais ancestral do que Manhattan, Kansas.

– Acho que você é muito legal, de verdade – ela disse com suavidade. Então se virou rápido e quase correu para fora do escritório. Seus passos, no corredor, faziam barulhinhos estridentes, agudos, como o da mãe tamborilando os dedos na mesa de jantar quando o pai tentava conseguir uma segunda fatia de torta. E ele sem dinheiro. Sem nada. Apenas sentado em uma cadeira de balanço na varanda, lá em Manhattan, Kansas, com o cachimbo vazio na boca. Balançando-se na varanda, devagar e com calma, porque, se você teve um derrame, tem de ir devagar e com calma. E esperar pelo próximo. E com o cachimbo vazio na sua boca. Sem tabaco. Nada a fazer, senão esperar.

Coloquei os suados vinte dólares de Orfamay Quest em um envelope e nele escrevi o nome dela e o larguei na gaveta da escrivaninha. Não me agradava a idéia de sair por aí com tanto dinheiro.

# 3

É possível conhecer Bay City há muito tempo e não conhecer a rua Idaho. E é possível conhecer muito bem a rua Idaho sem conhecer o número 449. O quarteirão ao seu redor tinha uma pavimentação toda quebrada que quase voltara a ser pó. No lado oposto da rua, a cerca torta de madeira de um quintal costeava a calçada irregular. Meio quarteirão acima, os trilhos enferrujados de uma velha estrada de ferro terminavam em um portão de madeira alto, fechado por correntes, que parecia não ter sido aberto uma única vez nos últimos vinte anos. Garotinhos devem ter se divertido um bom tempo escrevendo e desenhando figuras com giz nos portões e em toda cerca.

O número 449 tinha uma estreita varanda frontal sem pintura, na qual cinco cadeiras de balanço de vime jaziam espalhadas, mantendo-se em pé graças ao arame e à maresia. As persianas esverdeadas sobre as janelas mais baixas da casa estavam dois terços abaixadas e cheias de falhas. Ao lado da porta da frente havia uma grande placa pintada: "Não há vagas". Também isso estava lá havia muito tempo. Eu estava entediado e com um cisco no olho. A porta abria-se para um longo hall pelo qual se chegava às escadas. À direita havia um estreito balcão de onde pendia um lápis preso a uma correntinha. Havia uma campainha e uma placa em preto e amarelo logo acima que dizia "Gerente" e que estava afixada por três tachinhas, todas diferentes umas das outras. Havia uma cabine telefônica junto à parede oposta.

Apertei a campainha. Soou em algum lugar próximo, mas nada aconteceu. Bati novamente. De novo, nada. Dei uma volta até chegar a uma porta com uma placa metálica em preto e branco: "Gerente". Bati. Então chutei a porta. Ninguém dava a mínima para os meus chutes.

Saí da casa e contornei a lateral, onde uma parede de concreto levava à entrada de serviço. Parecia o local apropriado para o apartamento do gerente. No resto da casa haveria apenas quartos. Tinha uma lata de lixo suja na pequena varanda e uma caixa de madeira cheia de garrafas. Atrás da tela contra mosquitos, a porta estava aberta. Estava meio escuro lá dentro. Coloquei meu rosto contra a tela e espiei. Através da porta interna, além da porta de serviço, pude ver uma cadeira de espaldar reto com um casaco masculino pendurado e, na cadeira, um homem de camisa com o chapéu na cabeça. Era um sujeito baixo. Eu não conseguia ver o que ele estava fazendo, mas parecia estar sentado na ponta de uma mesinha, no que parecia ser o canto do café-da-manhã.

Bati na porta de tela. O homem não deu atenção. Bati novamente, mais forte. Desta vez ele virou a cadeira mais para o lado e me mostrou uma cara pálida com um cigarro na boca.

– Quequié? – latiu.
– O gerente?

– Não tá, cara.
– Quem é você?
– Por que quer saber?
– Quero um quarto.
– Não há vagas, cara. Não sabe ler a placa?
– Acontece que tenho algumas informações que indicam o contrário – falei.
– Ah, é? – ele bateu a cinza do cigarro dando-lhe um peteleco com uma unha sem removê-lo da sua pequena e triste boca. – O problema é seu, então.

Colocou a cadeira novamente para a frente e continuou a se preocupar com o que quer que estivesse fazendo.

Fiz algum barulho descendo da varanda e absolutamente nenhum som ao subir novamente até ela. Examinei a porta de tela cuidadosamente. Estava fechada por uma tranca. Com a lâmina de um canivete levantei a tranca e tirei-a do aro preso ao marco da porta. Fez um leve barulho, mas o tilintar que eu ouvi vinha de mais adiante, da cozinha.

Pisei dentro da casa, cruzei a entrada de serviço, cruzei a porta que levava até a cozinha. O homenzinho estava ocupado demais para perceber a minha presença. A cozinha tinha um fogão com três queimadores a gás, umas poucas prateleiras com louças engorduradas, um refrigerador cuja tinta se descascava e o canto do café-da-manhã. A mesinha de café-da-manhã estava coberta com dinheiro. Na maioria notas, mas também havia moedas de todos os tamanhos, até dólares. O homenzinho estava contando e empilhando umas e outras, fazendo anotações em uma caderneta. Ele molhava o lápis na boca sem se incomodar com o cigarro que parecia ter nascido no seu rosto.

Devia ter várias centenas de dólares naquela mesa.

– Dia de pagamento do aluguel? – perguntei, genialmente.

O homenzinho virou-se de um jeito muito abrupto. Por um momento, sorriu e não disse nada. Era o sorriso de um homem cuja mente não está sorrindo. Ele removeu a ponta de cigarro da boca, largou-a no chão e pisou em cima. Tirou um cigarro novo em folha do bolso da camisa e colocou na mesma posição do cigarro anterior e começou a tatear atrás de um fósforo.

– Você entrou sem fazer barulho – disse, dissimulado.

Não encontrando nenhum fósforo, ele se virou casualmente na cadeira e enfiou a mão dentro de um dos bolsos do casaco. Algo pesado bateu contra a madeira da cadeira. Segurei o seu punho antes que a coisa pesada saísse do bolso. Ele lançou seu peso para trás e o bolso do casaco começou a se erguer na minha direção. Passei o pé na cadeira debaixo dele.

Ele caiu sentado no chão e bateu a cabeça contra a quina da mesinha. Isso não o impediu de tentar me chutar na virilha. Recuei com o casaco dele na mão e tirei um 38 do bolso em que ele estivera mexendo.

– Não precisa sentar no chão só para parecer amigável – falei.

Ele se levantou lentamente, fingindo estar mais tonto do que realmente estava. A mão dele fuçou atrás, no seu colarinho, e um reflexo surgiu rápido em um metal quando o seu braço golpeou na minha direção. Era um galo de briga.

Bati-lhe no lado do queixo com a sua própria arma, e ele caiu sentado no chão de novo. Pisei na mão que segurava a faca. O rosto dele se contorcia de dor, mas ele não emitiu nenhum som. Então chutei a faca para um canto. Era uma faca longa e fina e parecia muito afiada.

– Você devia se envergonhar – falei. – Puxando armas e facas para gente que está apenas procurando um lugar para morar. Mesmo nos dias de hoje isso é falta de educação.

Ele segurou a mão machucada entre os joelhos, apertou-a e começou a bufar. Parecia que o golpe na mandíbula não o tinha machucado.

– Ok – falou. – Ok. Não sou perfeito. Pegue a grana e vá embora. Mas não pense que não vamos acertar as contas com você.

Olhei para a coleção de notas pequenas e médias e para as moedas sobre a mesa.

– Você deve receber muitos vendedores insistentes, pelas armas que carrega – falei a ele. Caminhei até a porta que levava ao interior da casa e tentei abri-la. Não estava trancada. Voltei. – Vou deixar a sua arma na caixa de correio – falei. – Da próxima vez, tente ouvir a campainha.

Ele ainda estava bufando baixinho por entre os dentes e segurando a mão. Deu-me um olhar esgazeado e pensativo, então enfiou o dinheiro em uma valise puída e fechou-lhe a tranca. Tirou o chapéu, alisou-o, colocou-o de volta vaidosamente, sobre a parte de trás da cabeça, e me deu um sorriso mudo e eficiente.

– Não se preocupe com a peixeira – falou. – Ferro-velho do tipo é o que não falta nessa cidade. Mas poderia deixar a arma com Clausen. Trabalhei bastante nela para deixá-la em forma.

– E *com ela* também? – perguntei.

– Talvez. – Ele apontou um dedo para mim, no ar. – Talvez a gente se encontre um dia desses. Quando eu tiver um amigo comigo.

– Diga para o seu amigo usar uma camisa limpa – falei. – E para emprestar uma a você, também.

– Ora, ora – o homenzinho falou, repreensivo. – Como ficamos durões rápido quando temos esse "distintivo" aí na mão.

Ele passou por mim calmamente e desceu os degraus de madeira da entrada dos fundos da casa. Seus passos dirigiram-se até a rua e apagaram-se aos poucos. Eles soavam de um modo muito parecido com os saltos altos de Orfamay batendo ao longo do corredor no prédio do meu escritório. E por alguma razão tive aquela sensação vazia de quando descobrimos que nossos trunfos não valem nada. Não havia nenhuma razão para isso. Talvez fosse essa a melhor qualidade do homenzinho. Nada de lamúrias, nada de estardalhaço, apenas o sorriso, o assobio por entre os lábios, a voz macia e os olhos inesquecíveis.

Segui adiante e peguei a faca. A lâmina era longa, arredondada e fina, como uma lima que tivesse sido muito afiada. A empunhadura e a bainha eram de plástico vagabundo e pareciam uma só peça. Segurei a faca pelo cabo e dei um rápido golpe na mesa. A lâmina se soltou e ficou tremendo sobre a madeira.

Respirei profundamente, enfiei o cabo de volta na lâmina e forcei, até afrouxar a lâmina da mesa. Faca estranha, com aparência e utilidade igualmente desagradáveis.

Abri a porta da cozinha e atravessei-a com a arma e a faca numa só mão.

Era um quarto com uma cama embutida na parede. A cama estava abaixada e desfeita. Havia uma poltrona estofada com um buraco de queimadura em um dos braços. Uma escrivaninha alta de carvalho com portas inclinadas como as de um celeiro fora de moda ficava contra a parede perto da janela da frente. Perto disso havia um sofá-cama, no qual estava deitado um homem. Seus pés pendiam da ponta do sofá enfiados em meias cinzas. A cabeça estava caída a cerca de meio metro do travesseiro. Não perdia lá grande coisa, a julgar pela cor da fronha. A parte de cima do homem estava envolta em uma camisa desbotada e em um casaco cinza caindo aos pedaços. A boca estava aberta, o rosto brilhava de suor, e ele respirava como um velho Ford com o cano de descarga furado. Sobre uma mesa ao seu lado jazia um prato cheio de baganas de cigarro, algumas das quais pareciam enroladas manualmente. No chão, uma garrafa de gim quase cheia e uma xícara que parecia ter contido café, mas não muito recentemente. O quarto cheirava a gim e a ar viciado, mas também havia um leve toque de fumaça de maconha.

Abri uma janela, encostei minha testa contra a tela para pôr um pouco de ar limpo para dentro dos meus pulmões e olhei para a rua. Duas crianças andavam de bicicleta junto à cerca do pátio, parando de tempos em tempos para estudar as instalações quase artísticas que se estendiam ali. Nada além disso se mexia nas redondezas. Sequer um cão. Na esquina, havia poeira no ar, como se um carro tivesse passado naquela direção.

Fui até a escrivaninha. Dentro dela estava o registro de hóspedes, então folheei para trás até chegar ao nome "Orrin P. Quest", escrito em uma caligrafia arrojada e meticulosa, e o número 214 acrescido em lápis por outra mão, nem um pouco arrojada ou meticulosa. Segui até o final do livro, mas não encontrei nenhum registro recente no quarto 214. Um sujeito chamado G. W. Hicks estava com o quarto 215. Fechei o livro sobre a escrivaninha e atravessei o quarto até o sofá. O homem parou de roncar e babar e jogou o braço direito por sobre o corpo como se estivesse fazendo um discurso. Me abaixei, apertei o nariz dele com o meu indicador e o meu polegar e soquei um tanto do seu suéter para dentro da boca dele. Parou de roncar e escancarou os olhos num espasmo. Estavam vidrados e injetados. Ele lutou contra a minha mão. Quando tive certeza de que ele estava completamente acordado, larguei-o, juntei a garrafa de gim do chão e servi um pouco em um copo que estava ao lado da garrafa. Mostrei o copo ao homem.

Sua mão avançou na direção do copo com a ansiedade de uma mãe dando as boas-vindas a um filho desaparecido.

Saí fora do seu alcance e perguntei:

– É você o gerente?

Ele lambeu os lábios pegajosamente e disse:

– Gr-r-r-r.

Tentou agarrar o copo. Coloquei-o sobre a mesa, à frente dele. Ele o segurou cuidadosamente com ambas as mãos e jogou o gim no rosto. Então riu sonoramente e lançou o copo para mim. Consegui pegá-lo e o coloquei de novo sobre a mesa. O homem me examinou com uma seriedade forjada mas ineficiente.

– O que é? – ele grunhiu num tom incomodado.

– Gerente?

Ele sinalizou que sim e quase caiu do sofá.

– Devo estar bêbado – disse. – Um pouquinho, ligeiramente bêbado.

– Não está tão mal – falei. – Ainda está respirando.

Ele colocou os pés no chão e se forçou a ficar em pé.

Cacarejou com repentino bom humor, deu três passos vacilantes, caiu sobre as mãos e os joelhos e tentou morder o pé de uma cadeira.

Coloquei-o em pé novamente, sentei-o na poltrona com o braço furado e lhe dei outro trago do seu remédio. Ele bebeu, tremeu violentamente, e de repente seus olhos pareceram sãos e espertos. Bêbados desse tipo têm um certo momento de lucidez. Você nunca sabe quando virá ou quanto tempo vai durar.

– Quem diabos é você? – rosnou.
– Procuro um homem chamado Orrin P. Quest.
– Hein?

Repeti. Ele esfregou o rosto com as mãos e disse, lacônico:
– Mudou-se.
– Mudou-se quando?

Ele fez um sinal vago com a mão, quase caiu da cadeira e fez de novo o sinal para o outro lado, para restaurar o equilíbrio.

– Me dá um drinque – disse.

Servi mais uma dose do gim e segurei o copo fora do seu alcance.

– Dá – disse o homem, com urgência. – Estou mal.
– Tudo o que quero é o atual endereço de Orrin P. Quest.
– Olhe ali! – ele disse espirituosamente e fez um movimento em falso na direção do copo que eu estava segurando.

Pus o copo no chão e estendi um dos meus cartões de visita para ele.

– Isto pode ajudá-lo a se concentrar – falei.

Ele olhou o cartão de perto, sorriu com desprezo, dobrou-o ao meio e mais uma vez. Segurou o cartão dobrado na palma da mão, cuspiu nele e o jogou por cima do ombro.

Alcancei-lhe o copo de gim. Bebeu à minha saúde, inclinou a cabeça solenemente e jogou o copo por cima do ombro, também. O copo rolou pelo chão e bateu contra o rodapé. O homem pôs-se de pé com uma facilidade surpreendente, lançou um dedão na direção do teto, dobrou os dedos da mão logo abaixo dele e fez um barulho afiado com a língua e os dentes.

– Desapareça – disse. – Tenho amigos. – Ele olhou para o telefone na parede e de volta para mim, com astúcia. – Uns garotos que vão tomar conta de você – ele falou com desprezo.

Não falei nada.

– Não acredita, é? – rosnou, repentinamente bravo.

Balancei a cabeça.

Ele avançou em direção ao telefone, apanhou o fone do gancho e discou os cinco dígitos de um número. Observei com atenção. Um-três-cinco-sete-dois.

Aquilo parecia ser tudo o que ele tinha por ora. Deixou o fone cair e bater contra a parede e sentou-se no chão, bem ao lado. Colocou-o à orelha e resmungou para a parede:

– Deixa eu falar com o Doc.

Ouvi em silêncio.

– Vince! O Doc! – ele gritou, bravo. Sacudiu o fone e o jogou longe. Colocou as mãos no chão e começou a engatinhar em círculos. Quando me viu, parecia surpreso e aborrecido. Levantou-se no seu equilíbrio precário e esticou o braço.

– Me dá um drinque.

Localizei o copo caído e virei a garrafa de gim dentro. Ele o aceitou com a dignidade de uma viúva embriagada, entornou-o com uma expressão de alegria, caminhou calmamente até o sofá e se deitou, colocando o copo embaixo da cabeça como um travesseiro. Pegou no sono instantaneamente.

Coloquei o telefone de volta no gancho, olhei para dentro da cozinha de novo, revistei o homem e tirei umas chaves de dentro do seu bolso. Uma delas era uma chave-mestra. A porta que dava para o hall tinha uma tranca que ajeitei de modo a poder abri-la novamente, e comecei a subir as escadas. Parei no meio do caminho para anotar "Doc – Vince, 13572" num envelope. Talvez fosse uma pista.

Enquanto eu subia, a casa parecia silenciosa demais.

# 4

A chave-mestra, bastante gasta, fez girar a fechadura do quarto 214 sem fazer barulho. Empurrei a porta. O quarto não estava vazio. Um homem forte, atarracado, curvava-se sobre uma valise aberta em cima da cama, de costas para a porta. Camisas, meias e roupas de baixo repousavam sobre a coberta da cama, e ele as dobrava e colocava na valise com calma e cuidado, assobiando baixinho por entre os dentes e num só tom.

Ele se retesou quando as dobradiças da porta rangeram. Sua mão moveu-se rápido até o travesseiro sobre a cama.

– Perdão – falei. – O gerente me disse que este quarto estava vago.

Ele era careca como um pomelo. Estava usando calças de flanela cinza escura e suspensórios de plástico transparente por sobre uma camisa azul. Suas mãos levantaram-se do travesseiro, foram até a cabeça e caíram novamente. Ele se virou, e tinha cabelo.

Parecia o cabelo mais natural já visto, macio, castanho, sem estar repartido. Seus olhos faiscaram na minha direção, por debaixo do cabelo.

– Sempre se pode bater na porta – disse.

Ele tinha uma voz firme e grossa e um rosto largo e sério que parecia já ter visto muitas coisas.

– Por que eu bateria, se o gerente disse que o quarto estava vazio?

Ele balançou a cabeça, concordando. As faíscas desapareceram dos seus olhos.

Avancei mais para dentro do quarto, sem convite. Uma revista barata de histórias de amor repousava na cama com a capa virada para baixo, perto da valise. Um charuto queimava dentro de um cinzeiro de vidro verde. O quarto estava arrumado, em ordem e, para os padrões daquela casa, limpo.

– Ele deve ter pensado que você já tinha se mudado – falei, tentando parecer um sujeito com boas intenções e com alguma inclinação para a verdade.

– Em meia hora, pode ficar com ele – o homem disse.
– Tudo bem se eu der uma olhada?
Ele sorriu amarelo.
– Você não está na cidade há muito, não é?
– Por quê?
– É novo por aqui, não?
– Por quê?
– Gosta da casa? Da vizinhança?
– Não muito – respondi. – O quarto parece Ok.

Ele forçou um sorriso, mostrando uma jaqueta de porcelana mais branca que os outros dentes. – Há quanto tempo está aí, olhando?

– Comecei agora – falei. – Por que todas essas perguntas?
– Você me faz rir – disse o homem, mas não estava rindo.
– Não se olha os quartos nessa cidade. Você fica com eles sem olhar. Este lugarejo está tão insuportavelmente cheio, mesmo agora, que eu conseguiria dez pratas só por dizer que há uma vaga aqui.

– Que pena – falei. – Um homem chamado Orrin P. Quest me falou deste quarto. Então eis aí dez paus que não serão seus.

– Ah, é? – nenhum piscar de olhos. Nenhum movimento de músculo. Era como falar com uma tartaruga.

– Não banque o durão comigo – o homem falou. – Ninguém banca o durão comigo.

Ele apanhou o charuto do cinzeiro de vidro verde e largou um pouco de fumaça. Através dela me encarou com os olhos cinzas e frios. Peguei um cigarro e cocei meu queixo com ele.

– O que acontece com aqueles que bancam os durões com você? – perguntei. – Você obriga eles a segurarem a sua peruca?

– Deixe a minha peruca em paz – falou, irado.
– Desculpe – falei.
– Há uma placa de "Não há vagas" lá fora – o homem disse. – Então, como é que você entra e encontra uma?

– Você não entendeu o nome – falei. – Orrin P. Quest. – Soletrei para ele. Nem mesmo isso o deixou feliz. O ar ficou mais pesado e houve uma pausa.

Ele se virou abruptamente e pôs uma pilha de lenços dentro da valise. Cheguei um pouco mais perto dele. Quando ele se voltou, trazia no rosto o que poderia ser um olhar vigilante. Mas tratava-se de um rosto já bastante vigilante desde o início.

– Amigo seu? – perguntou casualmente.

– Crescemos juntos – falei.

–Tipo calado – o homem falou com naturalidade. – Eu costumava passar o dia com ele. Trabalha para a Cal-Western, não?

– Trabalhava – respondi.

– Ah, ele saiu de lá?

– Foi saído.

Continuamos nos encarando. O que não estava levando nenhum de nós a lugar algum. Ambos já tínhamos passado por aquilo vezes demais nas nossas vidas para esperar por milagres.

O homem pôs o charuto de volta na boca e se sentou na ponta da cama, ao lado da valise aberta. Olhando para dentro dela vi a coronha quadrada de uma automática esgueirando-se debaixo de um par de cuecas mal dobrado.

– Esse sujeito, Quest, já foi embora há dez dias – o homem disse, pensativamente. – Então ele ainda acha que o quarto está vago, é?

– De acordo com o livro de registros, *está* vago – falei.

Ele emitiu um grunhido cheio de desprezo.

– Aquele gambá lá embaixo provavelmente não olhou nem uma vez o registro neste último mês. Me diga... espere um minuto – seus olhos tornaram-se mais agudos, e sua mão flanou indolentemente sobre a valise aberta e deu uma palmada em algo que estava junto à arma. Quando a mão se mexeu novamente, a arma não estava mais à vista. – Estive meio distraído toda a manhã ou então fiquei subitamente esperto – ele falou. – Você é um detetive.

– Tudo bem. Digamos que eu seja um detetive.

– Qual é a bronca?

– Bronca nenhuma. Só estava imaginando por que você estava nesse quarto.

– Me mudei do 215, do outro lado do corredor. Este quarto aqui é melhor. Isso é tudo. Simples. Está feliz agora?

– Perfeitamente – falei, observando a mão que poderia se aproximar da arma a qualquer momento, se assim quisesse.

– Que tipo de detetive? Da polícia? Vamos ver o distintivo.

Não falei nada.

– Não acredito que você não tem um distintivo.

– Você é o tipo de cara que diria que o meu distintivo é falsificado, se eu o mostrasse. Então, você é o Hicks.

Ele pareceu surpreso.

– George W. Hicks – falei. – Está no livro de registro. Quarto 215. Você acabou de me dizer que se mudou do quarto 215. – Olhei ao redor do quarto. – Se tivesse um quadro-negro aqui, eu escreveria o nome para você.

– Estritamente falando, não precisamos começar um jogo – ele falou. – Claro que sou Hicks. Prazer em conhecê-lo. Qual o seu nome?

Ele estendeu a mão. Apertei-a, mas não como se eu estivesse ansioso pela chegada do momento.

– Meu nome é Marlowe – falei. – Philip Marlowe.

– Sabe de uma coisa? – Hicks perguntou, educadamente. – Você é um mentiroso filho da puta.

Eu ri na cara dele.

– Você não está conseguindo nada com esse jeito afetado, bobalhão. Qual a sua conexão?

Puxei a minha carteira e entreguei a ele um dos meus cartões de visita. Ele o leu pensativamente e então cutucou com a ponta do cartão a sua jaqueta de porcelana.

– Ele podia ir para qualquer lugar sem dizer para mim – ele falou, refletindo.

– A sua gramática – falei – é quase tão frouxa quanto a sua peruca.

– Deixe a minha peruca, se sabe o que é o melhor para você – ele gritou.

– Eu não ia comê-la – falei. – Não estou com tanta fome assim.

Ele deu um passo em minha direção e deixou cair o ombro direito. Uma carranca de fúria fez os lábios caírem quase à mesma altura.

– Não me bata. Tenho seguro – falei a ele.

– Ah, diabos. Mais um louco – ele sacudiu os ombros e desfez a cara de mau. – Qual é a pedida?

– Preciso encontrar esse Orrin P. Quest – falei.

– Por quê?

Não respondi.

Depois de um momento, ele disse:

– Ok. Eu também sou um cara cuidadoso. Por isso é que estou me mudando.

– Talvez você não goste do cheiro dos baseados.

– Isso – ele disse, vagamente – e outras coisas. Por isso é que Quest foi embora. Tipo respeitável. Como eu. Acho que uns marginais deram um susto nele.

– Entendo – falei. – Por isso ele não deixou nenhum endereço. E por que deram um susto nele?

– Você acabou de mencionar o cheiro de baseados, não? Não seria ele o tipo que iria denunciar isso?

– Em Bay City? – perguntei. – Por que ele se daria ao trabalho? Bem, muito obrigado, sr. Hicks. Vai para muito longe?

– Não muito – ele disse. – Não. Não muito longe. Só longe o bastante.

– Qual é o seu esquema? – perguntei.

– Meu "esquema"? – ele parecia ofendido.

– Claro. O que você agita? Como levanta grana?

– Você me entendeu mal, amigo. Eu sou um optometrista aposentado.

– E por isso tem uma 45 aí? – apontei para a valise.

– Não é para bancar o valentão – falou, amargamente. – Está na minha família há anos. – Ele olhou para o cartão de novo. – Detetive particular, é? – disse, pensativamente. – Que tipo de trabalho você mais faz?

– Qualquer coisa razoavelmente honesta – falei.

Ele balançou a cabeça.

– Razoavelmente é uma palavra flexível, que você pode distorcer. Assim como honestidade.

Dei-lhe um olhar malicioso e soturno.

– Você está absolutamente certo – concordei. – Vamos nos encontrar numa tarde calma e distorcê-las. – Estiquei o braço, retirei o cartão dos seus dedos e o deixei cair dentro do meu bolso. – Obrigado pelo seu tempo – falei.

Saí, fechei a porta e então fiquei junto a ela, escutando. Não sei o que eu estava esperando ouvir. Fosse o que fosse, não ouvi. Eu tinha o pressentimento de que ele estava em pé exatamente no lugar em que eu o havia deixado, olhando para o lado por onde eu tinha saído. Fiz barulho caminhando ao longo do corredor e parei na beira da escada.

Um carro se afastou, partindo da frente da casa. Em algum lugar uma porta fechou. Caminhei silenciosamente ao quarto 215 e usei a chave-mestra para entrar. Fechei e chaveei a porta silenciosamente. E esperei.

# 5

Não chegaram a se passar dois minutos até que o sr. George W. Hicks tomasse o seu caminho. Ele saiu tão quieto que eu não o teria escutado se não estivesse esperando especificamente por aquele movimento. Ouvi o barulho leve e metálico da maçaneta girando. E então passos lentos. E então muito delicadamente a porta foi fechada. Os passos se distanciaram. O rangido indistinto e distante das escadas. E então nada. Esperei pelo barulho da porta da frente. Não houve. Abri a porta do 215 e caminhei novamente pelo corredor até a beira da escada. Lá embaixo havia o sutil ruído de alguém tentando abrir uma porta. Olhei para ver Hicks entrando no apartamento do gerente. A porta se fechou atrás dele. Esperei pelo barulho de vozes. Nenhuma voz.

Dei de ombros e voltei ao 215.

O quarto mostrava sinais de estar ocupado. Havia um pequeno rádio numa mesa de cabeceira, sapatos sob uma cama desfeita, e um velho robe pendia estendido sobre a velha veneziana verde, para não deixar entrar luz.

Olhei para tudo isso como se significasse algo, então voltei ao corredor e chaveei novamente a porta. Fiz outra peregrinação até o quarto 214. Agora a porta estava destrancada. Vasculhei o quarto com cuidado e paciência, e não encontrei nada que o relacionasse de algum modo com Orrin P. Quest. Eu não esperava nada do tipo. Não havia nenhuma razão para que eu esperasse por isso. Mas sempre é preciso averiguar.

Desci as escadas, colei o ouvido do lado de fora da porta do gerente, não ouvi nada, entrei e atravessei a sala para pôr as chaves sobre a escrivaninha. Lester B. Clausen estava deitado sobre um lado do corpo com o rosto virado para a parede, dormindo como morto. Vasculhei a escrivaninha, encontrei um velho livro de contas que parecia dedicado apenas a aluguéis recolhidos e despesas pagas e nada mais. Olhei o registro novamente. Não estava atualizado, mas o sujeito no sofá parecia ser uma explicação suficiente para isso. Orrin P. Quest tinha se mudado. Alguém tinha ficado com o seu quarto. Outra pessoa tinha registrado o quarto no nome de Hicks. O homenzinho contando dinheiro na cozinha combinava perfeitamente com a vizinhança. O fato de que ele carregava uma arma e uma faca era uma excentricidade social que não suscitaria comentário algum na rua Idaho.

Apanhei o guia telefônico de Bay City do gancho ao lado da escrivaninha. Não pensei que seria tarefa difícil peneirar o sujeito que atendia pelo nome de "Doc" ou "Vince" e pelo número de telefone um-três-cinco-sete-dois. Primeiro, percorri de novo o registro. Algo que eu deveria ter feito antes. A página com o registro de Orrin Quest tinha sido rasgada. Homem cuidadoso, o sr. George W. Hicks. Muito cuidadoso.

Fechei o registro, dei uma olhada para Lester B. Clausen de novo, torci o nariz para o ar viciado e para o cheiro doentiamente adocicado do gim e de algo mais, e me dirigi à porta de entrada. Quando cheguei a ela, algo penetrou a minha mente pela primeira vez. Um bêbado como Clausen deveria estar roncando sonoramente. Deveria estar roncando para valer, com um boa dose de engasgos, grunhidos e ruídos guturais. Ele não estava fazendo nenhum barulho. Um cobertor marrom do exército cobria os seus ombros e a parte inferior da sua cabeça. Ele parecia muito confortável, muito calmo. Debrucei-me sobre ele e olhei. Algo que não era uma dobra acidental mantinha o cobertor afastado da sua nuca. Levantei-o. Um cabo quadrado de madeira estava grudado à nuca de Lester B. Clausen. Na lateral do cabo amarelo estavam impressas as palavras "Com os cumprimentos da Companhia Crumsen de Hardware". O cabo estava localizado logo abaixo da saliência occipital.

Era o cabo de um picador de gelo...

Eu procedi, então, a uma instantânea retirada da vizinhança. Na saída da cidade, a um pulinho dos seus limites, fechei-me numa cabine telefônica junto a um *outdoor* e liguei para o Departamento de Polícia.

– Polícia de Bay City. Moot falando – disse uma voz grave.

Eu falei:

– Número 449 da rua Idaho. No apartamento do gerente. O nome dele é Clausen.

– Sim? – disse a voz. – E o que devemos fazer?

– Eu não sei – falei. – É um enigma para mim. Mas o nome do homem é Lester B. Clausen. Anotou?

– E qual a importância disso? – a voz grave disse, sem suspeitar de nada.

– O médico-legista vai gostar de saber – falei antes de desligar.

# 6

Dirigi de volta a Hollywood e me tranquei no meu escritório com o guia telefônico de Bay City. Levei um quarto de hora para descobrir que o sujeito que constava no número um-três-cinco-sete-dois em Bay City era um tal de dr. Vincent Lagardie, autodenominado neurologista, com casa e consultório na rua Wyoming que, de acordo com o meu mapa, não estava localizada exatamente na melhor área residencial nem totalmente fora dela. Deixei o guia telefônico de Bay City sobre a mesa, fui até a tabacaria da esquina para um sanduíche e uma xícara de café e usei o telefone público para ligar para o dr. Vincent Lagardie. Uma mulher atendeu e tive um pouco de dificuldade em chegar até o próprio dr. Lagardie. Quando consegui, a voz dele era impaciente. Estava muito ocupado, no meio de um exame, disse. Nunca conheci nenhum doutor que não estivesse. Conhecia Lester B. Clausen? Nunca tinha ouvido falar. Qual o objetivo do meu interrogatório?

– O sr. Clausen tentou ligar para o senhor esta manhã – falei. – Estava bêbado demais para conseguir falar direito.

– Mas não conheço o sr. Clausen – respondeu a voz calma do médico. Ele não parecia estar com tanta pressa agora.

– Tudo bem, então – falei. – Eu só queria ter certeza. Alguém enfiou um picador de gelo na nuca dele.

Houve uma pausa silenciosa. A voz do dr. Lagardie estava agora quase melosamente educada:

– Isso foi avisado à polícia?

– Naturalmente – falei. – Mas isso não deveria preocupá-lo. A não ser, é claro, que fosse seu o picador de gelo.

Ele deixou aquela passar.

– Quem está falando? – inquiriu suavemente.

– O nome é Hicks – falei. – George W. Hicks. Acabo de me mudar de lá. Não quero me misturar com aquele tipo de coisa. Só imaginei, quando Clausen tentou ligar para você – isso foi antes de ele estar morto, você entende –, que isso podia interessá-lo.

– Sinto muito, sr. Hicks – disse a voz do dr. Lagardie –, mas eu não *conheço* o sr. Clausen. Nunca *ouvi falar* do sr. Clausen ou tive qualquer contato em absoluto com ele. E tenho uma memória excelente para nomes.

– Ora, está bem – falei. – E não é agora que vai conhecê-lo. Mas *alguém* pode querer saber por que ele tentou lhe telefonar. A não ser que eu esqueça de passar adiante a informação.

Uma pausa. O dr. Lagardie disse:

– Não consigo pensar em nenhum comentário para fazer sobre isso.

Eu disse:

– Nem eu. Pode ser que eu lhe ligue novamente. Não me entenda mal, dr. Lagardie. Não estou tentando assustá-lo. Sou apenas um cara confuso precisando de um amigo. Meio que senti que um doutor, assim como um padre...

– Estou inteiramente à sua disposição – disse o dr. Lagardie. – Por favor, sinta-se à vontade para me consultar.

– Obrigado, doutor – falei, com fervor. – *Muito* obrigado.

Desliguei. Se o dr. Vincent Lagardie estivesse limpo, ele telefonaria agora ao Departamento de Polícia de Bay City e contaria a história. Se não telefonasse à polícia, estava sujo. O que poderia ou não ser útil de se saber.

# 7

O telefone sobre a minha mesa tocou às quatro horas em ponto.

– Já encontrou Orrin, sr. Marlowe?

– Ainda não. Onde você está?

– Estou na tabacaria perto do...

– Suba e pare de agir como Mata Hari – falei.

– O senhor nunca é educado com alguém? – ela latiu.

Desliguei e me servi um gole de Old Forester para polir meus nervos para a conversa. Enquanto estava bebendo, ouvi os passos dela saltitando pelo corredor. Atravessei a sala e abri a porta.

– Venha por aqui e faça um atalho – falei.

Ela se sentou, reticente, e esperou.

– Tudo que consegui descobrir – falei – é que a pocilga da rua Idaho é uma boca de fumo. Cigarros de maconha.

– Nossa, que nojento – ela disse.

– É preciso aceitar o mal assim como o bem nesta vida – falei. – Orrin deve ter caído em si e ameaçado delatar tudo à polícia.

– Você quer dizer – falou ela com o seu jeito de menina – que eles podem ter machucado ele por isso?

– Bem, mais provavelmente eles dariam um susto nele, primeiro.

– Oh, eles não conseguiriam assustar Orrin, senhor Marlowe – disse, muito decidida. – Ele fica furioso quando alguém tenta assustá-lo.

– É – eu disse. – Mas não estamos falando da mesma coisa. É possível assustar qualquer pessoa, com a técnica certa.

Ela abriu de novo a boca, teimosa.

– Não, senhor Marlowe. Eles não conseguiriam assustar Orrin.

– Oquêi – falei. – Então eles não o assustaram. Digamos apenas que cortaram fora uma de suas pernas e o espancaram na cabeça com ela. O que ele faria, então? Escreveria ao Serviço de Atendimento ao Consumidor?

– Está caçoando de mim – ela disse, educadamente. Sua voz estava mais fria do que a sopa de um asilo. – Isso é tudo que você conseguiu durante o dia? Apenas descobriu que Orrin se mudou e que se tratava de uma vizinhança perigosa? Ora, isso eu descobri sozinha, senhor Marlowe. Pensei que o senhor, sendo detetive e tudo o mais... – ela parou, deixando o resto da frase no ar.

– Fiz um pouco mais do que isso – falei. – Dei um pouco de gim ao gerente, examinei o livro de registros e falei com um homem chamado Hicks. George W. Hicks. Ele usa uma peruca. Imagino que você não conheça ele. Está, ou estava, no quarto de Orrin. Então pensei que talvez... – era a minha vez de deixar as coisas no ar.

Ela me olhou atentamente com seus claros olhos azuis ampliados pelos óculos. Sua boca era pequena, firme e tensa, suas mãos apertaram a mesa à frente, por cima da bolsa grande e quadrada, o seu corpo estava inteiramente rígido, duro, formal e desaprovador.

– Paguei-lhe vinte dólares, senhor Marlowe – ela disse friamente. – Entendi que o pagamento era por um dia de trabalho. Não me parece que tenha trabalhado um dia inteiro.

– Não – falei. – É verdade. Mas o dia ainda não acabou. E não se preocupe com os vinte dólares. Pode pegar de volta, se quiser. Nem toquei neles.

Abri a gaveta da escrivaninha e tirei de lá o dinheiro. Empurrei-o sobre a mesa. Ela olhou para ele mas não o tocou. Seus olhos subiram lentamente ao encontro dos meus.

– Eu não quis dizer isso. Sei que está fazendo o melhor que pode, senhor Marlowe.

– Com as informações que tenho.

– Mas contei ao senhor tudo o que sei.

– Acho que não – falei.

– Bem, tenho certeza de que não posso impedi-lo de pensar o que quiser – ela disse, ácida. – Afinal de contas, se eu já soubesse o que quero saber, não teria vindo aqui e pedido para o senhor descobrir, não é?

– Não estou dizendo que você sabe tudo o que quer saber – respondi. – A questão é que eu não sei tudo o que quero saber para fazer o trabalho para você. E o que você me diz não ajuda.

– O que não ajuda? Eu disse a verdade. Sou a irmã de Orrin. Acho que sei que tipo de pessoa ele é.

– Quanto tempo ele trabalhou na Cal-Western?

– Já lhe disse. Ele veio para a Califórnia há cerca de um ano. Conseguiu trabalho logo de cara porque praticamente já tinha acertado o emprego antes de ir embora.

– Ele escrevia para casa regularmente? Antes de parar de mandar notícias.

– Todas as semanas. Às vezes mais. Ele alternava, escrevendo para mamãe e para mim. Claro que as cartas eram para nós duas.

– Sobre o quê?

– Quer dizer, sobre o que ele escrevia?
– O que acha que quero dizer?
– Bem, não precisa ser rude. Ele escrevia sobre o trabalho, a fábrica, as pessoas e às vezes sobre algum show que tivesse assistido. Ou sobre a Califórnia. Ele também escrevia sobre a igreja.
– Nada sobre garotas?
– Acho que Orrin não dava muita bola para garotas.
– E ele morou no mesmo endereço todo esse tempo?

Ela concordou com a cabeça, parecendo confusa.

– E ele parou de escrever há quanto tempo?

Isso requeria reflexão. Ela franziu a boca e pressionou a ponta de um dedo no meio do lábio inferior.

– Uns três ou quatro meses – disse, finalmente.
– Qual a data da última carta?
– Eu... temo que eu não saiba com exatidão a data. Mas foi como eu disse, há três ou quatro...

Fiz um sinal de "deixe para lá" com a mão:

– Alguma coisa fora do normal na carta? Alguma coisa incomum dita, ou não dita?
– Ora, não. Parecia-se com todas as outras.
– Você não tem amigos nem parentes nesta parte do país?

Ela me olhou de um jeito engraçado, começou a dizer alguma coisa e então balançou enfaticamente a cabeça:

– Não.
– Oquêi. Agora vou dizer o que está errado. Vou desconsiderar o fato de você não me dizer onde está ficando, porque pode ser apenas que esteja com medo de que eu apareça com uma garrafa de bebida embaixo do braço e dê em cima de você.
– Esse não é um jeito muito gentil de falar – ela disse.
– Nada do que digo é gentil. Não sou gentil. Pelos seus padrões, ninguém portando menos de três livros de orações pode ser considerado gentil. Mas eu *sou* curioso. O que há de errado com esse quadro todo é que você não está assustada. Nem você pessoalmente, nem a sua mãe. E vocês deveriam estar assustadas para valer.

Ela levou a bolsa ao peito com os pequeninos dedos.

– O senhor quer dizer que algo aconteceu a ele? – A voz dela desapareceu numa espécie de sussurro triste, como um agente funerário fazendo uma cobrança.

– Não que eu saiba que algo tenha acontecido. Mas, na situação de vocês, sabendo o tipo de cara que Orrin era, o fato de as cartas dele chegarem e depois não chegarem mais, eu não conseguiria me ver esperando pelas férias de verão para vir aqui e tentar descobrir o que aconteceu. Não me vejo passando por cima da polícia, que tem uma estrutura para encontrar pessoas, e indo a um velho lobo solitário do qual nunca ouviu falar, pedindo-lhe para vasculhar no entulho. E não consigo ver a sua velha e querida mãe simplesmente sentada lá em Manhattan, Kansas, semana após semana, remendando a roupa de baixo do pastor. Nenhuma carta de Orrin. Nenhuma notícia. E tudo o que ela faz é suspirar profundamente e consertar mais um par de calças.

Ela pôs-se de pé num salto.

– O senhor é uma pessoa horrível, desprezível – disse, furiosa. – Acho que você é um ser vil. Não ouse dizer que mamãe e eu não estávamos preocupadas. Não ouse.

Empurrei os vinte dólares um pouco mais para o outro lado da mesa.

– A sua preocupação vale vinte dólares, querida – falei. – Mas em relação a que, eu não saberia dizer. Acho que na verdade não quero saber. Apenas ponha esse monte de origamis de volta no seu alforje e esqueça que um dia me encontrou. Você pode querer emprestá-los a outro detetive amanhã.

Ela fechou a bolsa violentamente, com o dinheiro dentro.

– Não vou esquecer seus modos rudes – ela disse, entre os dentes. – Ninguém no mundo jamais falou comigo como você.

Fiquei de pé e caminhei casualmente até a ponta da mesa.

– Melhor não pensar muito nisso. Pode começar a gostar.

Avancei e tirei os óculos dela de um só golpe. Ela deu meio passo para trás, quase tropeçou, e eu pus um braço ao redor da sua cintura, por puro instinto. Seus olhos cresceram, ela pôs as mãos contra o meu peito e me empurrou. Eu já tinha sido empurrado com mais força por um gatinho.

– Sem o disfarce esses olhos são realmente algo – eu disse numa voz admirada.

Ela relaxou e deixou a cabeça cair para trás e os lábios entreabrirem-se um pouco.

– Imagino que faça isso a todas clientes – falou, macio. As suas mãos agora estavam caídas junto ao corpo. A bolsa bateu contra a minha perna. Ela soltou o seu peso no meu braço. Se ela queria que eu a soltasse, os sinais que dava eram bem contraditórios.

– Só não queria que você perdesse o equilíbrio – falei.
– Eu sabia que você era do tipo atencioso.

Ela relaxou ainda mais. Sua cabeça se reclinou mais. Suas pálpebras caíram, tremelicaram um pouco, e seus lábios abriram-se. Neles se via aquele sorriso indefeso e provocativo que não precisa ser ensinado por ninguém.

– Imagino que pense que fiz de propósito – ela disse.
– Fez o que de propósito?
– Tropecei, mais ou menos.
– Bem...

Ela pôs um braço rápido ao redor do meu pescoço e me puxou na sua direção. Então a beijei. Era isso ou dar um porre nela. Ela empurrou com força a boca contra a minha por um longo momento, e então, calma e muito confortavelmente, se imiscuiu entre os meus braços e se aninhou. Deixou escapar um suspiro longo e dócil.

– Em Manhattan, Kansas, você poderia ser preso por isso – ela disse.

– Se houvesse justiça, eu poderia ser preso por estar lá – falei.

Ela deu um risinho e cutucou a ponta do meu nariz com a ponta de um dedo.

– Imagino que você realmente prefere garotas rápidas – disse, me olhando de lado. – Pelo menos não precisa limpar nenhuma mancha de batom. Talvez eu use um, na próxima vez.

– Talvez fosse melhor sentarmos no chão – falei. – Meu braço está cansando.

Ela deu outro risinho e desvencilhou-se graciosamente.

– Deve achar que eu fui beijada muitas vezes – falou.

– Que garota não foi?

Ela balançou a cabeça, me deu aquele olhar superior-vindo-de-baixo que fez a sua íris atravessar os cílios.

– Até nas reuniões da igreja se brinca de jogos de beijar – ela disse.

– Ou não haveria nenhuma reunião de igreja – falei.

– Bem... – começou, finalmente. Devolvi a ela os seus óculos. Ela os colocou. Abriu a bolsa, olhou para si mesma refletida em um espelhinho, cavoucou dentro da bolsa e tirou de lá a sua mão, fechada.

– Sinto muito que eu tenha me comportado mal – ela disse e empurrou algo para baixo do bloco de papel sobre a minha escrivaninha. Me deu outro sorrisinho frágil, caminhou até a porta e a abriu.

– Ligarei para você – falou, com intimidade. E foi-se embora, tap, tap, tap, pelo corredor.

Fui até a mesa, levantei o bloco de notas e tirei de baixo dele as notas amarrotadas. O beijo não tinha sido grande coisa, mas parecia que eu teria uma segunda chance com os vinte dólares.

O telefone tocou antes que eu tivesse propriamente começado a me preocupar com o sr. Lester B. Clausen. Atendi distraído. A voz que ouvi era uma voz abrupta, mas grossa e abafada, como se estivesse sendo filtrada por uma cortina ou por uma barba espessa.

– É você, Marlowe? – perguntou a voz.

– Marlowe falando.

– Você tem um cofre, Marlowe?

Eu estava cansado de ser educado naquela tarde.

– Pare de perguntar e comece a falar – eu disse.

– Fiz uma pergunta, Marlowe.

— E eu não respondi – falei. – Ó. – Me inclinei à frente e apertei o gancho do telefone. Segurei-o assim enquanto vasculhava ao redor atrás de um cigarro. Sabia que ele iria ligar de volta em seguida. Eles sempre ligam quando pensam que são durões. Não usam a saída de emergência. Quando tocou novamente, comecei a falar logo de cara.

— Se você tem uma proposta, diga. E até que tenha me dado algum dinheiro, eu sou "senhor" para você.

— Não deixe esse temperamento torná-lo uma pessoa difícil, amigo. Estou numa encrenca. Preciso de ajuda. Preciso guardar uma coisa num lugar seguro. Por alguns dias. Não muito. E por isso você vai ganhar um pouco de dinheiro, rápido.

— Quão pouco? – perguntei. – E quão rápido?

— Uma nota de cem. Bem aqui e à sua espera. Vou mantê-la quente para você.

— Posso ouvi-la ronronar – falei. – Esperando por mim onde? – Eu estava escutando duas vezes aquela voz, uma quando a ouvia, e outra quando ecoava na minha mente.

— Quarto 332, Van Nuys Hotel. Dê duas batidas rápidas e duas lentas. Não muito alto. Estou com pressa. Quanto tempo você leva para...

— O que quer que eu guarde?

— Isso vai ter de esperar até você chegar aqui. Eu disse que estava com pressa.

— Qual o seu nome?
— Quarto 332.
— Obrigado pelo seu tempo – falei. – Adeus.

— Ei. Espere um minuto, chapa. Não é nada demais como você está pensando. Nada de coca. Nada de jóias roubadas. Só que vale um monte de dinheiro para mim, e absolutamente nada para qualquer outra pessoa.

— O hotel tem um cofre.
— Quer morrer pobre, Marlowe?
— Por que não? Rockefeller morreu. Adeus, de novo.

A voz mudou. A aspereza se dissipou. Ela disse, afiada e ágil:

– Como está tudo em Bay City?

Não falei nada. Só esperei. Havia um regozijo surdo na linha.

– Pensei que podia interessá-lo, Marlowe. É quarto 332. Venha para cá, amigo. Seja rápido.

O telefone foi desligado na minha cara. Coloquei-o no gancho. Sem razão nenhuma, um lápis rolou de cima da mesa e quebrou a ponta no rococó na parte de baixo de uma das pernas da escrivaninha. Apanhei-o e lenta e cuidadosamente afiei-o no apontador modelo Boston fixado na beira da esquadria da janela, girando o lápis para deixá-lo uniforme e liso. Eu tinha todo o tempo do mundo. Olhei para fora da janela. Não vi nada. Não ouvi nada.

E então, ainda com menos razão, vi o rosto de Orfamay Quest sem óculos, maquiado, pintado e com o cabelo loiro preso num coque no alto da cabeça, com uma trança enrolada em volta dele. E olhos sonolentos. Todas elas precisam ter olhos sonolentos. Tentei imaginar aquele rosto num grande *close-up* sendo atormentado por algum personagem vil dos grandes salões do bar Romanoff.

Demorei vinte e nove minutos para chegar ao Van Nuys Hotel.

# 8

Algum dia, muito tempo atrás, deve ter sido algo elegante. Mas não mais. As memórias de velhos charutos enfeitavam o lobby como a sujeira dourada no teto e as molas saltando de duas poltronas de couro. O mármore da mesa, com o tempo, transformara-se num marrom-amarelado. Mas o tapete do chão era novo e tinha um ar austero, como o recepcionista. Passei por ele e me dirigi ao balcão de charutos no canto, sobre o qual deixei um quarto de dólar em troca de um pacote de Camels. A moça atrás do balcão tinha o cabelo cor de palha, um longo pescoço e olhos cansados. Ela pôs os cigarros na minha frente, acrescentou os fósforos e deixou meu troco cair numa caixa de doações onde dizia: "Os Amigos do Peito Agradecem".

– Você queria que eu fizesse isso, não é mesmo? – ela disse, sorrindo pacienciosamente. – Queria dar o seu troco para as pobres e pequenas crianças desprivilegiadas, com pernas tortas e coisas assim, não queria?

– Suponhamos que eu não quisesse – falei.

– Eu teria lhe tirado sete centavos – a moça disse – e seria muito doloroso. – Ela tinha uma voz baixa e langorosa que soava como o afago de uma toalha de banho levemente umedecida.

Coloquei mais um quarto de dólar, depois dos sete centavos. Então ela me ofereceu um grande sorriso, que mostrava suas amígdalas mais do que qualquer coisa.

– Você é legal – ela disse. – Posso ver que é legal. Muitos caras teriam vindo aqui e tentariam me cantar. Imagine. Por sete centavos. Uma cantada.

– Quem é o responsável por isso aqui, agora? – perguntei, sem aceitar a sua sugestão.

– São dois. – Ela fez algo lento e elegante com a nuca, exibindo no processo o que parecia bem mais do que um punhado de unhas vermelho-sangue. – O sr. Hardy fica à noite, e o sr. Flack, de dia. Agora é dia, então deve ser o sr. Flack.

– Onde eu poderia encontrá-lo?

Ela se debruçou sobre o balcão, me fazendo cheirar o seu cabelo, e apontou com uma unha de dois centímetros na direção do elevador.

– É no fundo daquele corredor, ao lado da sala do porteiro. Não tem como não ver a sala do porteiro porque tem uma porta dividida na metade e diz PORTEIRO na parte de cima, em letras douradas. Só que metade dela está dobrada para trás, então talvez você não consiga enxergá-las.

– Vou enxergar – falei. – Nem que eu precise ter um torcicolo. Que cara tem esse tal de Flack?

– Bem – ela disse –, ele é um cara baixinho e atarracado, com um pouco de bigode. Um tipo meio pesado. Meio parrudo, mas não é alto. – As pontas dos seus dedos moveram-se languidamente através do balcão até onde eu poderia tocá-los sem precisar dar um pulo. – Ele não é interessante – ela disse. – Por que se dar ao trabalho?

– Negócios – falei, e fui embora antes que ela me desse uma gravata.

Já perto dos elevadores, olhei para trás e para ela. Me olhava fixamente com uma expressão que ela provavelmente teria designado como pensativa.

O quarto do porteiro ficava na metade do corredor que levava até a entrada da rua Spring. A porta além desta estava entreaberta. Espiei por entre o vão, então entrei e fechei-a atrás de mim.

Um homem estava sentado em uma pequena escrivaninha empoeirada, sobre a qual havia um enorme cinzeiro e pouca coisa mais. Ele era baixo e parrudo. Tinha algo escuro e espinhento de uma polegada de largura embaixo do nariz. Sentei-me à sua frente e pus um cartão de visitas sobre a mesa.

Ele apanhou o cartão sem qualquer interesse, leu-o, virou-o e leu o verso com tanta atenção quanto a frente. Não havia nada no verso para ser lido. Pegou metade de um cigarro do cinzeiro e queimou o nariz acendendo-o.

– Qual é a bronca? – rosnou para mim.

– Nenhuma. Você é o Flack?

Não se deu o trabalho de responder. Deu-me um olhar penetrante que poderia ou não ter escondido os seus pensamentos, caso ele tivesse algum a esconder.

– Gostaria de fazer uma ligação para um dos seus hóspedes – falei.

– Qual o nome? – Flack perguntou, depressivo.

– Não sei que nome ele está usando aqui. Está no quarto 332.

– Que nome ele estava usando antes de vir para cá? – Flack perguntou.

– Também não sei.

– Bem, como ele se parece? – Flack estava suspeitando

de algo agora. Leu novamente o meu cartão, mas este nada acrescentou aos seus conhecimentos.

– Nunca vi ele, que eu saiba.

Flack disse:

– Devo estar trabalhando demais. Não estou entendendo.

– Recebi um telefonema dele – falei. – Queria me ver.

– E eu estou atrapalhando?

– Olhe, Flack. Um homem do meu ramo faz inimigos, às vezes. Você deveria saber disso. Esse cara quer alguma coisa. Me diz para vir aqui, esquece de dizer o nome e desliga. Pensei em dar uma checada antes de subir lá.

Flack tirou o cigarro da boca e disse pacientemente:

– Estou em péssima forma. Ainda não estou entendendo. Nada mais faz sentido para mim.

Debrucei-me sobre a mesa e falei lenta e distintamente:

– Tudo isso poderia ser uma boa maneira de me levar até um quarto de hotel, me apagar e então fugir rapidamente, abandonando o quarto. Você não ia querer que nada disso acontecesse no seu hotel, não é, Flack?

– Supondo que isso faça alguma diferença para mim – ele disse –: você se acha tão importante?

– Você fuma esse pedaço de sola de sapato porque gosta ou porque acha que o faz parecer durão?

– Por 45 paus por semana – Flack disse –, como vou fumar algo melhor? – Ele me olhou fixamente.

– Não vamos falar de despesas, por enquanto – falei. – Ainda não fizemos nenhum acordo.

Ele fez um som triste, se levantou pesadamente e saiu do quarto. Acendi um dos meus cigarros e esperei. Ele voltou em pouco tempo e jogou uma ficha de registro na mesa. Nela estava escrito a tinta, com uma caligrafia firme e arredondada: *Dr. G. W. Hambleton, El Centro, Califórnia*. O recepcionista escrevera outras coisas na ficha, incluindo o número do quarto e o preço da diária. Flack apontou com um dedo que carecia de uma manicure ou, pelo menos, de uma boa limpeza.

– Chegou às 2h47 da tarde – disse. – Hoje, quer dizer.

Nada na sua conta. Uma diária. Nenhum telefonema. Nada. É isso que você quer?

– Como ele se parece? – perguntei.

– Não o vi. Pensa que fico parado na recepção tirando fotografias enquanto eles se registram?

– Obrigado – falei. – Dr. G. W. Hambleton, El Centro. Muito obrigado. – Entreguei a ele a ficha de registro.

– Qualquer coisa que eu deva saber – Flack disse enquanto eu saía –, lembre-se de onde eu moro. Quer dizer, se é que se pode chamar de morar.

Concordei e saí. Existem dias como esse. Todo mundo que você encontra é um pirado. Você começa a olhar para si próprio no espelho e se pergunta se não é um deles.

## 9

O quarto 332 ficava nos fundos do prédio, próximo à porta que dava para a saída de incêndio. O corredor que levava até ele tinha um cheiro de tapete velho, de óleo para móveis e do promíscuo anonimato de mil vidas miseráveis. A caixa de areia abaixo da mangueira de incêndio estava cheia de pontas de cigarros e charutos, um acúmulo de vários dias. Um rádio gritava uma música estridente através da pequena janela horizontal em cima de uma porta. De outra, ouviam-se pessoas matando-se de tanto rir. Mais ao longe, perto do quarto 332, tudo estava mais calmo.

Bati na porta. Duas batidas longas e duas breves, como eu tinha sido instruído. Nada aconteceu. Me senti embotado e velho. Senti como se tivesse passado a minha vida inteira batendo em portas de hotéis baratos sem ninguém que se desse o trabalho de abrir. Tentei de novo. Então girei a maçaneta e entrei. Uma chave com uma plaquinha vermelha pendia na maçaneta, no lado de dentro.

Havia um pequeno hall de entrada com um banheiro à direita. Mais adiante, além do hall, a metade de cima da cama estava à vista, e havia um homem deitado nela, de camiseta e calças. Falei:

– Dr. Hambleton?

O homem não respondeu. Ao ir na sua direção, passei pela porta do banheiro. Um rastro de perfume me alcançou e comecei a me virar, mas não rápido o suficiente. Uma mulher estava ali parada de pé, tapando com uma toalha a metade inferior do rosto. Óculos escuros apareciam por cima da toalha. E a aba larga de um chapéu de palha azul-acinzentado. Abaixo disso, avançavam mechas de cabelo loiro claro. Brincos azuis entrincheiravam-se em algum lugar nas sombras. Os óculos de sol tinham aros brancos com hastes laterais largas e achatadas. O vestido dela combinava com o chapéu. Um casaco bordado de seda ou de algum tecido sintético estava aberto sobre o vestido. Ela usava luvas compridas e uma automática na mão direita. Coronha de marfim. Parecia uma 32.

– Vire-se e coloque as mãos para trás – ela disse através da toalha. A voz abafada pela toalha me era tão familiar quanto os óculos escuros. Não era a voz que falara comigo ao telefone. Não me mexi.

– Não ouse pensar que estou brincando – ela disse. – Vou dar exatamente três segundos para você fazer o que estou mandando.

– Não daria para ser um minuto? Gosto de olhá-la.

Ela fez um gesto de ameaça com a arma:

– Vire-se – disparou. – Mas rápido.

– Gosto do som da sua voz, também.

– Muito bem – ela disse, em um tom tenso e ameaçador. – Se é isso que você quer, é isso que você vai ter.

– Não esqueça que é uma dama – falei, me virei e levantei as mãos em direção à cabeça. O cano de uma arma cutucou a minha nuca. Um hálito quase fazia cócegas na minha pele. O perfume era elegante ou quase isso, não muito forte, não impetuoso demais. A arma contra o meu pescoço foi embora, e uma chama branca ardeu por um instante por trás dos meus olhos. Soltei um gemido, caí para a frente, sobre as mãos e os joelhos, e me virei para trás, rapidamente. Minha mão tocou uma perna dentro de uma meia de náilon, mas escorregou, o que foi uma pena. Parecia uma boa perna. O choque de outro golpe na cabeça estragou-me o prazer, e fiz o som gutural de um homem desesperado. Caí no chão. A porta se abriu. Uma chave tilintou. A porta se fechou. A chave foi virada. Silêncio.

Levantei-me e fui até o banheiro. Molhei a cabeça com uma toalha tirada do gancho e embebida em água fria. Parecia que o salto de um sapato tinha me acertado. Certamente não fora a coronha de uma arma. Havia um pouco de sangue, não muito. Enxagüei a toalha e fiquei ali, acariciando o machucado e me perguntando por que eu não tinha saído correndo e gritando atrás dela. Mas olhei para dentro do armarinho de remédios em cima da pia. A parte de cima de uma lata de talco tinha sido arrancada. Havia talco por toda a prateleira. Um tubo de pasta de dente fora estraçalhado. Alguém estava procurando alguma coisa.

Voltei ao pequeno hall de entrada e tentei a porta do quarto. Trancada por fora. Abaixei-me e olhei através do buraco da fechadura. Mas os orifícios interno e externo da fechadura não coincidiam. A moça com os óculos escuros de aros brancos não entendia muito de hotéis. Girei a trava de segurança, que abriu a tranca externa, abri a porta, espiei pelo corredor vazio e fechei a porta novamente.

Então me dirigi para o homem deitado na cama. Ele não tinha se mexido durante todo aquele tempo, por uma razão bastante óbvia.

Além do pequeno hall de entrada, o quarto se alargava até um par de janelas através das quais o sol da tarde se inclinava em um raio nítido que quase alcançava a cama e terminava logo abaixo do pescoço do homem que lá estava deitado. E terminava justamente sobre uma coisa azul e branca, brilhante e redonda. Ele estava confortavelmente deitado sobre metade do seu rosto, com as mãos para baixo ao longo do corpo, sem sapatos. O lado do seu rosto repousava sobre o travesseiro, e ele parecia relaxado. Usava uma peruca. Da última vez que eu tinha falado com ele o seu nome era George W. Hicks. Agora era dr. G. W. Hambleton. Mesmas iniciais. Não que fizesse alguma diferença. Eu não ia falar com ele novamente. Não havia sangue. Nenhuma gota, o que é uma das poucas coisas agradáveis de um trabalho bem-feito com picador de gelo.

Toquei o seu pescoço. Ainda estava quente. Enquanto isso, o raio de sol caminhou do cabo do picador de gelo para a orelha direita. Virei-me e passei os olhos pelo quarto. A caixa do telefone tinha sido aberta e deixada assim. A Bíblia de Gedeão estava jogada no chão, no canto. A escrivaninha fora revistada. Fui até o armário e espiei para dentro. Havia roupas e uma mala que eu já tinha visto antes. Não encontrei nada que parecesse importante. Apanhei um chapéu de aba do chão, coloquei-o sobre a mesa e voltei ao banheiro. A questão agora era saber se as pessoas que furaram o dr. Hambleton encontraram o que tinham ido procurar. Tiveram muito pouco tempo.

Vasculhei o banheiro cuidadosamente. Removi a tampa do tanque da descarga e drenei-o. Não havia nada. Examinei o cano da descarga. Nenhum fio pendurado com um pequeno objeto na ponta. Vasculhei a escrivaninha. Estava vazia, exceto por um velho envelope. Desaparafusei as janelas de tela e apalpei embaixo dos parapeitos do lado de fora. Apanhei a Bíblia de Gedeão do chão e a folheei novamente. Examinei o reverso de três quadros e estudei as bordas do carpete. Estava preso bem junto à parede e havia pequenos bolsões de poeira nas depressões impressas pelas tachinhas. Ajoelhei-me e examinei embaixo da cama. Mesma coisa. Sentei numa cadeira, olhei para a lâmpada bojuda do lustre. Continha pó e insetos mortos. Vasculhei toda a cama. Fora feita por um profissional e não havia sido tocada desde então. Apalpei o travesseiro embaixo da cabeça do homem morto, então apanhei o travesseiro extra do armário e examinei as suas bordas. Nada.

O casaco do dr. Hambleton pendia no encosto de uma cadeira. Revistei-o, sabendo que seria o último lugar onde poderia encontrar algo. Alguém com uma faca tinha trabalhado no forro e nas ombreiras. Havia fósforos, alguns charutos, um par de óculos escuros, um lenço barato limpo, um ingresso usado de um cinema de Bay City, um pequeno pente, uma carteira de cigarros fechada. Olhei-a sob a luz. Não mostrava sinais de ter sido aberta. Então a abri. Rasguei o invólucro, vasculhei a carteira, não encontrei nada além de cigarros.

Com isso, sobrava apenas o próprio dr. Hambleton. Virei-o e mexi nos bolsos da calça. Alguns trocados soltos, outro lenço, uma caixinha de fio dental, mais fósforos, um punhado de chaves, um folheto com horários de ônibus. Dentro de uma carteira de couro de porco havia um livro de selos, um segundo pente (era um homem que cuidava verdadeiramente da sua peruca), três pacotes achatados de um pó branco, sete cartões impressos onde se lia *Dr. G. W. Hambleton, O. D. Tustin Building, El Centro, Califórnia, Horário: 9h-12h e 14h-16h e com consulta marcada. Telefone: El Centro 50406.* Não havia carteira de motorista, nenhum cartão de previdência, de algum tipo de seguro, nenhum documento de identidade sequer.

Levantei o chapéu do dr. Hambleton da mesa e examinei a parte interna e a aba. A fita fora solta com uma faca de ponta, que deixou as tiras caindo. Não havia nada escondido dentro do chapéu. Nenhuma evidência de ter sido aberto e recosturado.

Este era o cenário. Se os assassinos sabiam o que estavam procurando, era algo que podia ser escondido em um livro, em uma caixa de telefone, em um tubo de pasta de dente ou na faixa de um chapéu. Entrei novamente no banheiro e examinei de novo a minha cabeça. Ainda estava escorrendo um pequeno filete de sangue. Molhei a ferida com mais um pouco de água fria, sequei-a com papel higiênico, joguei este no vaso e dei descarga. Voltei para o quarto e fiquei por um momento olhando para o dr. Hambleton, imaginando qual fora o seu erro. Ele tinha me parecido um sujeitinho bastante esperto. O raio de sol movera-se para a extremidade do quarto agora, para fora da cama, num canto triste e empoeirado.

Sorri de repente, me debrucei rapidamente e, com o sorriso ainda estampado no meu rosto, puxei a peruca do dr. Hambleton, fora do lugar como estava, e a revirei. Simples assim. No forro da peruca estava fixado com fita adesiva um pedaço de papel laranja, protegido por um retângulo de celofane. Soltei o papel, virei-o e vi que se tratava de um canhoto de retirada numerado da Bay City Camera Shop. Coloquei-o na minha carteira e pus a peruca cuidadosamente na cabeça de ovo do morto.

Deixei o quarto destrancado porque não tinha como trancá-lo.

Lá embaixo, no hall de entrada, o rádio ainda gritava por uma janela de ventilação e o riso exagerado dos bêbados o acompanhava ao longo do corredor.

# 10

Por telefone, o atendente da Bay City Camera Shop disse:
– Sim, sr. Hicks. Estão prontas para o senhor. Seis ampliações em papel brilhante.
– A que horas vocês fecham? – perguntei.
– Daqui a cinco minutos. Abrimos às nove da manhã.
– Vou apanhá-las de manhã. Obrigado.

Desliguei, mecanicamente verifiquei com a mão se havia troco e encontrei uma moeda de outra pessoa. Fui até o balcão, comprei com a moeda uma xícara de café e sentei ali, bebericando e ouvindo as buzinas dos carros reclamando na rua. Era hora de ir para casa. Apitos. Som de motores. Freios velhos gemiam. Havia um ruído contínuo e abafado de pés caminhando na calçada lá fora. Recém passava das cinco e meia. Terminei o café, enchi um cachimbo e vaguei meia quadra de volta ao Van Nuys Hotel. No salão de leitura coloquei o canhoto laranja da loja de revelação dentro de uma folha de papel de carta do hotel dobrada e enderecei um envelope para mim mesmo. Coloquei nele um selo de entrega especial e o enfiei na caixa de correio próxima ao elevador. Então fui novamente até o escritório de Flack.

Mais uma vez fechei a porta dele e me sentei à sua frente. Flack parecia não ter saído do lugar. Ele estava mastigando morosamente a mesma ponta do mesmo charuto e os seus olhos continuavam cheios de coisa alguma. Reacendi o meu cachimbo riscando um fósforo na lateral da sua escrivaninha. Ele franziu o cenho.

– O dr. Hambleton não abriu a porta – falei.

– Ãh? – Flack me olhou vagamente.

– Festa no 332. Lembra? Ele não atende à porta.

– E o que quer que eu faça? Arranque os meus cabelos?

– Bati várias vezes – falei. – Nenhuma resposta. Pensei que ele pudesse estar tomando um banho ou algo assim, embora eu não tenha ouvido barulho nenhum. Desisti por um tempo, então tentei novamente. Nenhuma resposta de novo.

Flack olhou um relógio de bolso que ele pegou do seu casaco.

– Eu largo às sete horas – ele disse. – Cristo. Uma hora para ir embora, um pouco mais, até. Cara, estou com fome.

– Do jeito que você trabalha – falei –, deveria mesmo estar com fome. Você precisa manter a sua força. Consegui interessá-lo pelo quarto 332?

– Você disse que ele não estava – Flack falou, irritado. – E daí? Então ele não estava.

– Eu não disse que ele não estava. Falei que ele não atendeu à porta.

Flack inclinou-se para a frente. Muito lentamente removeu os pedaços do charuto da boca e os colocou no cinzeiro de vidro. – Continue. Vamos ver se consegue me interessar – ele disse, com cuidado.

– Talvez você quisesse ir lá e olhar – falei. – Talvez você não tenha visto um trabalho com picador de gelo de primeira linha, ultimamente.

Flack pôs as mãos nos braços da cadeira e apertou a madeira com força.

– Ah – disse, dolorosamente –, ah. – Ficou de pé e abriu uma gaveta. Tirou de lá uma grande arma preta, abriu o tambor, estudou os cartuchos, espiou para dentro do tambor, com um tapa colocou o cilindro de volta no lugar. Desabotoou o colete e enfiou a arma dentro da cintura da calça. Em uma emergência, ele provavelmente chegaria em menos de um minuto. Colocou o chapéu com firmeza e sacudiu um dedão em direção à porta.

Subimos até o terceiro andar em silêncio. Atravessamos o corredor. Nada havia mudado. Nenhum som aumentara ou diminuíra. Flack apressou-se na direção do 332 e bateu, por força do hábito. Então tentou abrir a porta. Olhou para mim com um esgar na boca.

– Você disse que a porta não estava trancada – reclamou.

– Eu não disse exatamente isso. Mas, realmente, *estava* destrancada.

– Não está agora – Flack disse e tirou uma chave de uma longa corrente.

Destrancou a porta e olhou para cima e para baixo no hall de entrada. Girou a maçaneta lentamente sem fazer barulho e moveu a porta alguns centímetros. Tentou escutar. Nenhum som lá dentro. Flack deu um passo para trás, apanhou a arma preta da cintura. Tirou a chave da porta, chutou-a com força e empunhou a arma com vigor e força, como o bandido malvado de faroeste.

– Vamos – disse, com o canto da boca.

Por cima do seu ombro eu podia ver que o dr. Hambleton estava deitado exatamente do mesmo modo de antes, mas o cabo do picador de gelo não podia ser visto da entrada. Flack foi adiante e se esgueirou com cautela para dentro do quarto. Foi até a porta do banheiro, olhou pelo vão, então escancarou-a até ela se chocar contra a banheira. Ele entrou e saiu, voltou para o quarto, um homem tenso e cauteloso que não queria correr riscos.

Tentou então o armário. Apontou a arma e escancarou a porta. Nenhum suspeito no armário.

– Olhe embaixo da cama – falei.

Flack se abaixou rapidamente e olhou embaixo da cama.
– Olhe embaixo do tapete – falei.
– Você está me fazendo de bobo? – Flack perguntou, áspero.
– É que gosto de vê-lo trabalhando.
Ele se debruçou por sobre o homem morto e estudou o picador de gelo.
– Alguém trancou aquela porta – ele falou, com desprezo. – A não ser que você esteja mentindo sobre ela estar destrancada.
Eu não disse nada.
– Bem, acho que isso é com os tiras – ele disse lentamente. – Sem chance de esconder este aqui.
– Não é culpa sua – falei a ele. – Acontece até mesmo em bons hotéis.

# 11

O funcionário de cabelo vermelho preencheu um formulário de homicídio e prendeu a caneta ao bolso externo da sua jaqueta branca. De um golpe fechou o livro, com um sorriso desmaiado na cara.

– Espinha dorsal perfurada bem abaixo do orifício occipital, eu diria – ele falou descuidadamente. – Um local muito vulnerável. Se você sabe como chegar até ele. Imagino que você saiba.

O investigador-tenente Christy French rosnou.

– Acha que é a primeira vez que vejo um desses?

– Não, imagino que não – o estagiário respondeu. Ele deu uma última olhada rápida no homem morto, virou-se e foi embora do quarto. – Vou chamar o encarregado de homicídios – disse por cima do ombro.

A porta se fechou atrás dele.

– Um presunto significa para esses caras o mesmo que um prato de refogado de repolho significa para mim – Christy French disse amargamente para a porta fechada.

Seu parceiro, um tira chamado Fred Beifus, estava

ajoelhado numa perna só junto ao telefone. Ele estava espanejando talco à procura de impressões digitais e tinha acabado de assoprar o excesso de pó. Estava olhando para a mancha esbranquiçada através de uma pequena lente de aumento. Balançou a cabeça e então apanhou algo do parafuso com o qual a caixa do telefone estivera presa.

– Luvas de algodão cinza, de coveiro – disse, enojado. – Custa mais ou menos quatro centavos o par. Um monte de boas impressões nesta espelunca. Estavam procurando por algo na caixa do telefone, hein?

– Evidentemente por algo que poderia estar aí – French disse. – Eu não esperava impressões. Estes trabalhos com picador de gelo são uma especialidade. Os peritos virão daqui a pouco. Esta é só uma inspeção rápida de rotina.

Ele revirou os bolsos do morto e espalhou o que encontrou sobre a cama, ao lado do corpo quieto e já enrijecido. Flack estava sentado numa cadeira próxima à janela, olhando para fora morosamente. O assistente do gerente tinha estado ali, com uma expressão preocupada, não dissera nada e fora embora. Eu estava apoiado na parede do banheiro estalando os meus dedos.

Flack disse, de repente:

– Imagino que um trabalho com picador de gelo seja uma obra feminina. Você pode comprá-lo em qualquer lugar. Dez centavos. Se você quer um sempre ao alcance da mão, pode prendê-lo na cinta-liga.

Christy French deu-lhe uma rápida olhada que continha algo de espanto. Beifus disse:

– Com que tipo de senhora você esteve saindo, meu bem? Pelo preço das meias de seda hoje em dia, uma mulher preferiria guardar uma serra dentro do sapato.

– Não pensei nisso – Flack retorquiu.

Beifus disse:

– Deixe o raciocínio para nós, querido. Isso requer ferramental.

– Não precisa ficar bravo – Flack falou.

Beifus tirou o chapéu e se inclinou à frente.

– Não deve nos negar nossos pequenos prazeres, senhor Flack.

Christy French falou:

– Além disso, uma mulher teria golpeado várias vezes. Nunca saberia quando parar. Muitos vagabundos não sabem. Seja lá quem despachou este aqui, era um virtuose. Chegou na espinha de primeira. E outra coisa: a vítima tem que estar quieta para você fazer isso. O que significa mais de um cara, a não ser que ele estivesse sedado, ou que o assassino fosse um amigo.

Falei:

– Não vejo como poderia estar sedado, se foi ele quem me telefonou.

French e Beifus olharam para mim com a mesma expressão de tédio e paciência.

– Se – French disse –, e, já que você não conhecia o cara, segundo o que você disse, há sempre a tênue possibilidade de que não conhecesse a voz dele. Ou estou sendo sutil demais?

– Não sei – falei. – Não li o informativo do seu fã-clube esta semana.

French deu um sorriso sardônico.

– Não perca tempo com ele – Beifus disse a French. – Guarde para quando você falar com o Friday Morning Club*. Algumas das velhinhas de nariz reluzente se enlouquecem com os melhores ângulos de um assassinato.

French enrolou um cigarro e o acendeu com um fósforo de cozinha riscado no encosto de uma cadeira. Suspirou.

– Eles aprimoraram a técnica lá no Brooklin – explicou. – Os rapazes do Sunny Moe Stein são especializados nisso, mas eles abusaram. A coisa chegou a tal ponto que não se conseguia atravessar um estacionamento vazio sem encon-

---

*Friday Morning Club*: literalmente, Clube das Manhãs de Sexta-Feira. Organização reformista feminina fundada em 1891 na cidade de Los Angeles que defendia várias causas sociais, entre elas o direito de voto às mulheres. (N. do T.)

trar uma obra deles. Então vieram para cá, o que restou deles. Me pergunto por que fizeram isso.

– Talvez apenas tenhamos mais estacionamentos vazios – Beifus disse.

– Mas é estranho – French disse, de um jeito quase sonhador. – Quando Weepy Moyer esfriou Sunny Moe Stein na Franklin Avenue, em fevereiro último, o assassino tinha uma arma. Moe não deve ter gostado nem um pouco daquilo.

– Aposto que foi por isso que a cara dele tinha uma expressão tão desapontada, depois que lavaram o sangue – Beifus comentou.

– Quem é Weepy Moyer? – Flack perguntou.

– Ele vinha depois do Moe na organização – French disse. – Este aqui poderia facilmente ser um trabalho dele. Não que ele o tivesse feito pessoalmente.

– Por que não? – Flack perguntou asperamente.

– Você não lê um jornal de vez em quando? Moyer é um senhor distinto agora. Freqüenta a alta roda. Tem até outro nome. E, quanto ao trabalho de Sunny Moe Stein, aconteceu que estávamos com ele, Weepy Moyer, na prisão por causa de uma batida numa casa de jogo. Não conseguimos nada. Mas acabamos dando a ele um ótimo álibi. De qualquer modo, agora ele é um cavalheiro, como eu disse, e cavalheiros não saem por aí enfiando picadores de gelo nas pessoas. Eles contratam alguém para isso.

– Você já teve algo sobre Moyer? – perguntei.

French olhou-me inquisidoramente: – Por quê?

– Tive uma idéia. Mas é muito inconsistente – falei.

French me estudou lentamente.

– Cá entre nós, moças retocando a maquiagem no banheiro – disse ele –: nós nunca sequer chegamos a provar que o cara que tínhamos *era* Moyer. Mas não espalhe. Ninguém pode saber, a não ser ele, e o advogado dele, e o promotor público, e o pessoal da polícia, e a prefeitura e talvez outras duzentas ou trezentas pessoas.

Ele bateu com a carteira do morto contra a própria coxa e

sentou-se na cama. Inclinou-se casualmente na direção da perna morta, acendeu um cigarro e com ele fez um gesto.

– Isso não é novidade no teatro. Eis o que temos, Fred. Primeiro de tudo, o cliente aqui não era dos mais inteligentes. Estava usando o nome de dr. G.W. Hambleton e tinha os cartões impressos com o endereço de El Centro e um número de telefone. São necessários apenas dois minutos para descobrir que tal endereço não existe, nem tal número de telefone. Um corpo inteligente não cai morto deste jeito tão facilmente. Em segundo lugar, o cara não tem grana. Ele tem quatorze paus em notas dobradas aqui e cerca de dois paus em moedas. No chaveiro não tem nenhuma chave de carro ou de cofre ou qualquer chave de alguma casa. Tudo o que ele tem é uma chave de uma mala e sete chaves-mestras limadas recentemente. Imagino que ele estivesse planejando limpar o hotel um pouquinho. Acha que estas chaves funcionariam nessa sua espelunca, Flack?

Flack se aproximou e examinou as chaves.

– Duas são do tamanho certo – disse. – Assim só de olhar eu não saberia dizer se funcionam. Se eu quero uma chave-mestra, preciso pegá-la no escritório. O que carrego comigo é uma cópia da chave do quarto. E só consigo usá-la se o hóspede está fora. – Ele tirou uma chave do bolso, uma chave presa a uma longa corrente, e comparou-as. Balançou a cabeça. – Não serviriam, a não ser que fossem um pouco mais desgastadas – disse. – Grandes demais.

French derrubou um pouco de cinza na palma da mão e assoprou-a como se fosse poeira. Flack voltou à sua cadeira, próxima à janela.

– O próximo problema – Christy French anunciou. – Ele não tem carteira de motorista ou qualquer outra identificação. Nenhuma das suas roupas foi comprada em El Centro. Ele tinha um jeito falcatrua, mas não cara de alguém que passe cheques sem fundo.

– Você realmente não valoriza o que há de melhor nele – Beifus apontou.

– E, de qualquer forma, este hotel não é o lugar indicado

para esse tipo de coisa – French continuou. – Tem uma reputaçãozinha bem ordinária.

– Pera aí! – Flack começou.

French cortou-o com um gesto.

– Eu conheço cada hotel dentro dos limites da cidade, Flack. Faz parte do meu trabalho. Por cinqüenta pratas eu poderia organizar uma sessão de strip-tease dupla com vedetes francesas de até uma hora de duração em qualquer quarto deste hotel. Não me venha com essa. Você faz o seu trabalho e eu faço o meu. Mas não me venha com essa. Ok. O cliente possuía alguma coisa que ele tinha medo de guardar. Isso significa que ele sabia que alguém estava atrás dele, e chegando cada vez mais perto. Então ele oferece a Marlowe cem pratas para guardar esse objeto. Mas ele não tem todo esse dinheiro no bolso. Então, ele devia estar planejando convencer Marlowe a cooperar com ele. Não poderia ser jóias roubadas, então. Tinha que ser algo semilegal. Certo, Marlowe?

– Você poderia deixar o semi para lá – falei.

French deu um riso fraco.

– Então, o que ele tinha era algo que poderia ser guardado estendido ou enrolado, no corpo de um telefone, dentro de um chapéu, uma bíblia, uma lata de talco. Não sabemos se foi ou não encontrado. Mas sabemos que houve muito pouco tempo. Não mais do que meia hora.

– Se o dr. Hambleton fez o telefonema – falei –, foi você mesmo quem abriu aquela lata de feijões.

– Não faz sentido de outro jeito. Os assassinos não teriam pressa que ele fosse encontrado. Por que pediriam para alguém vir até o quarto? – Ele se virou para Flack. – Alguma possibilidade de verificar as visitas que ele teve?

Flack fez que não com a cabeça, lacônico:

– Não precisa nem passar pela recepção para chegar até os elevadores.

Beifus disse:

– Talvez seja essa uma das razões que fizeram ele se hospedar aqui. Isso e a atmosfera caseira.

– Está bem – French disse. – Seja quem for que acabou com ele, podia chegar e ir embora sem ser interpelado. Tudo o que precisava saber era o número do quarto. E isso é mais ou menos tudo o que sabemos, não é, Fred?

Beifus concordou.

Eu disse:

– Nem tudo. É uma peruca bonita, mas ainda assim uma peruca.

French e Beifus voltaram-se rapidamente. French aproximou-se, cuidadosamente removeu o cabelo do defunto e assobiou.

– Bem que eu estava me perguntando do que aquele maldito estagiário estava achando graça – ele disse. – O cretino nem falou nada. Está vendo o que eu estou vendo, Fred?

– Estou vendo um cara careca – Beifus respondeu.

– Acho que com a peruca você não estava reconhecendo ele. Mileaway Marston. Era um dos capangas de Ace Devore.

– Claro – Beifus exultou. Ele se debruçou e acariciou gentilmente a cabeça careca. – Como tem passado, Mileaway? Há tanto tempo não o via que me esqueci. Mas você me conhece, cara. Uma vez bundão, sempre bundão.

O homem deitado na cama parecia velho e duro, e menor sem a peruca. A máscara amarela da morte começava a compor o seu rosto em linhas rígidas.

French disse, calmamente:

– Bem, isso tira um peso de mim. Esse vagabundo não vai ser um trabalho vinte-e-quatro-horas-por-dia. Que vá para o inferno. – Ele colocou a peruca em cima de um olho e ficou em pé, levantando-se da cama onde estava sentado. – Isso é tudo para vocês dois – ele disse para Flack e para mim.

Flack se pôs de pé.

– Obrigado pelo assassinato, meu bem – Beifus disse para ele. – Se aparecer mais algum desses no seu ótimo hotel, não esqueça dos nossos serviços. Mesmo quando não é bom, é rápido.

Flack atravessou o pequeno hall do quarto e abriu a porta. Segui-o até lá fora. No caminho até o elevador, não falamos nada. Nem no caminho até lá embaixo. Caminhei com ele até o seu pequeno escritório, entrei atrás dele e fechei a porta. Ele pareceu surpreso.

Sentou-se na sua mesa e apanhou o telefone.

– Preciso fazer um relatório ao subgerente – falou. – Você quer alguma coisa?

Enrolei um cigarro na mão, acendi-o com um fósforo e lentamente fiz a fumaça atravessar a mesa. – Cento e cinqüenta dólares – falei.

Os pequenos olhos atentos de Flack se transformaram em dois buracos num rosto lavado de qualquer expressão.

– Não banque o engraçadinho no lugar errado – ele disse.

– Depois daqueles dois comediantes lá em cima, dificilmente você poderia reclamar de mim, se eu o fizesse. Mas não estou bancando o engraçadinho. – Tamborilei os dedos no canto da mesa e esperei.

Pequenas gotas de suor formavam-se sobre o lábio de Flack, abaixo do bigodinho.

– Tenho trabalho a fazer – ele disse, mais guturalmente desta vez. – Dê o fora e não volte.

– Que homenzinho durão – falei. – O dr. Hambleton tinha 164 dólares em dinheiro na carteira quando o revistei. Ele tinha me prometido cem dólares para bancar o guardião, lembra? Agora, na mesma carteira, ele tem apenas quatorze dólares. E *eu* deixei a porta do quarto dele destrancada. E alguém a trancou. Você, Flack.

Flack pôs as mãos nos braços da cadeira e segurou firme. A sua voz veio do fundo do poço, dizendo:

– Você não pode provar nada.

– Preciso tentar?

Ele tirou a arma da cintura e a depositou sobre a mesa, à sua frente. Olhou-a fixamente por um longo tempo, mas ela não lhe deu nenhum conselho. Olhou para cima, nos meus olhos, novamente.

– Meio a meio? – perguntou.

Houve um momento de silêncio. Ele apanhou a sua carteira velha e surrada e perscrutou dentro dela. Tirou um punhado de notas e as espalhou na mesa, dividiu-as em dois montes e empurrou um deles na minha direção.

Falei:

– Quero todos os cento e cinqüenta.

Ele inclinou a cadeira para trás e olhou para o canto da mesa. Depois de um longo momento, suspirou. Juntou os dois montes e os empurrou para o meu lado da mesa.

– Não estava sendo de serventia alguma para ele – Flack disse. – Pegue a grana e dê no pé. Vou lembrar de você, cara. Todos vocês me deixam enjoado do estômago. Como sei que você não tirou quinhentas pratas dele?

– Eu teria levado tudo. E o assassino também. Por que deixar quatorze dólares?

– Então, por que deixei quatorze dólares? – Flack perguntou, numa voz cansada, fazendo movimentos vagos junto à beira da mesa com os dedos.

Peguei o dinheiro, contei as notas e joguei-as de volta para ele.

– Porque você é do ramo e podia sacar que tipo de cara ele era. Sabia que ele teria pelo menos o valor da diária do quarto e mais algum troco. A polícia teria esperado a mesma coisa. Tome, não quero o dinheiro. Quero outra coisa.

Ele me olhou boquiaberto.

– Tire essa grana da minha frente – falei.

Ele apanhou o dinheiro e o amarrotou novamente dentro da carteira.

– Que outra coisa? – Seus olhos estavam miúdos e pensativos. A língua empurrava para fora o lábio inferior. – Não me parece que você esteja em posição de barganhar.

– Você pode estar um pouco errado quanto a isso. Se eu tivesse que voltar lá em cima e dizer a Christy French e Beifus que estive lá antes e que revistei o corpo, eu levaria um sermão, com certeza. Mas ele entenderia que não deixei de falar o que eu sabia apenas para bancar o esperto. Ele saberia que em algum lugar eu tenho um cliente que eu estava tentando proteger. Eu ganharia um sermão e ouviria duras ameaças. Mas não seria bem isso o que aconteceria com *você*. – Parei e observei o brilho do suor formando-se na sua testa, agora.

Ele engoliu em seco. Seus olhos pareciam doentes.

– Deixe de papo furado e ponha as cartas na mesa – falou. Ele deu uma risada repentina, como um uivo de lobo. – Chegou aqui um pouco tarde demais para protegê-la, não? – O sorriso irônico que parecia ter nascido com ele estava voltando à ativa, lenta mas alegremente.

Apaguei meu cigarro, peguei outro e passei morosamente por todas etapas de acender um cigarro: se livrar do fósforo, assoprando fumaça para um lado, inalando profundamente como se aquele pequeno e acanhado escritório fosse um miradouro com vista ao oceano – todos os maneirismos clichês da minha profissão.

– Muito bem – falei. – Admito que era uma mulher. Admito que ela deve ter estado lá em cima quando ele já estava morto, se isso deixa você feliz. Acho que foi apenas o susto que a fez fugir.

– Oh, claro – Flack disse, cínico. O sorriso de escárnio estava na sua melhor forma, agora. – Ou talvez fizesse mais de um mês que ela não furava um cara com picador de gelo. Meio que perdeu o jeito.

– Mas por que ela pegaria a chave dele? – eu disse, falando comigo mesmo. – E por que deixá-la em cima da mesa? Por que não apenas ir embora e deixar tudo para trás? E se ela pensou mesmo que tinha que trancar a porta? Por que não jogar a chave fora num cinzeiro, cobrindo-a de areia? Ou levá-la embora e jogá-la fora? Por que fazer qualquer coisa com aquela chave que a conectasse com aquele quarto? – Baixei os meus olhos e dei um olhar duro e pesado para Flack. – A não ser, é claro, que ela tenha sido vista deixando o quarto, com a chave na mão, e tenha sido seguida fora do hotel.

– Por que alguém faria isso? – Flack perguntou.

– Porque, seja lá quem a viu, pode ter entrado naquele quarto imediatamente. Ele tinha uma cópia da chave.

Os olhos de Flack piscaram para mim e caíram de uma só vez.

– Então ele a deve ter seguido – falei. – Deve ter visto ela deixar a chave cair sobre a mesa e sair caminhando do hotel, e deve tê-la seguido daí em diante.

Flack disse, sardonicamente:

– O que faz você tão maravilhoso?

Me abaixei e puxei o telefone na minha direção.

– Melhor eu chamar Christy e terminar logo com isso – falei. – Quanto mais penso nisso, mais fico assustado. Talvez ela tenha realmente matado ele. Não posso encobrir uma assassina.

Tirei o fone do gancho. Flack largou com energia a sua mãozona úmida em cima da minha. O telefone pulou na mesa.

– Largue – a voz dele era quase um soluço. – Segui ela até um carro estacionado mais embaixo aqui na rua. Anotei a placa. Deus do céu, cara, me dá um tempo – ele remexia nervosamente nos bolsos. – Sabe o que eu ganho com esse emprego? Troco pro cigarro e pro charuto, praticamente nada mais. Espere um minuto. Acho... – olhou para baixo e brincou com alguns envelopes sujos como num jogo de paciência, finalmente escolheu um e o atirou pra mim. – Número da carteira de motorista – disse, cansado. – E, se faz você feliz, sequer me lembro que carro era.

Olhei para o envelope. Realmente tinha um número de habilitação rabiscado. Mal escrito, apagado e numa caligrafia torta, do modo como seria escrito com pressa em um papel na mão de um homem em pé na rua. 6N333. Califórnia, 1947.

– Satisfeito? – era a voz de Flack. Ou, pelo menos, um som parecido saiu da sua boca. Rasguei o papel e joguei o envelope de volta pra ele.

– 4P 327 – falei, observando os seus olhos. Nada neles piscou. Nenhum traço de ironia ou dissimulação. – Como posso ter certeza de que isto não é apenas um número de carteira de motorista que você já tinha?

– Precisa acreditar em mim.

– Descreva o carro – falei.

– Cadillac conversível, não muito novo, capota fechada. Modelo de 1942, mais ou menos. Cor azul-acinzentado.

– Descreva a mulher.

– Está querendo demais pelo seu dinheiro, não, espertinho?

– Dinheiro do dr. Hambleton.

Ele estremeceu.

– Está bem. Loira. Casaco branco com costuras coloridas. Chapéu largo de palha azul. Óculos escuros. Altura: mais ou menos um metro e sessenta. Corpinho de modelo.

– Você a reconheceria sem os óculos? – perguntei com cuidado.

Fingiu pensar. Então balançou a cabeça: não.

– Qual era mesmo o número da carteira de motorista? – peguei-o desprevenido.

– Qual delas? – perguntou.

Debrucei-me sobre a mesa e deixei cair um pouco de cinza do cigarro em cima da arma dele. Olhei fixo mais um tanto nos seus olhos. Mas eu sabia que ele tinha se entregado. Ele também parecia saber disso. Pegou a arma, assoprou a cinza e colocou-a de volta na gaveta da mesa.

– Vá em frente. Dê o fora – falou, entre os dentes. – Diga aos policiais que eu aliviei o presunto. E daí? Talvez eu perca o emprego. Talvez eu seja jogado na cadeia. E daí? Quando eu sair, estarei inteiro. Não pense por um minuto que aquelas lentes escuras enganam o velho Flack. Vi filmes demais para não reconhecer aquela adorável gatinha. E, se quer saber a minha opinião, aquela gata vai durar muito tempo. É uma lutadora e, quem sabe – ele me olhou de esguelha com um ar de triunfo –, ela pode precisar de um guarda-costas uma hora dessas. Um cara por perto, para observar as coisas, mantê-la longe de confusões. Alguém que saiba das coisas e que seja razoável quanto a dinheiro... Por que não?

Eu estava com a cabeça virada de lado e inclinado para a frente. Estava ouvindo.

– Acho que ouvi um sino de igreja – falei.

– Não tem igreja nenhuma por aqui – ele disse com desprezo. – É o seu cérebro platinado rachando.

– Só um sino – falei. – Muito lento. Badalando. Badalando é a palavra, acho.

Flack ouviu junto comigo.

– Não ouço nada – disse, áspero.

– Oh, você não ouviria – falei. – Se há um cara no mundo que não ouviria, é você.

Ele continuou sentado e olhou para mim com os seus pequenos e repugnantes olhos semicerrados e com o seu pequeno, nojento e reluzente bigode. Uma das suas mãos se movimentava sobre a mesa, um movimento inútil.

Abandonei-o aos seus pensamentos, que eram provavelmente tão minúsculos, feios e assustados quanto o próprio dono deles.

# 12

O prédio de apartamentos ficava na Doheny Drive, logo abaixo da colina próxima ao Strip. Na verdade eram dois prédios, um atrás do outro, vagamente conectados por um pátio cimentado com uma fonte e por uma sala construída sobre o arco. Havia caixas de correspondência com campainhas no balcão de imitação de mármore. Três das dezesseis caixas não tinham nenhum nome. Os nomes que li não me disseram nada. O caso daria mais trabalho. Tentei a porta da frente, estava aberta, e o caso continuava dando trabalho.

Do lado de fora havia dois Cadillacs, um Lincoln Continental e um Packard Clipper. Nenhum dos Cadillacs tinha a cor da descrição ou o número de placa. Do outro lado da entrada um cara com calças de montaria estava esparramado com as pernas em cima da porta de um Lancia com a capota abaixada. Estava fumando e olhando para as pálidas estrelas, sábias o bastante para se manterem bem longe de Hollywood. Caminhei morro acima até o bulevar e então uma quadra ao leste, e quase asfixiei de tanto suar numa cabine telefônica. Disquei para um cara chamado Peoria Smith, assim chamado porque gaguejava – outro pequeno mistério que não tive tempo de desvendar.*

– Mavis Weld – falei. – Número do telefone. Aqui é o Marlowe.

– C-c-laro – ele disse. – M-M-Mavis Weld, é? Você quer o número de telefone d-d-dela?

– Quanto?

– S-s-eriam dez p-p-pratas – ele disse.

– Esqueça – falei.

– Es-p-p-ere um minuto! É que não costumo dar o telefone de ga-ga-garotas. É muito arriscado para um assistente de contra-regra.

Esperei e aspirei o meu próprio hálito.

– O endereço está incluído, naturalmente – Peoria gemeu, esquecendo de gaguejar.

– Cinco paus – falei. – Já tenho o endereço. E não pechinche. Se acha que é o único espertalhão de estúdio que vende telefones não listados...

– Espere – ele disse, cansado, e foi pegar a sua caderneta vermelha. Um gago estranho. Só gaguejava quando não estava excitado. Voltou e entregou a mercadoria. Um número de Crestview, é claro. Se você não possui um número de Crestview em Hollywood, você é um zé-ninguém.

Abri a cela pública de aço e vidro para deixar entrar algum ar enquanto eu discava novamente. Depois de dois toques uma voz langorosa e sexy respondeu. Fechei imediatamente a porta.

– S-s-im? – a voz cantarolou.

– Senhorita Weld, por favor.

– E quem quer falar com a senhorita Weld, por gentileza?

– Estou com algumas fotos que Whitney quer que eu entregue hoje à noite.

---

* *Peoria* é um dialeto do estado norte-americano de Ilinois. (N. do T.)

– Whitney? E quem é Whitney, *amigo*?

– O fotógrafo-chefe do estúdio – falei. – Não sabe disso? Irei até aí se você me disser qual apartamento. Estou a poucas quadras daí.

– A senhorita Weld está tomando banho. – Ela riu. Acho que ouvi um barulho metálico do outro lado da linha. Soava como alguém guardando panelas. – Mas é claro, traga as fotografias. Tenho certeza de que ela está louca para vê-las. O número do apartamento é quatorze.

– Você também vai estar aí?

– Mas é claro que sim. Naturalmente. Por que pergunta?

Desliguei e saí cambaleante para o ar fresco. Desci a colina. O cara de calças de montaria tinha ido embora, e dois conversíveis Buick haviam se juntado aos carros, na frente. Apertei a campainha do número quatorze, segui pelo pátio onde madressilvas chinesas escarlates eram iluminadas por um pequeno holofote. Outra luz fazia brilhar o grande lago ornamental cheio de peixes gordos e dourados e tapetes de vitórias-régias silentes, as flores bem fechadinhas para a noite. Havia um par de bancos de pedra e um balanço para namorados. O lugar não parecia ser muito caro, não fosse o fato de que qualquer lugar estava caro demais naquele ano. O apartamento ficava no segundo andar, sendo que uma das suas duas portas dava de frente para uma grande área aberta.

O sino da campainha repicou, e uma garota alta e negra em calças de montaria abriu a porta. Sexy era um elogio muito fraco para ela. As calças, como o seu cabelo, eram preto-carvão. Ela vestia uma camisa de seda branca e, amarrada frouxamente ao redor da garganta, uma echarpe escarlate. Não era tão vívida quanto a sua boca. Ela segurava um cigarro comprido e marrom numa minúscula piteira dourada. Os dedos estavam mais do que adequadamente cheios de jóias. Seu cabelo negro dividia-se no meio e uma linha de uma pele tão branca quanto a neve subia até o topo da sua cabeça e caía para trás, fora da vista. Duas grossas tranças do brilhoso cabelo preto caíam uma de cada lado do esguio pescoço marrom. A ponta de cada uma estava amarrada por um laço vermelho. Mas fazia tempo que ela não era mais uma menininha.

Ela olhou curiosamente para as minhas mãos vazias. Fotografias de estúdios geralmente são grandes demais para caber num bolso.

Eu disse:

– A senhorita Weld, por favor.

– Você pode me dar as fotos – a voz era distante, arrastada e insolente, mas os olhos eram algo. Ela parecia ser tão difícil de conseguir quanto um bom corte de cabelo.

– Para a senhorita Weld em mãos. Sinto muito.

– Falei que ela estava no banho.

– Eu espero.

– Tem certeza de que está com as fotos, *amigo*?

– Toda a certeza do mundo. Por quê?

– Seu nome é? – a voz dela tornou-se fria na segunda palavra, tão subitamente quanto uma pena que decola numa rajada de vento. Então cantarolou e flutuou e planou e volteou, e o silencioso convite de um sorriso levantou delicadamente os cantos dos seus lábios, muito lentamente, como uma criança tentando agarrar um floco de neve no ar.

– O seu último filme foi maravilhoso, senhorita Gonzales.

O sorriso resplandeceu como um relâmpago e mudou todo o seu rosto. O corpo tornou-se ereto e vibrante de deleite.

– Mas era lamentável – ela brilhava. – Decididamente lamentável, adorável senhor. Sabe muito bem que era horrível.

– Nada com você me parece horrível, senhorita Gonzales.

Ela se afastou da porta e fez sinal com a mão para eu entrar.

– Vamos tomar um drinque – ela disse. – Vamos tomar o maldito de um drinque. Adoro elogios, ainda que desonestos.

Entrei. Uma arma apontada para os meus rins não teria me surpreendido nem um pouco. Ela se posicionou de tal forma que eu praticamente tive que dar um chega-pra-lá nas suas glândulas mamárias para atravessar a porta. O cheiro dela era como o Taj Mahal à luz da lua. Fechou a porta e foi dançando até o carrinho de bebidas.

– Scotch? Ou prefere um coquetel? Faço um martíni perfeitamente horrível, se você quiser – ela disse.

– Scotch está bem, obrigado.

Ela preparou dois drinques em dois copos grandes o suficiente para servir de porta-guarda-chuvas. Sentei numa cadeira revestida de chintz e olhei à volta. O lugar era fora de moda. Tinha uma lareira falsa com lenha a gás e console de mármore, rachaduras no reboco, duas manchas vigorosamente coloridas nas paredes que pareciam horríveis a ponto de terem custado bastante dinheiro, um piano Steinway velho com a pintura descascada mas pelo menos sem nenhum xale espanhol sobre ele. Havia muitos livros com cara de novos em sobrecapas brilhantes espalhados, e uma espingarda de cano duplo com uma coronha lindamente trabalhada ficava no canto da parede, com um laço de cetim branco amarrado ao redor dos canos. Espírito hollywoodiano.

A morena em culotes de montaria me estendeu um copo e se empoleirou no braço da minha cadeira. – Pode me chamar de Dolores, se quiser – ela disse, tomando um generoso gole do seu copo.

– Obrigado.

– E como posso chamá-lo?

Dei uma risadinha.

– Claro – ela disse –, estou sabendo que você é um mentiroso filho da puta e que não tem foto nenhuma nos bolsos. Não que eu queira xeretar nos seus negócios, sem dúvida muito privados.

– É? – engoli vários centímetros da minha bebida. – Apenas me diga: que tipo de banho a senhorita Weld está tomando? Um banho com sabonete fora de moda ou algo com temperos árabes?

Ela gesticulou com o resto da cigarrilha marrom na pequena mãozinha dourada.

– Talvez você queira ajudá-la. O banheiro é ali, à direita, passando o arco. A porta não deve estar trancada.

– Melhor não, se é tão fácil assim – falei.

– Oh – ela me deu o sorriso brilhante novamente. – Você gosta das coisas difíceis da vida. Preciso me lembrar de ser menos abordável, não é verdade? – Ela se retirou elegantemente do braço da minha cadeira e jogou fora o cigarro, inclinando-se o suficiente para que eu pudesse traçar a linha dos seus quadris.

– Não se incomode, senhorita Gonzales. Sou apenas um cara que veio aqui a negócios. Não tenho intenção alguma de estuprar alguém.

– Não? – o sorriso tornou-se doce, preguiçoso, e, se é impossível pensar em uma palavra melhor, provocador.

– Mas tenho toda a certeza de que estou me aperfeiçoando nesse sentido – falei.

– Você é um divertido filho da puta – ela disse dando de ombros e foi embora através do arco, carregando o seu meio litro de scotch e água. Ouvi uma delicada batida em uma porta e a sua voz: – Querida, tem um homem aqui que diz que tem algumas fotos do estúdio. É o que ele diz. *Muy simpático. Muy guapo también. Con cojones.*

Uma voz que eu já tinha ouvido antes disse bruscamente:

– Cale a boca, sua putinha. Vou sair em um segundo.

A Gonzales voltou pelo arco cantarolando. Seu copo estava vazio. Ela foi até o bar novamente.

– Você não está bebendo – gritou, olhando para o meu copo.

– Já jantei. De qualquer modo, só tenho um estômago de tamanho normal. Entendo um pouco de espanhol.

Ela sacudiu a cabeça:

– Está chocado? – Seus olhos rodopiaram. Seus ombros dançaram, provocadores.

– Sou difícil de chocar.

– Mas ouviu o que eu disse? *Madre de Dios*. Sinto muitíssimo.

– Acredito – falei.

Ela terminou de preparar mais um drinque para si própria.

– Sim. Sinto muito – suspirou. – Isto é, acho que sinto.

Às vezes não tenho certeza. Às vezes não dou a mínima. É tão confuso. Todos os meus amigos dizem que sou expansiva demais. Eu choco você, não choco? – Estava no braço da minha cadeira novamente.

– Não. Mas se eu quisesse ser chocado, eu saberia onde vir. – Ela apanhou o copo atrás de si indolentemente e se debruçou na minha direção.

– Mas eu não moro aqui – ela disse. – Moro no Château Bercy.

– Sozinha?

Ela deu um tapinha delicado na ponta do meu nariz. A próxima coisa que sei é que ela estava sobre o meu colo tentando arrancar um pedaço da minha língua a mordidas.

– Você é um filho da puta muito querido – ela disse. A sua boca estava tão quente como boca nenhuma jamais esteve. Seus lábios queimavam como gelo seco. Sua língua arremetia duramente contra os meus dentes. Suas pupilas pareciam enormes e negras, com o branco dos olhos por baixo. – Estou tão cansada – ela cochichou dentro da minha boca. – Estou tão exausta, tão inacreditavelmente cansada.

Senti a sua mão no bolso da minha camisa. Eu a afastei de mim com força, mas ela já estava com a minha carteira. Saiu dançando com ela, rindo, abriu-a e a vasculhou com dedos que volteavam como pequenas cobras d'água.

– Fico feliz que vocês dois tenham se conhecido – disse uma voz de fora da cena, friamente.

Mavis Weld estava de pé sob o arco.

O seu cabelo parecia volumoso, despenteado, e ela não tinha perdido tempo com maquiagem. Vestia um chapeuzinho de aeromoça e quase nada mais. As suas pernas terminavam em pequenas sandálias verdes e prateadas. Seus olhos estavam vazios, seus lábios, cheios de desprezo. Mas era a mesma garota, é claro, com ou sem óculos escuros.

Gonzales olhou-a rápida e certeira, fechou a minha carteira e a jogou longe. Apanhei-a e guardei. Ela passeou até a mesa e apanhou uma sacola preta com uma alça longa, enganchou-a no ombro e se dirigiu para a porta.

Mavis Weld não se mexeu, não olhou para ela. Olhou para mim. Mas não havia emoção de qualquer tipo no seu rosto. Gonzales abriu a porta, olhou para fora, chegou a encostar a porta, mas voltou.

– O nome é Philip Marlowe – ela disse para Mavis Weld. – Legal, não acha?

– Eu não sabia que você se incomodava em perguntar o nome deles – Mavis Weld disse. – Raramente se lembra deles muito tempo.

– Entendo – Gonzales respondeu gentilmente. Ela se voltou e sorriu docemente para mim. – Que modo encantador de chamar uma garota de prostituta, não acha?

Mavis Weld não disse nada. Seu rosto não tinha expressão alguma.

– Eu, pelo menos – Gonzales disse calmamente enquanto abria a porta de novo –, não dormi com nenhum pistoleiro ultimamente.

– Tem certeza que consegue se lembrar disso? – Mavis Weld perguntou exatamente no mesmo tom. – Abra a porta, querida. Hoje é dia de colocar o lixo para fora.

Gonzales se virou e olhou para ela lentamente, com ar superior e com um punhal nos olhos. Então fez um som baixinho com a boca e escancarou a porta. Esta fechou-se atrás dela com um forte estrondo. O barulho sequer fez piscar o inabalável olhar azul-escuro de Mavis Weld.

– Agora vamos ver se você consegue fazer o mesmo, mas com menos barulho – ela disse.

Tirei para fora um lenço e limpei o batom do meu rosto. Parecia exatamente da cor de sangue, sangue vivo. – Isso poderia acontecer a qualquer um – falei. – Eu não estava alisando ela. Ela é que estava *me* alisando.

Ela marchou até a porta e a abriu:

– Andando, gostosão. Mexa as pernas.

– Vim a negócios, senhorita Weld.

– Sim, posso imaginar. Fora. Não conheço você. Não quero conhecer você. E se quisesse, este não seria o dia ou a hora.

– Nunca é a hora certa, o local certo e a pessoa amada, tudo ao mesmo tempo – falei.

– Ora, o que é isso? – ela tentou me jogar para fora com a ponta do queixo, mas mesmo ela não era boa o suficiente.

– Browning. O poeta, não a automática. Tenho certeza de que você preferiria a automática.

– Olhe, rapaz, preciso chamar o gerente para jogá-lo escada abaixo como uma bola de basquete?

Fui até lá e fechei a porta. Ela se manteve firme até o último momento. Não me chutou, literalmente, mas deve ter lhe custado um sacrifício enorme. Tentei afastá-la da porta discretamente. Ela não arredou pé nem um milímetro. Não se mexeu, uma das mãos ainda na maçaneta, os olhos repletos de raiva azul-escura.

– Se vai ficar tão perto de mim – falei –, talvez seja melhor você vestir alguma coisa.

Ela puxou a mão e golpeou com força. O tapa soou como a senhorita Gonzales batendo a porta, só que com dor. E me lembrou do machucado na minha nuca.

– Machuquei você? – ela perguntou docemente.

Fiz que sim com a cabeça.

– Ainda bem – ela me xingou e me deu outro tapa, mais forte. – Acho que é melhor você me beijar – ela suspirou. Seus olhos estavam claros, límpidos e quentes. Olhei para baixo casualmente. A sua mão direita estava fechada num punho muito viril. E não era pequeno demais para funcionar.

– Acredite em mim – falei. – Há apenas uma razão que me impede de fazê-lo. Mesmo que você tivesse a sua pequena arma consigo. Ou o soco-inglês que você provavelmente guarda na mesinha de cabeceira.

Ela sorriu educadamente.

– Talvez eu esteja apenas trabalhando para você – falei. – E não saio galinhando por aí atrás do primeiro par de pernas que vejo pela frente. – Olhei para as dela. Eu podia vê-las perfeitamente, e a bandeira que marcava a zona do gol não era maior do que deveria. Ela aprumou o seu

77

chapeuzinho, se virou e caminhou até o pequeno bar, balançando a cabeça.

– Eu sou livre, branca e tenho 21 anos – ela disse. – Já vi todas as cantadas existentes. Acho que vi. Se não consigo assustá-lo, surrá-lo ou seduzi-lo, com que diabos posso comprá-lo?

– Bem...

– Não me diga – ela interrompeu bruscamente e se virou com um copo nas mãos. Bebeu, jogou o cabelo solto para trás e sorriu um pequeno e magro sorriso.

– Dinheiro, é claro. Que estúpido da minha parte descuidar disso.

– Dinheiro ajudaria – falei.

A sua boca torceu-se em um esgar desgostoso, mas a voz era quase afetuosa.

– Quanto dinheiro?

– Oh, uns cem paus dariam para começar.

– Você é barato. Um cretino barato, não é mesmo? Cem paus, você diz. Cem paus é algum dinheiro no seu mundo, querido?

– Que sejam duzentos, então. Com isso poderia me aposentar.

– Ainda assim é barato. Semanalmente, é claro. Em um envelope limpo?

– Deixe para lá o envelope. Eu iria sujá-lo.

– E o que eu ganharia por esse dinheiro, meu detetivezinho encantador? Tenho certeza de que é isso que você é, claro.

– Você vai receber um recibo. Quem disse que eu era um detetive?

Ela revirou os olhos por um breve instante antes de retomar a encenação.

– Deve ter sido o seu cheiro. – Bebericou o drinque e me encarou por sobre ele com um sorrisinho de desprezo.

– Estou começando a pensar que você escreve os seus próprios diálogos – falei. – Estava mesmo me perguntando qual era o problema deles.

Me protegi. Algumas gotas me atingiram. O copo espatifou-se na parede atrás de mim. Os cacos caíram sem fazer ruído algum.

– E com isso – ela disse, completamente calma –, acredito que eu tenha usado todo o meu estoque de charme feminino.

Caminhei até onde estava o meu chapéu e o apanhei.

– Nunca pensei que *você* o tivesse matado – falei. – Mas ajudaria se eu tivesse alguma razão para não dizer que você estava lá. Ajuda bastante ter dinheiro suficiente para um sinal com o qual eu possa me estabelecer. E informação suficiente que me convença a aceitar o adiantamento.

Ela pegou um cigarro de uma caixa, atirou-o no ar, apanhou-o entre os lábios sem esforço aparente e o acendeu com um fósforo surgido do nada.

– Meu Deus. Acham que eu matei alguém? – ela perguntou.

Eu ainda estava segurando o chapéu. Isso me fez sentir tolo. Não sei por quê. Coloquei-o e me dirigi à porta.

– Espero que você tenha algum troco para voltar para casa – a voz de desprezo disse atrás de mim.

Não respondi. Apenas segui adiante. Quando eu estava prestes a abrir a porta, ela disse:

– Também espero que a senhorita Gonzales tenha lhe dado o seu endereço e número de telefone. Você conseguiria praticamente tudo dela, incluindo, eu sei, dinheiro.

Tirei a mão da maçaneta e voltei a atravessar a sala, rapidamente. Ela não saiu do lugar, e o sorriso nos seus lábios não se alterou um milímetro.

– Olhe – falei. – Você vai achar difícil de acreditar. Mas vim até aqui com a idéia bizarra de que você fosse uma garota precisando de ajuda. E seria difícil você encontrar alguém com quem pudesse contar. Imagino que tenha ido àquele quarto de hotel para fazer algum tipo de troca. E o fato de ter ido sozinha e corrido o risco de ser reconhecida – e *foi* reconhecida por um funcionário cretino cujos padrões éticos são tão firmes quanto uma velha teia de aranha –, tudo isso me fez pensar que você poderia estar numa daquelas enrascadas hollywoodianas realmente por baixo dos panos. Mas você não está em nenhuma enrascada. Está exatamente em primeiro plano, embaixo dos holofotes, puxando do baú os gestos mais artificiais que usou no filme B mais vagabundo em que jamais atuou. Se é que atuar é a palavra...

– Cale-se – ela disse, apertando os dentes tão forte que eles estalaram. – Cale a boca, seu chantagista nojento e de meia-tigela.

– Você não precisa de mim – falei. – Não precisa de ninguém. Você é tão absolutamente esperta que poderia fugir de um cofre-forte. Ok. Vá em frente e fuja. Não vou impedi-la. Apenas não me faça ouvir nada disso. Eu morreria chorando só de imaginar a fuga de uma garota inocente como você. Você me provoca, querida. Exatamente como Margaret O'Brien*.

Ela não se mexeu nem respirou quando fui até a porta, nem quando a abri. Não sei por quê. Minha fala não era assim *tão* boa.

Desci as escadas e atravessei o pátio e a porta da frente, quase esbarrando em um homem magro de olhos escuros que estava ali de pé, acendendo um cigarro.

– Sinto muito – ele disse calmamente. – Estou no seu caminho.

Comecei a contorná-lo e então reparei que a sua mão direita erguida segurava uma chave. Tirei-a da sua mão sem razão alguma. Olhei para o número gravado nela. Número 14. O apartamento de Mavis Weld. Joguei-a atrás de alguns arbustos.

– Não precisa disso – falei. – A porta não está trancada.

– Claro – ele disse. Havia um sorriso estranho no seu rosto. – Que estúpido da minha parte.

– É – falei. – Somos uns estúpidos. Qualquer um que se importe com aquela trambiqueira é estúpido.

---

* Atriz infantil nascida em 1937 que atuou nos filmes *Journey for Margaret* (1942), *Jane Eyre* (1944) e *Meet me in St. Louis* (1944). (N. do T.)

– Eu não diria isso – ele respondeu calmamente, com seus pequenos e tristes olhos me fitando sem nenhuma expressão em especial.

– Não precisa dizer – falei. – Eu acabei de dizer por você. Peço perdão. Vou pegar a sua chave. – Fui para trás dos arbustos, apanhei-a e a entreguei a ele.

– Muito obrigado – ele disse. – E aliás... – Ele parou. Eu parei. – Espero não estar interrompendo nenhuma conversa interessante – ele disse. – Eu detestaria fazer isso. Não? – Ele sorriu. – Bem, já que a senhorita Weld é uma amiga em comum, posso me apresentar. Meu nome é Steelgrave. Já não vi você em algum lugar?

– Não, não me viu em lugar algum, sr. Steelgrave – falei. – Meu nome é Marlowe, Philip Marlowe. É realmente improvável que tenhamos nos encontrado. É estranho dizer, mas nunca ouvi falar de você, sr. Steelgrave. E eu não daria a mínima, mesmo que o seu nome fosse Weepy Moyer.

Eu nunca soube exatamente por que falei aquilo. Nada me forçava a fazê-lo, só que o nome fora mencionado. Uma paralisia peculiar tomou conta do rosto dele. Um olhar fixo e peculiar no par de olhos negros. Ele tirou o cigarro da boca, olhou para a ponta, bateu um pouco da cinza – embora não houvesse cinza alguma para ser batida –, olhando para baixo, enquanto dizia:

– Weepy Moyer? Nome estranho. Acho que nunca ouvi. É alguém que eu deva conhecer?

– Não, a não ser que tenha algum interesse especial por picadores de gelo – falei, e deixei-o sozinho.

Desci os degraus, caminhei até o meu carro e olhei para trás antes de entrar nele. Lá estava o homem, olhando para mim, o cigarro entre os lábios. Àquela distância eu não conseguia ver se havia alguma expressão no seu rosto. Ele não se moveu nem fez nenhum gesto quando me voltei para olhá-lo mais uma vez. Sequer se mexeu. Apenas ficou lá. Entrei no carro e fui embora.

# 13

Dirigi para o leste no Sunset Boulevard mas não fui para casa. Em La Brea virei ao norte e tomei a direção de Highland, passei pelo Cahuenga Pass e desci o Ventura Boulevard, atravessando ainda Studio City, Sherman Oaks e Encino. Não havia nada de solitário naquela viagem. Nunca é solitário na estrada. Rapazes velozes em Fords turbinados explodiam de um lado para o outro nos dois sentidos do tráfego, passando a um milímetro dos pára-lamas, mas sem jamais arranhá-los. Homens cansados em carros esporte e sedãs empoeirados chacoalhavam e seguravam firme na direção e singravam para o norte e para o oeste, na direção de casa e do jantar, de uma noite com o caderno de esportes do jornal, o burburinho do rádio, o gemido das suas crianças malcriadas e a tagarelice de suas tolas mulheres. Dirigi passando por neons espalhafatosos e pelas paisagens falsas por trás deles, por lancherias duvidosas que parecia palácios coloridos, os *drive-ins* de formas circulares, tão alegres quanto circos, com atendentes mal-humorados servindo os carros, os balcões brilhantes e as cozinhas suarentas e gordurentas que envenenariam até mesmo um sapo. Caminhões grandes e duplos desfilavam até a Sepulveda a partir da Wilmington e San Pedro e cruzavam até a Ridge Route, arrancando no sinal com um rugido de leões no zoológico.

Atrás de Encino, luzes piscavam nas colinas através de grossas árvores. As casas de estrelas do cinema. Estrelas de cinema, eca. Veteranas de mil camas. Pare, Marlowe. Você não parece um humano esta noite.

O ar refrescou. A estrada ficou mais estreita. Os carros eram tão poucos agora que os faróis ofuscavam os olhos. Trepadeiras se levantavam contra muros brancos e, na brisa que chegava contínua desde o oceano, dançavam casualmente pela noite.

Jantei em um lugar próximo a Thousand Oaks. Ruim mas

rápido. Alimente-os e mande-os embora. Muita clientela. Não podemos nos dar o luxo de tê-lo sentado em cima da segunda xícara de café, senhor. Está ocupando espaço e dinheiro. Está vendo aquelas pessoas lá, atrás da corda? Querem comer. Pelo menos, pensam que querem. Sabe Deus por que querem comer aqui. Poderiam fazer melhor em casa, abrindo uma lata. Estão inquietos. Como o senhor. Precisam tirar o carro da garagem e ir a algum lugar. Presas fáceis para os trambiqueiros que tomaram conta dos restaurantes. Lá vamos nós de novo. Você não parece humano esta noite, Marlowe.

Paguei e parei para virar um brandy num bar em cima de uma loja de ferragens chamada Nova York. Por que Nova York?, pensei. Era em Detroit que se faziam ferramentas e coisas do tipo. Saí para o ar fresco da noite que ninguém até hoje encontrou uma maneira de vender. Mas muitas pessoas provavelmente estavam tentando. Mais cedo ou mais tarde, conseguiriam.

Dirigi até o atalho Oxnard e fiz a volta ao longo do mar. Grandes caminhões de oito e dezesseis rodas rumavam para o norte, todos enfeitados com luzes laranja. Na direita, o grande e vasto Pacífico subia vagarosamente a costa das praias, como uma lavadeira voltando para casa. Nenhuma lua, nenhuma confusão, mal se ouvia o barulho das ondas. Nenhum cheiro. Nenhum dos odores acres e selvagens do mar. Um mar da Califórnia. Califórnia, o estado das lojas de departamento. Vende-se quase tudo e nada que preste. Lá vamos nós de novo. Você não parece humano esta noite, Marlowe.

Muito bem. E por que eu pareceria? Estou sentado no escritório, brincando com uma mosca morta e adentra esse pequeno suvenir caipira de Manhattan, Kansas, e com vinte dólares surrados me convence a encontrar o seu irmão. Ele parece estranho, mas ela quer encontrá-lo. Então, com tal fortuna no bolso da minha camisa, me abalo até Bay City, e a rotina por que passo é tão cansativa que quase pego no sono de pé. Encontro pessoas bacanas, com ou sem picadores de gelo no pescoço. Vou embora e saio de tudo muito vulnerável, também. Então ela entra, leva embora os meus vinte paus, me dá um beijo e então devolve a grana, tudo isso porque eu não tinha completado um dia inteiro de trabalho.

Vou ver o dr. Hambleton, optometrista aposentado (e como) do El Centro, e me deparo novamente com um novo tipo de acessório para o pescoço. E não chamo a polícia. Apenas passo a mão na peruca do cara e faço uma representação. Por quê? Por quem é, mesmo, que vou sacrificar o meu pescoço desta vez? Uma loira dona de um olhar sexy e com chaves demais? Uma moça de Manhattan, Kansas? Não sei. Só o que sei é que algo não é o que parece, e o velho e bom palpite me diz que se as cartas são jogadas daquele jeito, a pessoa errada vai sair perdendo. É esse o meu negócio? Bem, e qual é o meu negócio? Eu lá sei? Alguma vez soube? Não vamos entrar nesse assunto. Você não parece humano esta noite, Marlowe. Talvez eu nunca tenha sido e nunca venha a ser. Talvez eu seja um ectoplasma com um registro de detetive particular. Talvez todos nós fiquemos assim nesse mundinho frio e semi-apagado onde sempre a coisa errada é que acontece, e não a certa.

Malibu. Mais estrelas do cinema. Mais banheiras rosas e azuis. Mais camas acolchoadas. Mais Chanel nº. 5. Mais Lincoln Continentals e Cadillacs. Mais cabelos ao vento e óculos escuros e poses e vozes pseudo-refinadas e moral de fachada. Agora, espere um minuto. Muitas pessoas legais trabalham em filmes. Você está agindo do modo errado, Marlowe. Não parece humano esta noite.

Senti o cheiro de Los Angeles antes de lá chegar. Cheirava a mofo e a coisa velha, como uma sala de estar fechada há muito. Mas as luzes coloridas enganam. As luzes eram maravilhosas. Devia existir um monumento ao homem que inventou as luzes de neon. Com quinze andares de altura, de mármore sólido. Eis aí um garoto que realmente criou alguma coisa do nada.

Então fui a uma sessão de cinema, e tinha que ter Mavis Weld nele. Um daqueles filmes com muita ostentação, em que todo mundo sorria, falava demais e sabia disso. As mulheres estavam sempre subindo por uma longa e sinuosa escada para mudar de roupa. Os homens, sempre pegando cigarros gravados com os seus monogramas de estojos caros e estalando isqueiros igualmente caros uns para os outros. E havia o mordomo de ombros caídos de tanto carregar bandejas com drinques pelo terraço até uma piscina mais ou menos do tamanho do lago Huron, mas muito mais limpa.

O ator principal era um sujeito simpático com muito charme, um pouco do qual já se encontrava um tanto amarelado nas bordas. A estrela era uma morena temperamental com olhos desprezíveis e alguns péssimos *closes* em que era mostrada destravando uma 45 com tanta força que poderia quebrar um punho. Mavis Weld fazia o segundo papel mais importante e aparecia sempre com uma manta nos ombros. Estava bem, mas poderia estar dez vezes melhor. Mas, se ela tivesse se saído dez vezes melhor, metade das suas cenas teriam sido cortadas para proteger a estrela. Caminhava de um modo elegante, como uma trapezista sobre uma corda, de um jeito que nunca vi igual. Bem, não seria mais sobre uma corda que ela estaria caminhando daqui para a frente. Seria sobre uma corda de piano. Uma corda muito alta. E, embaixo, não haveria rede alguma.

# 14

Eu tinha uma razão para voltar ao escritório. Uma carta trazida numa entrega especial com um canhoto laranja já devia ter chegado lá agora. A maior parte das janelas do prédio estavam apagadas, mas nem todas. Pessoas em outras profissões que não a minha também trabalham à noite. O homem do elevador murmurou um "oi" do fundo da sua garganta e me levou para cima. No corredor viam-se portas abertas e iluminadas, por trás das quais as faxineiras ainda estavam limpando os restos das horas desperdiçadas. Dobrei em outro corredor passando pelo zumbido preguiçoso de um aspirador de pó, adentrei em um escritório escuro e abri as janelas. Sentei lá na escrivaninha, sem fazer nada, sem sequer pensar. Nenhuma carta. Todo o barulho do prédio, exceto o aspirador de pó, parecia ter vazado para a rua e se perdido por entre as rodas em movimento de inúmeros carros. Então, em algum lugar no hall lá fora, um homem começou a assobiar *Lili Marlene* com elegância e virtuosismo. Eu sabia quem era. O vigia noturno experimentando as portas. Liguei a lâmpada da escrivaninha e ele passou sem tentar abrir a minha. Seus passos foram embora, então voltaram com um som diferente, mais como um arrastar de pés. A campainha soou na outra sala, que ainda não estava trancada. Devia ser a encomenda especial. Fui lá recebê-la, só que não era a entrega.

Um homem gordo de calças azul-claras estava fechando a porta com aquela lentidão maravilhosa só conseguida pelos gordos. Não estava sozinho, mas olhei para ele primeiro. Era um homem grande e espadaúdo. Nem jovem nem bonito, mas parecia bem sólido. Sobre a calça de gabardine azul-clara, vestia uma jaqueta esporte de duas cores que revoltaria até mesmo uma zebra. A gola da sua camisa amarelo-canário estava desabotoada, o que era imprescindível se o seu pescoço pretendia sair. Estava sem chapéu, e a grande cabeça estava decorada por uma quantidade razoável de cabelo cor de salmão pálido. Seu nariz fora quebrado, mas fora bem tratado e provavelmente nunca havia sido um item de colecionador.

A criatura com ele era um tipo franzino com olhos vermelhos que não parava de fungar. Idade: ao redor de vinte anos, um metro e oitenta de altura, magro como um cabo de vassoura. Seu nariz tremia, a sua boca tremia, as suas mãos tremiam, e ele parecia muito infeliz.

O grandalhão sorria, simpático:
– Sr. Marlowe, sem dúvida alguma?
Respondi:
– E quem mais?
– É um tanto tarde para uma reunião de negócios – o homenzarrão disse e ocultou metade do escritório abrindo

os braços. – Espero que não se importe. Ou tem mais trabalho do que consegue dar conta?

– Não brinque comigo. Meus nervos estão irritados – falei. – Quem é esse traste?

– Junte-se a nós, Alfred – o homem disse ao seu companheiro. – E pare de agir como uma mulherzinha.

– Nem que a vaca tussa – Alfred disse-lhe.

O grandalhão voltou-se para mim placidamente.

– Por que esses marginais vivem dizendo isso? Não é engraçado. Não é espirituoso. Não significa nada. Um problema, esse Alfred. Tirei ele da sarjeta, sabe? Temporariamente, pelo menos. Diga "como vai" ao sr. Marlowe, Alfred.

– Ele que se foda – Alfred disse.

O homenzarrão suspirou.

– Meu nome é Toad* – falou. – Joseph P. Toad.

Fiquei quieto.

– Vá em frente, pode rir – o homenzarrão disse. – Estou acostumado. Tive este nome toda a vida. – Ele veio em minha direção com a mão estendida. Apertei-a. O grandalhão sorriu agradavelmente na minha direção. – Ok. Alfred – ele disse sem olhar para trás.

Alfred fez o que parecia ser um movimento casual e sem importância, ao final do qual uma grande automática apontava para mim.

– Cuidado, Alfred – o grandalhão disse, segurando a minha mão com uma firmeza que dobraria um vergalhão. – Ainda não.

– Só porque você quer – Alfred disse.

A arma apontava para o meu peito. O dedo dele segurou firme o gatilho. Eu o observava fazendo isso. Eu sabia precisamente em qual momento aquela força dispararia o cão da arma. Não parecia fazer diferença alguma. Isso estava acontecendo em algum outro lugar, num filme barato. Não estava acontecendo comigo.

O cão da automática bateu surdamente no nada. Alfred baixou a arma com um som gutural de desapontamento, e

---

*Toad*: sapo, em inglês. (N. do T.)

ela desapareceu pelo mesmo lugar que viera. Ele começou a tremelicar de novo. Não havia nada de nervoso no jeito com que ele movimentava a arma. Fiquei me perguntando de qual tipo de droga ele se livrara.

O grandalhão largou a minha mão, o sorriso afável ainda pairando sobre a face larga e saudável. Ele apalpou um bolso.

– Eu estou com o cartucho de balas – disse. – Alfred não anda muito confiável ultimamente. O cretino poderia ter atirado em você.

Alfred sentou-se numa cadeira, inclinou-a contra a parede e respirou pela boca.

Coloquei meus calcanhares novamente no chão.

– Aposto que ele assustou você – Joseph P. Toad disse.

Senti minha língua cheia de sal.

– Você não é tão durão assim – Toad disse, cutucando a minha barriga com um dedo.

Afastei-me do dedo dando um passo para trás e olhei-o nos olhos.

– Quanto custa? – ele perguntou quase com gentileza.

– Vamos até a minha mesa – falei.

Virei as costas para ele e atravessei a porta até a outra sala. Era um trabalho duro, mas dei conta dele. Suei o tempo todo. Dei a volta na escrivaninha e fiquei ali, esperando. O sr. Toad me seguiu placidamente. O doidão entrou tremelicando logo atrás.

– Você não tem aí alguma revista com histórias de aventuras, tem? – Toad perguntou. – Isso o distrai.

– Sente-se – falei. – Vou ver.

Ele se apoiou sobre os braços da cadeira. Escancarei uma gaveta e pus minha mão na coronha de uma Luger. Trouxe-a para cima devagar, olhando para Alfred. Alfred sequer olhou para mim. Ele estava estudando o canto do teto enquanto tentava manter a boca fechada.

– Esse é o máximo de aventuras que vocês vão ter comigo – falei.

– Isso não será necessário – disse o grandalhão, afável.

– Está bem – eu disse, como se fosse outra pessoa falando lá longe atrás de uma parede. Eu mal conseguia ouvir as palavras. – Mas, se eu precisar, aqui está. E esta aqui está carregada. Quer que eu mostre?

O grandalhão parecia tão preocupado quanto poderia ficar.

– Sinto muito que tome as coisas deste jeito – disse. – Estou tão acostumado com Alfred que nem me dou conta da presença dele. Talvez você esteja certo. Talvez eu devesse fazer algo a respeito dele.

– Devia – falei. – Antes de vir aqui. Agora é tarde demais.

– Mas espere um minuto, sr. Marlowe – ele estendeu a mão. Bati nela com a Luger. Ele era rápido, mas não o suficiente. Cortei o dorso da sua mão com a mira da arma. Ele segurou a própria mão e chupou o corte. – Ei, por favor! Alfred é meu sobrinho. Filho da minha irmã. Eu meio que cuido dele. Ele não feriria uma mosca. Verdade.

– Da próxima vez que você aparecer, vou ter uma mosca para ele não machucar – falei.

– Não fique assim, senhor. Por favor, não fique assim. A minha proposta é muito boa...

– Cale a boca – falei. Sentei-me bem devagar. Meu rosto estava ardendo. Eu tinha dificuldade de falar qualquer coisa claramente. Me senti meio bêbado. Falei, devagar e de um jeito pastoso:

– Um amigo meu me falou sobre um cara que teve uma dessas apontada para ele. Ele estava sentado em uma escrivaninha como eu estou. Tinha uma arma, do mesmo modo que eu tenho. Havia dois homens do outro lado da mesa, como você e Alfred. O homem do meu lado começou a ficar louco. Não conseguia se controlar. Começou a tremer. Não conseguia dizer uma palavra sequer. Ele tinha exatamente esta mesma arma na mão. Então, sem nenhuma palavra, ele atirou duas vezes por sob a mesa, bem onde está a sua barriga.

O grandalhão ficou verde-pálido e começou a se levantar. Mas mudou de idéia. Pegou um lenço colorido demais do bolso e enxugou o rosto.

– Você viu isso num filme – ele disse.*

– É – falei. – Mas o homem que fez o filme me disse de onde tirou a idéia. *Aquilo* não estava em filme algum. – Coloquei a Luger na mesa à minha frente e disse com a voz mais natural: – Precisa ter cuidado com armas de fogo, sr. Toad. Nunca se sabe o quanto pode aborrecer um homem ter um calibre 45 do exército apontado para a sua cara. Especialmente se ele não sabe que ela não está carregada. Fiquei um pouco nervoso por um minuto. Não tive uma dose sequer de morfina desde a hora do almoço.

Toad estudou-me calmamente com olhos matreiros. O doidão se levantou e foi até outra cadeira, chutou-a, sentou-se e bateu a cabeça sebosa contra a parede. Mas o seu nariz e as suas mãos continuaram tremendo.

– Ouvi dizer que você era meio durão – Toad falou lentamente, com olhos frios e atentos.

– Ouviu errado. Sou um cara muito sensível. Me debulho por nada.

– É. Entendo – ele me encarou por um longo tempo sem falar nada. – Talvez tenhamos feito tudo errado. Se importa se eu colocar a minha mão no bolso? Não estou carregando nenhuma arma.

– Vá em frente – falei. – Me daria o maior prazer imaginável ver você tentando puxar uma arma.

Ele franziu o cenho e então, muito lentamente, tirou para fora uma carteira de couro de porco e sacou uma nota novinha em folha de cem dólares. Colocou-a sobre a boca do copo, sacou outra exatamente igual e então, uma a uma, mais outras três notas. Ele as depositou cuidadosamente em uma fila de ponta a ponta na mesa. Alfred deixou a sua cadeira cair para trás e olhou para o dinheiro com a boca tremendo.

– Cinco cenzinhos – o homem grandão disse. Dobrou a carteira e guardou-a. Observei cada movimento que ele fez.

---

*A cena descrita aparece em *Ter ou não ter*, de 1944, dirigido por Howard Hawks, com Humphrey Bogart. (N. do T.)

– Por nada, apenas para manter o nariz longe de encrencas. Certo?

Fiquei apenas olhando para ele.

– Você não está procurando ninguém – o grandalhão disse. – Não poderia encontrar ninguém. Não tem tempo para trabalhar para ninguém. Não ouviu nem viu nada. Você está limpo. Cinco cenzinhos limpinhos. Ok?

Não havia nenhum som no escritório a não ser as fungadas de Alfred. O grandão virou um pouco a cabeça para trás:

– Quieto, Alfred. Vou lhe dar uma dose quando sairmos – disse. – Tente se comportar decentemente. – Chupou novamente o corte no dorso da sua mão.

– Com você como exemplo, isso deve ser bem fácil – falei.

– Vá se foder – Alfred disse.

– Vocabulário pobre – o grandão disse para mim. – Muito pobre. Entendeu, cara? – Ele apontou para o dinheiro. Eu pus o dedo no gatilho da Luger. Ele inclinou-se um pouco para a frente. – Relaxe um pouco. É simples. Isto é um depósito a fundo perdido. Não precisa fazer nada por ele. Não se trata do que você tem de fazer. Se continuar não fazendo nada por um período razoável de tempo, receberá a mesma quantia mais tarde. Simples, não?

– E para quem estou fazendo nada? – perguntei.

– Para mim. Joseph P. Toad.

– Qual é o seu negócio?

– Representação comercial, pode chamar assim.

– Do que mais eu poderia chamá-lo? Além do que eu mesmo posso bolar? – perguntei.

– Pode me chamar de um cara que quer ajudar outro cara que por sua vez não vai querer causar problemas a outro cara.

– E como eu poderia chamar esse adorável personagem?

Joseph P. Toad reuniu as notas de cem dólares, alinhou as margens com cuidado e empurrou a pilha sobre a mesa.

– Pode chamá-lo de um cara que prefere verter dinheiro do que sangue – ele disse. – Mas que não se importa em derramar sangue, se for a única saída.

– E que tal se sai ele com picadores de gelo? – perguntei. – Posso ver como ele é ruim com uma 45.

O grandão mordeu o lábio inferior, então puxou-o para fora com um indicador e um polegar grosseiros, e mordiscou a parte interna, macia, como uma vaca leiteira mastigando grama.

– Não estamos falando de picadores de gelo – ele disse, finalmente. – Tudo o que estamos falando é sobre como você pode pisar na bola e causar a si mesmo muito dano. Ao passo que, se você não pisar em lugar nenhum, vai estar sentado bonitinho com dinheiro entrando.

– Quem é a loira? – perguntei.

Ele refletiu sobre o assunto por um tempo e balançou a cabeça.

– Talvez você já tenha ido longe demais – e suspirou. – Talvez seja muito tarde para fazermos negócios. – Depois de um instante ele se inclinou para a frente e disse, gentilmente: – Ok. Vou checar com o meu patrão e ver até onde ele está disposto a ir. Talvez ainda possamos fazer negócios. Tudo fica do jeito que está até eu falar novamente com você. Certo?

Deixei ele ganhar aquela. Ele pôs as mãos na escrivaninha e lentamente se levantou, olhando para a arma que eu estava segurando próximo ao mata-borrão.

– Pode ficar com a grana – ele disse. – Venha, Alfred. – Ele se virou e caminhou decidido para fora da sala.

Os olhos de Alfred arrastaram-se de esguelha, olhando para ele, e então voltaram-se para o dinheiro sobre a mesa. A enorme automática surgiu da mesma forma mágica na sua magra mão direita. Ágil como uma enguia, ele avançou até a mesa. Continuou apontando a arma para mim e estendeu a mão esquerda para pegar o dinheiro, que desapareceu dentro do seu bolso. Ele me deu um sorrisinho de desprezo, balançou a cabeça e foi embora, aparentemente sem se dar conta de que eu também estava segurando uma arma.

– Venha, Alfred – o homem grandão chamou rispidamente do lado de fora da porta. Alfred deslizou pela porta e desapareceu.

A porta de fora abriu e fechou. Passos ao longo do corredor. Então, silêncio. Fiquei ali sentado remoendo a cena, tentando decidir se se tratava de idiotice pura ou apenas uma nova maneira de dar um susto em alguém.

Cinco minutos depois, o telefone tocou.

Uma voz macia e agradável disse:

– Oh, a propósito, sr. Marlowe, acho que você conhece Sherry Ballou, não é mesmo?

– Não.

– Sheridan Ballou, Cia. Ltda. O grande agente. Você deveria investigá-lo uma hora dessas.

Segurei o telefone em silêncio durante um tempo. Então perguntei:

– Ele é o agente dela?

– Pode ser que sim – Joseph P. Toad disse e fez uma pausa. – Suponho que você entenda que nós somos apenas dois jogadores de menor importância, sr. Marlowe. Só isso. Alguém queria descobrir algo sobre o senhor. Parecia a maneira mais simples. Agora, não tenho tanta certeza.

Não respondi. Ele desligou. Quase no mesmo momento o telefone tocou novamente.

Uma voz sedutora disse:

– Você não gosta tanto assim de mim, não é, *amigo*?

– Claro que gosto. Apenas não me morda.

– Estou em casa, no Château Bercy. Estou me sentindo solitária.

– Ligue para uma agência de acompanhantes.

– Por favor. Isso não é jeito de falar. Este é um negócio de extrema importância.

– Aposto que sim. Mas não é o meu negócio.

– Aquela vadia. O que ela disse sobre mim? – ela sibilou.

– Nada. Oh, pode ser que ela a tenha chamado de prostituta de Tijuana de calças de montaria. Você se importaria?

Isso pareceu diverti-la. E uma risada cristalina continuou por um certo tempo.

– Sempre uma piadinha com você. Não é verdade? Mas você entende, eu não sabia que você era um detetive. Isso faz uma diferença e tanto.

Eu poderia ter-lhe dito o quão enganada ela estava. Mas falei apenas:

– Senhorita Gonzales, você disse algo sobre negócios. Que tipo de negócios, se é que não está me enganando?

– Gostaria de ganhar muito dinheiro? Muito, muito dinheiro?

– Sem tomar um tiro? – perguntei.

Sua respiração incontida ressoou na linha.

– *Sí* – ela disse, pensativamente. – Também há isto a considerar. Mas você é tão corajoso, tão forte, tão...

– Vou estar no meu escritório às nove da manhã, senhorita Gonzales. Estarei muito mais corajoso, então. Agora, se me dá licença...

– Você tem um encontro? Ela é bonita? Mais bonita do que eu?

– Pelo amor de Deus! – falei. – Você não pensa em outra coisa a não ser nisso?

– Vá para o inferno, meu bem – ela disse e bateu o telefone na minha cara.

Desliguei as luzes e fui embora. Na metade do caminho até o hall, encontrei um homem olhando para os números das portas. Ele tinha em mãos uma entrega especial. Então tive que voltar ao escritório e guardá-la. E o telefone tocou de novo enquanto eu fazia isso.

Deixei tocar. Já tinha tido demais por um dia. Eu simplesmente não estava nem aí. Poderia ser a Rainha de Sheba vestindo – ou tirando – um pijama transparente: eu estava cansado demais para dar bola. Meu cérebro parecia um balde de areia molhada.

Quando cheguei perto da porta, para sair, o telefone ainda estava tocando. Não adiantava. Eu precisava voltar. O instinto era mais forte que a exaustão. Levantei o gancho.

A vozinha falante de Orfamay Quest disse:

– Oh, sr. Marlowe, estou tentando encontrá-lo há horas. Estou tão chateada. Eu...

– Amanhã de manhã – falei. – O escritório já está fechado.

– Por favor, sr. Marlowe. Só porque perdi a paciência por um momento...

– De manhã.

– Mas preciso vê-lo – a voz quase alcançou o tom de um grito. – É terrivelmente importante.

– Ã-hã.

Ela fungou:

– Você... você me beijou.

– Já dei beijos melhores, de lá para cá – falei. Ela que fosse para o inferno. Que todas as mulheres fossem para o inferno.

– Tive notícias de Orrin – ela disse.

Isso me deteve por um momento, então ri.

– Você é uma boa mentirosa – falei. – Adeus.

– Mas é verdade, tive notícias dele. Ele me procurou. Me ligou. Exatamente para onde estou hospedada.

– Muito bem – falei. – Então você absolutamente não precisa de um detetive. E, se precisasse, tem um melhor do que eu na sua própria família. Eu não conseguiria sequer descobrir onde você está ficando.

Uma pequena pausa. De qualquer modo, ela ainda me tinha na linha. Ela me impediu de desligar. É preciso admitir isso.

– Escrevi a ele dizendo onde eu iria parar – ela disse, enfim.

– Ã-hã. Só que ele não recebeu a carta porque ele tinha se mudado e não tinha deixado nenhum endereço para correspondência. Lembra? Tente outra vez quando eu não estiver tão cansado. Boa-noite, senhorita Quest. E agora não precisa me dizer onde está hospedada. Não estou trabalhando para você.

– Muito bem, sr. Marlowe. Estou pronta para chamar a polícia agora. Mas acho que o senhor não gostaria. Acho que não gostaria nem um pouco.

– Por quê?

– Porque há um assassinato envolvido, sr. Marlowe, e assassinato é uma palavra bem desagradável, não acha?

– Suba – falei. – Estou esperando.

Desliguei. Apanhei a garrafa de Old Forester. Não havia nada de calmo na maneira com que servi um drinque e o derramei goela adentro.

# 15

Desta vez ela entrou bruscamente. Seus movimentos eram curtos e determinados. Um daqueles sorrisinhos finos e brilhantes estampava o seu rosto. Ela largou a bolsa com determinação, acomodou-se na cadeira do cliente e continuou sorrindo.

– Foi gentil da sua parte esperar por mim – ela disse. – Aposto que ainda não jantou.

– Errado – falei. – Já jantei. Agora estou bebendo uísque. Não aprova o consumo de uísque, não é mesmo?

– Certamente que não.

– É de primeira – falei. – Não esperava que você tivesse mudado de idéia.

Coloquei a garrafa sobre a mesa e me servi de mais uma dose. Bebi um pouco e dei-lhe uma boa olhada por cima do copo.

– Se vai continuar com isso aí, não vai ter condições de ouvir o que tenho a dizer – ela largou.

– Sobre esse assassinato – falei. – Alguém que eu conheça? Posso ver que você não foi assassinada. Não ainda.

– Por favor, não seja desnecessariamente mórbido. Não é minha culpa. Não acreditou em mim no telefone, então tive de convencê-lo. Orrin ligou para mim. Mas não me disse onde estava ou o que estava fazendo. Não sei por quê.

– Ele queria que você descobrisse sozinha – falei. – Está ajudando a formar o seu caráter.

– Isso não é engraçado. Nem espirituoso.

– Mas precisa admitir que é desagradável – falei. – Quem foi assassinado? Ou isso também é segredo?

Ela mexeu um pouco com a sua bolsa, mas não o suficiente para superar o constrangimento, porque não estava constrangida. Mas o suficiente para me dar vontade de tomar outro drinque.

– Aquele homem horrível na pensão foi assassinado. O sr., o sr... Esqueci o nome dele.

– Vamos ambos esquecer isso – falei. – Vamos fazer algo juntos de uma vez por todas. – Coloquei a garrafa de uísque na gaveta da escrivaninha e me levantei. – Olhe, Orfamay, não estou perguntando como sabe de tudo isso. Ou como Orrin sabe de tudo. Ou *se* ele sabe de tudo. Você o encontrou. É o que queria que eu fizesse. Ou ele encontrou você, o que vem a dar na mesma.

– Não é a mesma coisa – ela gritou. – Na verdade, não encontrei ele. Ele não pôde me dizer onde estava vivendo.

– Bem, se é como a última pensão, não se pode culpá-lo.

Seus lábios formaram uma linha rígida de contrariedade.

– Ele não me disse nada, na verdade.

– Apenas alguma coisa sobre assassinatos – falei. – Ninharias do tipo.

Ela riu guturalmente.

– Eu só disse aquilo para assustar você. Na verdade eu não queria dizer que alguém foi assassinado, sr. Marlowe. Mas você parecia tão frio e distante. Pensei que não iria mais me ajudar. E, bem... inventei tudo aquilo.

Respirei fundo algumas vezes e olhei para baixo, para as minhas mãos. Estendi os dedos lentamente. Então me levantei. Não falei nada.

– Está bravo comigo? – ela perguntou timidamente, fazendo um pequeno círculo na mesa com a ponta do dedo.

– Eu deveria estapeá-la – falei. – E pare de bancar a inocente. Ou vou estapear algo mais além da sua cara.

A respiração dela se sobressaltou.

– Ora, como ousa?

– Você já disse isso – falei. – Você diz isso demais. Cale a boca e dê o fora daqui. Pensa que gosto que me assustem? Ah, e mais uma coisa – escancarei uma gaveta, tirei os vinte dólares e joguei-os na frente dela. – Leve este dinheiro embora. Doe a um hospital ou para alguma pesquisa científica. Ele me deixa nervoso.

A mão dela se estendeu automaticamente até o dinheiro. Os seus olhos, por trás das lentes, estavam redondos e pensativos.

– Meu Deus – ela disse, apanhando a bolsa com dignidade. – Juro que eu não sabia que você se assustava assim tão fácil. Achei que você era durão.

– É só representação – rosnei, caminhando ao redor da mesa. Ela se recostou novamente na cadeira, afastando-se de mim. – Sou durão apenas com mocinhas como você, que ainda não usam unhas compridas. Por dentro, sou uma manteiga derretida.

Puxei o braço dela e a coloquei de pé. Sua cabeça caiu para trás. Seus lábios se entreabriram. Eu estava furioso com as mulheres naquele dia.

– Mas você vai encontrar Orrin para mim, não vai? – ela sussurrou. – Foi tudo uma mentira. Tudo o que falei era mentira. Ele não me ligou. Eu... eu... não sei de nada.

– Perfume – falei, farejando. – Ora, queridinha. Você coloca perfume atrás das orelhas. E tudo isso para mim!

Ela balançou a cabeça um centímetro para cima e para baixo. Seus olhos estavam derretendo.

– Tire os meus óculos – ela sussurrou –, Philip. Não me importo que você tome um uísque de vez em quando. Realmente não me importo.

Nossos rostos estavam a uns quinze centímetros um do outro. Eu estava com medo de tirar os óculos dela. Eu poderia socá-la no nariz.

– Sim – falei numa voz que parecia a de Orson Welles com a boca cheia de bolacha. – Vou encontrá-lo para você, meu bem, se ele ainda estiver vivo. E de graça. De graça, sem cobrar nenhum centavo. Só gostaria de saber.

– O quê, Philip? – ela perguntou macio e abriu um pouco mais os lábios.

– Quem era a ovelha negra na sua família?

Ela se afastou de mim num supetão, como uma corça assustada o faria, se algum dia eu visse uma corça assustada e ela se afastasse de mim num supetão. Ela me encarou, petrificada.

– Você disse que não era Orrin a ovelha negra da sua família. Lembra? Com uma ênfase toda especial. E quando mencionou a sua irmã Leila, meio que passou batido, como se o assunto fosse desagradável.

– Eu... eu não me lembro de ter dito nada disso – ela falou muito devagar.

– Então, eu estava me perguntando – falei –: qual o nome que a Leila usa na tela?

– Tela? – ela estava séria. – Ah, você quer dizer tela de cinema? Ora, eu nunca disse que ela trabalhava no cinema. Nunca disse nada disso.

Dei a ela o meu sorriso caseiro ligeiramente irônico nos cantos. Ela repentinamente se enfureceu.

– Quanto à minha irmã Leila, cuide dos seus problemas – ela cuspiu em mim. – Deixe a minha irmã Leila de fora das suas observações nojentas.

– Quais observações nojentas? – perguntei. – Ou quer que eu adivinhe?

– Você só pensa em bebida e em mulheres – ela gritou. – Odeio você!

Ela correu até a porta, abriu-a com força e saiu. Praticamente desceu correndo até o hall.

Voltei à minha mesa e afundei na cadeira. Uma mocinha bem estranha. Muito estranha, realmente. Depois de um tempo, o telefone começou a tocar de novo, como de hábito. No quarto toque larguei a minha cabeça numa mão, procurei o fone e grudei-o junto ao meu rosto.

– Funerária Utter McKinley – falei.

Uma voz feminina disse:

– O quê? – e desatou a rir histericamente. Uma das arruaceiras da reunião de tiras em 1921. Que hábil. Como o bico de um beija-flor. Apaguei as luzes e fui para casa.

# 16

Às 8h45 da manhã seguinte, lá estava eu, estacionado algumas portas além da Bay City Camera Shop, com o café-da-manhã tomado, lendo pacificamente os jornais através de um par de óculos escuros. Eu já havia devorado o jornal de Los Angeles, que não dizia nada sobre picadores de gelo no Van Nuys Hotel ou em qualquer outro... Nem mesmo MORTE MISTERIOSA EM HOTEL DO CENTRO, sem nomes ou armas especificadas. Já o *Bay City News* não estava ocupado demais para um assassinato. Colocaram-no na primeira página, bem ao lado do preço da carne.

### HOMEM ENCONTRADO ESFAQUEADO EM PENSÃO DA RUA IDAHO

*Um telefonema anônimo ontem à noite enviou a Polícia correndo até um endereço na rua Idaho, em frente à loja de artigos de navegação Seamens e ao depósito de madeira da Jansing Company. Ao entrar pela porta destrancada do apartamento, policiais encontraram Lester B. Clausen, 45, gerente da pensão, morto no sofá. Clausen fora golpeado no pescoço com um picador de gelo que ainda se encontrava no corpo. Depois de um exame preliminar, o encarregado de homicídios, Frank L. Crowdy, anunciou que Clausen estivera bebendo muito e poderia estar desacordado à hora da morte. A polícia não encontrou nenhum sinal de luta.*

*O detetive tenente Moses Maglashan se encarregou imediatamente do caso e interrogou os habitantes da pensão ao voltar do trabalho, mas até o momento nenhuma luz foi jogada sobre as circunstâncias do crime. Entrevis-*

*tado por este repórter, Crowdy declarou que a morte de Clausen pode ter sido um suicídio, mas que a posição do ferimento fazia disso uma hipótese improvável. O exame do livro de registro da pensão mostrou que uma página fora recentemente arrancada. O tenente Maglashan, após interrogar exaustivamente os outros hóspedes, declarou que um homem de meia-idade, de compleição fortalecida, com cabelos castanhos e traços marcantes fora visto no saguão da pensão em várias ocasiões, mas nenhum dos hóspedes sabia seu nome ou ocupação. Depois de checar cuidadosamente todos os quartos, Maglashan nos deu a sua opinião de que um dos hóspedes saíra recentemente e com pressa. A mutilação do livro de registros, entretanto, as características da vizinhança e a falta de uma descrição acurada do homem desaparecido tornavam o trabalho de encontrá-lo uma tarefa extremamente difícil.*

*"Não tenho idéia no momento de por que Clausen foi assassinado", anunciou Maglashan no final da noite de ontem. "Mas estou de olho neste homem já há algum tempo. Vários de seus comparsas são conhecidos meus. É um caso difícil, mas vamos desvendá-lo."*

Era uma boa matéria e apenas mencionou o nome de Maglashan doze vezes no texto e outras duas nas legendas das fotos. Havia uma foto dele na página três, segurando um picador de gelo e olhando para o objeto pensativamente, franzindo as sobrancelhas. Havia uma foto do número 449 da rua Idaho que lhe fazia mais do que justiça e uma foto de algo tapado por um lençol em um sofá com o tenente Maglashan apontando para esse algo com um ar severo. Havia também um *close-up* do prefeito, parecendo executivo pra diabo atrás da sua mesa oficial, e uma entrevista com ele sobre crimes do pós-guerra. Ele dizia exatamente o que você esperaria que um prefeito falasse: uma mistura diluída de J. Edgar Hoover com uma boa dose de péssima gramática.

Faltando três minutos para as nove, a porta da Bay City Camera Shop abriu-se e um negro idoso começou a varrer a sujeira da calçada para dentro do esgoto. Às nove da manhã um jovem arrumadinho de óculos ajeitou a tranca da porta e eu entrei com o tíquete preto e laranja que o dr. G. W. Hambleton tinha escondido dentro da peruca.

O rapaz arrumadinho me olhou com curiosidade enquanto eu trocava o canhoto e algum dinheiro por um envelope contendo um pequeno negativo e meia dúzia de fotos ampliadas em um tamanho oito vezes maior que o negativo em papel brilhante. Ele não disse nada, mas a maneira como me olhou deu a impressão de que ele se lembrava que eu não era o homem que havia deixado o filme para revelar.

Saí da loja e me sentei dentro do carro para ver o que tinha conseguido. As fotos mostravam um homem e uma loira sentados em um reservado de um restaurante, com comida na frente. Estavam olhando para cima, como se a atenção deles tivesse sido repentinamente atraída e mal tivessem tido tempo de reagir antes da câmera disparar. Pela iluminação via-se que não havia sido usado flash.

A moça era Mavis Weld. O homem era meio baixinho, meio moreno, meio inexpressivo. Não o reconheci. Não havia razão para que o reconhecesse. O assento de couro estofado estava coberto com pequenas figurinhas de casais dançantes. O que indicava o nome do restaurante: THE DANCERS. Isso aumentava a confusão. Qualquer maníaco amador que tentasse disparar uma foto lá dentro sem a permissão da gerência teria sido expulso de tal maneira que sairia quicando até a esquina da Hollywood com a Vine. Imaginei um truque de câmera oculta, do tipo que usaram para fotografar Ruth Snyder na cadeira elétrica. O cara teria uma pequena câmera pendurada por uma fita abaixo da gola do casaco, com a lente mal saindo por entre o casaco aberto, e teria armado um disparador que pudesse ser mantido no bolso. Não era difícil para mim adivinhar quem tinha tirado a foto. O sr. Orrin P. Quest deve ter sido rápido e discreto para sair de lá inteiro.

Coloquei as fotos no bolso do meu colete, e meus dedos tocaram um pedaço amarrotado de papel. Apanhei-o e li:

"Doutor Vincent Lagardie, rua Wyoming, 965, Bay City". Aquele era o Vince com o qual eu tinha falado ao telefone, aquele que Lester B. Clausen podia estar tentando encontrar.

Um tira idoso estava caminhando ao longo da fila de carros estacionados, marcando pneus com um giz amarelo. Ele me explicou onde era a rua Wyoming. Saí dirigindo. Era uma rua que atravessava a cidade, muito além do distrito comercial, paralela a duas ruas numeradas. O número 965, uma casa de esquadrias branco-acinzentados, ficava numa esquina. Na porta, uma placa de latão dizia *Dr. Vincent Lagardie, Horário: 10h às 12h e 14h30 às 16h.*

A casa parecia quieta e respeitável. Uma mulher com um menino contrariado subia as escadas. Ela leu a placa, olhou para um relógio espetado na lapela e mordeu o lábio irresolutamente. O pequeno garoto olhou ao redor com atenção e então chutou-a na canela. Ela se sobressaltou, mas a sua voz era paciente.

– Johnny, não deve fazer isso com a titia Fern – ela disse com calma.

Ela abriu a porta e arrastou o pequeno símio consigo. Na diagonal do cruzamento ficava uma mansão branca estilo colonial com um pórtico coberto e pequeno demais para a casa. Havia refletores colocados no gramado da frente. O caminho era ladeado por três roseiras em botão. Um grande sinal preto e prateado sobre o pórtico dizia: *"Lar Grinalda da Paz"*. Perguntei-me se o dr. Lagardie apreciava olhar para fora da sua janela frontal e enxergar uma funerária. Talvez isso o tornasse mais alerta.

Fiz o retorno no cruzamento, dirigi de volta a Los Angeles e subi até o escritório para checar a correspondência e trancar o meu achado da loja fotográfica de Bay City no maltratado cofre verde – tudo, menos uma foto. Sentei à escrivaninha e estudei esta com uma lente de aumento. Através da lente e com a ampliação da loja fotográfica os detalhes estavam claros. Havia um jornal, um *News-Chronicle*, repousando sobre a mesa na frente do homem moreno e inexpressivo que estava sentado ao lado de Mavis Weld. Eu conseguia ler apenas a manchete. LUTADOR MEIO-PESADO SUCUMBE AOS FERIMENTOS DO COMBATE. Apenas um vespertino ou um jornal esportivo usaria uma manchete dessas. Trouxe o telefone para perto de mim. Ele tocou enquanto eu me preparava para apanhar o fone.

– Marlowe? Aqui é Christy French, da delegacia central. Alguma novidade esta manhã?

– Não, se o seu teletipo estiver funcionando. Vi um jornal de Bay City.

– É, também temos isso – disse casualmente. – Parece o mesmo cara, não? Mesmas iniciais, mesma descrição, mesmo método de assassinato, e os elementos de tempo batem direitinho. Peço a Deus que isso não signifique que o grupo do Sunny Moe Stein tenha voltado à ativa.

– Se voltou, mudou de técnica – falei. – Eu estive lendo sobre ele ontem à noite. O grupo do Stein costumava deixar as suas vítimas cheias de buracos. Uma delas tinha mais de cem facadas.

– Pode ser que tenham se aprimorado – French disse um pouco evasivamente, como se não quisesse falar sobre aquilo. – Mas liguei para falar sobre Flack. Teve notícias dele desde ontem à tarde?

– Não.

– Ele caiu fora. Não foi trabalhar. O hotel ligou para senhoria dele. Fez as malas e viajou ontem à noite. Destino não sabido.

– Não o vi nem soube dele – falei.

– Não pareceu meio estranho a você que o nosso presunto de ontem tivesse consigo apenas quatorze paus?

– Pareceu, um pouco. Mas você mesmo deu a explicação para isso.

– Eu estava só falando. Não compro mais essa. Ou Flack está apavorado, ou está levando algum nessa. Ou então viu algo que não nos contou e foi pago para aliviar a área, ou então ele levantou a carteira do cliente, deixando apenas quatorze paus para despistar.

Eu disse:

– Acredito em qualquer uma das possibilidades. Ou nas duas ao mesmo tempo. Seja quem for que vasculhou aquele quarto tão cuidadosamente, não estava procurando por dinheiro.

– Por que não?

– Porque, quando o tal dr. Hambleton me ligou, sugeri o cofre do hotel. Ele não se interessou.

– De qualquer modo, um cara daqueles não contrataria você para cuidar da grana – French disse. – Ele não o contrataria para guardar nada que fosse dele. Ele queria proteção ou queria um comparsa. Ou talvez apenas um mensageiro.

– Sinto muito – falei. – Ele me disse exatamente o que falei a você.

– E, dado que ele estava morto quando você chegou lá – French disse com uma voz arrastada e casual demais –, você sequer teve tempo de dar a ele um dos seus cartões de visitas.

Apertei mais a minha mão ao redor do fone e examinei rapidamente a minha conversa com Hicks na pensão da rua Idaho. Vi ele segurando o meu cartão entre os dedos, com a cabeça voltada para baixo, olhando-o. E então vi a mim mesmo arrancando-o de suas mãos rapidamente, antes que ele o guardasse. Inspirei profundamente e deixei o ar sair devagar.

– Acho difícil – falei. – E pare de tentar me aterrorizar.

– Ele tinha um, meu chapa. Dobrado duas vezes, no pequeno bolso de relógio da calça. Não o encontramos na primeira vez.

– Dei um cartão a Flack – falei, com a face semiparalisada.

Houve um silêncio. Eu podia ouvir vozes ao fundo e os estalidos de uma máquina de escrever. Finalmente, French disse, seco:

– Muito bem. Vejo você mais tarde – e desligou abruptamente.

Depus o fone bem lentamente no lugar e estiquei os meus dedos dormentes. Olhei para a foto que estava sobre a escrivaninha, à minha frente. Tudo o que ela me dizia era que duas pessoas, uma das quais eu conhecia, estavam almoçando no The Dancers. O jornal sobre a mesa me dizia a data – ou diria, em breve.

Disquei o número do *News-Chronicle* e pedi a editoria de esportes. Quatro minutos mais tarde, escrevi num bloco: "Ritchy Bellleau, popular lutador meio-pesado, morreu no Sisters Hospital pouco antes da meia-noite do dia 19 de fevereiro, em conseqüência de ferimentos sofridos durante uma luta na noite anterior, a principal atração no Hollywood Legion Stadium. A edição esportiva vespertina do *News-Chronicle* do dia 20 de fevereiro trazia a notícia".

Disquei o mesmo número novamente e perguntei por Kenny Haste, na redação. Ele era um ex-repórter de polícia que eu conhecia havia anos. Batemos papo por um minuto e então eu disse:

– Quem cobriu a morte do Sunny Moe Stein para você?

– Tod Barrow. Ele está trabalhando no *Post-Despatch* agora. Por quê?

– Eu gostaria de saber dos detalhes, se há algum.

Ele disse que mandaria buscar os arquivos do necrotério e me ligaria, o que fez dez minutos depois.

– Foi baleado duas vezes na cabeça, dentro do seu carro, a uns dois quarteirões do Château Bercy, na rua Franklin. Hora: ao redor de 11h15.

– Data, 20 de fevereiro – falei. – Não é?

– Confere, exatamente. Nenhuma testemunha, nenhuma prisão, a não ser aqueles de quem a polícia sempre suspeita: apostadores, agentes de luta desempregados e outros suspeitos profissionais. Qual o problema?

– Um companheiro dele não estava na cidade por volta dessa hora?

– Não há nada sobre isso aqui. Qual o nome?

– Weepy Moyer. Um tira amigo meu disse algo sobre um homem de Hollywood cheio da grana ter sido mantido sob suspeita e então liberado por falta de provas.

Kenny disse:

– Espere um minuto. Estou me lembrando de uma coisa. Sim. Um cara chamado Steelgrave, dono do The Dancers, suposto jogador e por aí afora. Cara legal. Conheci ele. Aquilo foi uma vergonha.

– O que você quer dizer, uma vergonha?

– Algum engraçadinho informou os tiras que ele era o Weepy Moyer, e mantiveram ele preso por dez dias para averiguação para a polícia de Cleveland. Cleveland não apresentou nada contra ele. Ele não teve nada que ver com a morte de Stein. Steelgrave estava trancafiado toda aquela semana. Nenhuma conexão. O seu amigo tira tem lido romances policiais demais.

– Todos eles lêem – falei. – Por isso falam tão durões. Obrigado, Kenny.

Nos despedimos e desligamos, e fiquei lá sentado, reclinado na minha cadeira, olhando para a fotografia. Depois de um tempo, apanhei uma tesoura e cortei fora a parte do jornal dobrado com a manchete. Coloquei as duas partes em envelopes separados e depois no meu bolso, junto com a folha do bloco de anotações.

Liguei para o número da srta. Mavis Weld em Crestview. Uma voz de mulher atendeu depois de vários toques. Era uma voz formal e neutra que eu podia ou não ter ouvido antes. Tudo o que disse foi:

– Alô?

– Aqui é Philip Marlowe. A srta. Weld está?

– A srta. Weld só vai chegar tarde da noite. O senhor gostaria de deixar algum recado?

– É muito importante. Onde posso encontrá-la?

– Sinto muito. Não saberia dizer.

– O agente dela saberia?

– Possivelmente.

– Tem certeza de que *você* não é a srta. Weld?

– A srta. Weld não está – e desligou.

Fiquei ali sentado, tentando decifrar a voz. Primeiro pensei: sim; então pensei: não. Quanto mais pensava, menos eu sabia. Desci até o estacionamento e tirei o meu carro dali.

# 17

No terraço do The Dancers alguns apressados estavam se preparando para o almoço. O salão superior, com a fachada de vidro, estava com o toldo à sua frente abaixado. Passei pela curva que vai até o Strip e parei do outro lado da rua de uma construção quadrada de dois andares de tijolos rosa-avermelhados com janelas projetadas para fora, de três faces e esquadrias brancas, um pórtico grego acima da porta principal e o que parecia, visto do outro lado da rua, com uma maçaneta antiga de estanho. Acima da porta havia uma clarabóia semicircular e o nome Sheridan Ballou, Inc. em letras negras de madeira elegantemente estilizadas. Tranquei o meu carro e caminhei até a porta da frente. Era branca, alta e larga e tinha um buraco de fechadura grande o suficiente para que um rato por ali se enfiasse. Dentro desta fechadura é que estava a verdadeira tranca. Botei a mão na aldrava, mas tinham pensado nisso também. Era uma peça só e não batia.

Então apalpei um dos delgados pilares brancos, abri a porta e caminhei diretamente até a sala da recepção, que enchia toda a parte da frente do prédio. Estava mobiliada com móveis escuros com cara de antigüidade e muitas cadeiras e canapés de chintz bordado. Havia cortinas com laços nas janelas e, sobre elas, bandôs forrados de chintz que combinavam com o tecido dos móveis. Havia um carpete florido e um monte de pessoas esperando para ver o sr. Sheridan Ballou.

Algumas delas estavam radiantes, alegres e cheias de esperança. Algumas pareciam estar ali há dias. Uma pequena moça morena estava num canto, assoando o nariz em um lenço. Ninguém prestava atenção nela. Peguei vários perfis de bons ângulos antes de o pessoal concluir que eu não estava comprando nada e que não trabalhava ali.

Uma ruiva fatal estava languidamente sentada em uma mesa de telefonista, conversando em um telefone branco.

Fui até lá, ela disparou na minha direção um par de olhos azuis gélidos e então girou os olhos, seguindo a moldura de gesso que contornava o teto da sala.

– Não – ela disse no telefone. – Não. Sinto muito. Infelizmente, não adianta. Muito, muito ocupado.

Desligou, riscou algo de uma lista e me deu mais um pouco daquele olhar de aço.

– Bom-dia. Eu gostaria de ver o sr. Ballou – falei. Coloquei um dos meus cartões de visita sobre a mesa à sua frente.

Ela o levantou por um dos cantos e sorriu para ele, divertida.

– Hoje? – perguntou amistosamente. – Esta semana?

– Quanto tempo leva, normalmente?

– Já levou *seis meses* – ela disse, alegre. – Outra pessoa não pode ajudá-lo?

– Não.

– Sinto muito. Impossível. Apareça novamente, sim? Mais perto do Dia de Ação de Graças.

Ela estava vestindo uma saia de lã branca, uma blusa de seda cor de vinho e um casaco curto de veludo negro e com mangas curtas. O seu cabelo era como um cálido fim de tarde. Ela usava uma pulseira de topázio dourado, brincos de topázio e um grande anel de topázio com a forma de um escudo. As unhas combinavam perfeitamente com a blusa. Ela provavelmente levava duas semanas para se vestir.

– Preciso vê-lo – falei.

Ela leu o meu cartão novamente. Sorriu de um jeito lindo.

– Todo mundo precisa – ela disse. – Ora, sr.... Marlowe. Olhe para essas adoráveis pessoas. Todas elas estão aqui desde que o escritório abriu, duas horas atrás.

– Isto é importante.

– Não tenho dúvida alguma disso. Importante de que modo, posso saber?

– Quero vender umas sujeiras.

Ela apanhou um cigarro em uma caixa de cristal e o acendeu com um isqueiro de cristal.

– Vender? Você quer dizer, por dinheiro? Em Hollywood?

– Poderia ser.

– Que tipo de sujeira? Não tenha medo de me chocar.

– É um pouco obsceno, senhorita... senhorita... – girei a minha cabeça, para ler a plaqueta sobre a mesa.

– Helen Grady – ela disse. – Bem, um pouco de obscenidade elegante nunca feriu ninguém, não é mesmo?

– Eu não disse que era elegante.

Ela se inclinou para trás cuidadosamente e assoprou a fumaça do cigarro na minha cara.

– Em suma, chantagem. – Ela suspirou. – Por que não dá o fora daqui, cara? Antes que eu jogue um punhado de moedas em cima de você?

Sentei no canto da mesa e abanei um pouco de fumaça. Ela saiu dessa furiosamente.

– Dê o fora, imbecil – ela disse com uma voz tão tóxica que podia ser usada como solvente de tinta.

– Oh, oh. O que aconteceu com o sotaque de Bryn Mawr?

Sem virar a cabeça ela chamou, asperamente:

– Srta. Vane.

Uma elegante moça negra, alta, magra e com cílios postiços ergueu os olhos. Ela havia entrado por uma porta interna disfarçada de janela. A moça se aproximou. A srta. Grady entregou a ela o meu cartão:

– Spink.

A srta. Vane saiu pela mesma janela com o meu cartão na mão.

– Sente-se e descanse os pés, excelentíssimo – a srta. Grady me convidou. – Pode ser que você fique aqui a semana toda.

Sentei em uma poltrona de chintz com o espaldar quase trinta centímetros mais alto do que a minha cabeça. Aquilo fez eu me sentir minúsculo. A srta. Grady sorriu para mim novamente, um sorriso afiadíssimo, e inclinou-se em direção ao telefone mais uma vez.

Olhei em volta. A moça no canto tinha parado de chorar e estava retocando a maquiagem calma e despreocupadamente. Um sujeito muito alto levantou um braço elegante para olhar um refinado relógio de pulso e se pôs em pé graciosamente. Ele colocou o chapéu cinza-pérola em um ângulo enviesado ao lado da cabeça, verificou as suas luvas de camurça amarela e o bastão com a ponta de prata, e caminhou languidamente até a recepcionista de cabelos ruivos.

– Estou esperando há duas horas para ver o sr. Ballou – ele disse friamente com uma voz suave que tinha sido modulada com muito treinamento. – Não estou habituado a esperar duas horas para ver ninguém.

– Sinto muito, sr. Fortescue. O sr. Ballou está ocupado demais esta manhã para conversar.

– Sinto muito não poder deixar um cheque para ele – o sujeito alto e elegante indicou, com um certo desprezo extenuado. – Provavelmente a única coisa que poderia interessá-lo. Mas, em compensação...

– Segure um minutinho – a ruiva pegou o telefone e disse: – Sim?... Quem diz isso, além de Goldwyn? Você não consegue alguém que não seja louco?... Bem, tente novamente.

Ela desligou o telefone com força. O sujeito alto não saíra do lugar.

– Em compensação – ele retomou como se nunca tivesse parado de falar –, eu gostaria de deixar um recado, breve e particular.

– Por favor – a srta. Grady disse-lhe. – Farei com que chegue até ele.

– Diga-lhe que, do fundo do meu coração, ele é um animal sujo, vil e carniceiro.

– Melhor chamá-lo de gambá de uma vez por todas, querido – ela disse. – O vocabulário dele é meio limitado.

– Gambá, um gambá nojento – Fortescue disse a ela. – Acrescentando um toque de hidrogênio sulfurado e um tipo muito barato de perfume de prostituta. – Ele arrumou o chapéu e mais uma vez olhou o seu reflexo de perfil em um espelho. – Tenha uma boa manhã, e para o inferno com Sheridan Ballou e sua empresa.

O ator saiu altivo e elegante, usando o bastão para abrir a porta.

– Qual é o problema dele? – perguntei.

Ela olhou para mim com piedade.

– Billy Fortescue? Ele não tem problema algum. Não está conseguindo nenhum papel, então vem aqui todo o dia e faz essa palhaçada. Ele acha que alguém pode vê-lo e apreciar a cena.

Fechei a minha boca lentamente. Você pode viver por muito tempo em Hollywood e nunca ver alguém como os personagens de filme.

A srta. Vane reapareceu pela porta interna e me fez um sinal com o queixo. Fui direto até ela.

– Por aqui. Segunda porta à direita.

Ela me observou enquanto eu descia o corredor até a segunda porta que estava aberta. Entrei e fechei a porta.

Um judeu gorducho de cabelos brancos estava sentado à mesa, sorrindo para mim com afeição.

– Saudações – ele disse. – Meu nome é Moss Spink. O que há, meu irmão? Fique à vontade, por favor. Cigarro?

Ele abriu uma coisa que parecia um baú e me apresentou um cigarro de apenas uns trinta centímetros de comprimento. Estava envolto por um tubo de vidro individual.

– Não, obrigado – falei. – Fumo meu próprio tabaco.

Ele deu um suspiro.

– Muito bem. Fale. Vamos ver. O seu nome é Marlowe. Hein? Marlowe. Marlowe. Será que já ouvi falar de alguém chamado Marlowe?

– Provavelmente não – eu disse. – Nunca ouvi falar de ninguém chamado Spink. Pedi para falar com um homem chamado Ballou. Por acaso é parecido com Spink? Não estou procurando por ninguém chamado Spink. E, cá entre nós, aqueles chamados Spink que se fodam.

– Anti-semita, é? – Spink disse. Abanou no ar uma mão generosa na qual um diamante amarelo-canário parecia uma luz de trânsito amarela. – Não seja assim – ele disse. – Sente-se e relaxe um pouco. Você não me conhece. Não quer me conhecer. Ok. Não fico ofendido por isso. Em um negócio desses, é preciso ter por perto alguém que não se ofenda.

– Ballou – falei.

– Agora, seja razoável. Sherry Ballou é um cara muito ocupado. Trabalha vinte horas por dia e mesmo assim não consegue dar conta de tudo. Sente-se e desabafe com o velho Spinky.

– O que você faz aqui? – perguntei.

– Eu sou a proteção dele. Preciso protegê-lo. Um cara como Sherry não pode receber todo mundo. Eu recebo as pessoas por ele. Sou a mesma coisa que ele. Até certo ponto, é claro.

– Pode ser que eu esteja além desse ponto – falei.

– Pode ser – Spink concordou amavelmente. Ele tirou o selo de um estojo individual de charuto, tirou o charuto para fora cuidadosamente e o examinou, procurando por marcas de nascença. – Não digo que não. Por que não se abre um pouco comigo? Assim saberemos. Até agora, tudo o que está fazendo é jogar conversa fora. Vemos tanto disso aqui que não significa nada para nós.

Observei-o enquanto cortava e acendia o charuto, aparentemente de primeira.

– Como você pode me garantir que não vai se atravessar na frente dele? – perguntei, inquisidoramente.

Os olhos apertados de Spink piscaram. Eu não tinha certeza, mas estavam úmidos.

– Eu, me atravessar na frente de Sherry Ballou? – ele perguntou em um fiapo de voz engasgada, como em um enterro grã-fino. – Eu? Mais fácil eu me atravessar na frente da minha mãe.

– Isso não quer dizer nada para mim – falei. – Nunca conheci a senhora sua mãe.

Spink colocou o charuto de lado em um cinzeiro do tamanho de uma banheira para pássaros. Gesticulou com ambas as mãos. A tristeza estava acabando com ele.

– Oh, cara. Que jeito de falar – ele gemeu. – Amo Sherry Ballou como se fosse meu próprio pai. Mais do que isso. Meu pai... bem, deixemos isso de lado. Vamos, cara. Seja humano. Mostre um pouco da velha confiança e amizade. Abra o seu coração para o velho Spinky, sim?

Tirei um envelope do bolso e o joguei na mesa, na frente dele. Ele tirou de dentro do envelope a fotografia e olhou-a solenemente. Colocou-a sobre a mesa. Olhou para mim, olhou para a foto, novamente para mim.

– Bem – ele disse secamente, com uma voz repentinamente esvaziada da boa e velha confiança e amizade das quais ele estivera falando. – O que isso tem de tão importante?

– Preciso dizer quem é a garota?

– Quem é o cara? – Spink disparou.

Eu não disse nada.

– Perguntei quem é o cara – Spink quase gritou para mim. – Desembuche. Desembuche.

Ainda assim não falei nada. Lentamente, Spink fez menção de apanhar o telefone, mantendo os olhos brilhantes em mim.

– Vá em frente. Ligue para eles – falei. – Ligue para a delegacia e peça pelo tenente Christy French, da seção de homicídios. É outro cara difícil de se convencer.

Spink retirou a mão do telefone. Levantou-se lentamente e saiu com a fotografia. Esperei. Lá fora, o tráfego do Sunset Boulevard fluía distante e monótono. Os minutos se esvaíam em silêncio como num poço. A fumaça do charuto recém-aceso por Spinky brincou no ar por um momento e então foi sugada pelo buraco de ventilação. Olhei para as incontáveis fotos autografadas nas paredes, todas dedicadas a Sheridan Ballou com o eterno amor de alguém. Calculei que eram de artistas decaídos, já que estavam no escritório de Spink.

# 18

Depois de certo tempo, Spink voltou e me fez um sinal. Segui-o ao longo do corredor através de portas duplas até uma ante-sala onde havia duas secretárias. Passamos por elas até chegar a mais portas duplas de vidro escuro gravadas com pavões prateados. Conforme nos aproximávamos das portas, elas abriam-se sozinhas. Havia um Steinway de cauda no canto, muitos móveis de vidro e madeira clara, uma mesa mais ou menos do tamanho de uma quadra de badminton e cadeiras e sofás e mesas e um homem sem o casaco e com a camisa aberta deitado em um dos sofás por sobre uma manta marca Charvet cujo ronronar podia ser ouvido no escuro. Uma toalha branca cobria seus olhos e testa, e uma ágil moça loira ao seu lado estava torcendo outra em um recipiente de prata contendo água gelada.

O cara era um homem grande e bem-proporcionado com cabelos escuros e um rosto forte por sob a toalha branca. Uma mão largada pendia até o tapete, e um cigarro equilibrava-se entre os dedos, destilando um fio de fumaça.

A moça loira mudou a toalha com agilidade. O homem no sofá grunhiu.

Spink disse:

– Este é o cara, Sherry. O nome é Marlowe.

O homem no sofá grunhiu:

– O que ele quer?

Spink disse:

– Não quis me dizer.

O homem no sofá disse:

– Então para que o trouxe para cá? Estou cansado.

Spink disse:

– Bem, sabe como é, Sherry. Às vezes é preciso.

O homem no sofá disse:

– Como você disse, mesmo, que era o nomezinho dele?

Spink voltou-se para mim.

– Agora você pode dizer o que quer. E diga logo, Marlowe.

Não falei nada.

Depois de um momento o homem no sofá levantou calmamente o braço com o cigarro. Lentamente levou o cigarro até a boca e aspirou-o com o infinito langor de um aristocrata decadente mofando em um castelo em ruínas.

– Estou falando com você, cara – Spink disse asperamente.

A loira trocou a toalha mais uma vez, olhando para o nada. O silêncio pairava no quarto, tão tóxico quanto a fumaça do cigarro.

– Vamos, cretino. Desembuche.

Peguei um dos meus Camels, acendi-o, escolhi uma cadeira e me sentei. Estiquei o braço e olhei para a minha mão. O dedão tremelicava para cima e para baixo a cada poucos segundos. A voz de Spink interrompeu tudo furiosamente:

– Ei, você. Sherry não tem o dia inteiro.

– E o que ele faria com o resto do dia? – ouvi a minha voz dizendo. – Ficaria sentado em um sofá de cetim branco enquanto lixam as suas unhas do pé?

A loira voltou-se de repente e olhou para mim. Spink ficou boquiaberto. Piscou. O homem no sofá ergueu lentamente uma mão até o canto da toalha sobre os seus olhos. Levantou-a o bastante para que um olho castanho-claro me encarasse. A toalha caiu no exato lugar onde estava antes.

– Você não pode falar assim aqui – Spink disse com uma voz durona.

Fiquei em pé. Falei:

– Esqueci o meu livro de orações. É a primeira vez que vejo Deus fazendo um trabalho por comissão.

Durante um minuto, ninguém disse nada. A loira trocou novamente a toalha.

Abaixo dela, o homem do sofá disse calmamente:

– Tirem o Jesus daqui, meus queridos. Que fique apenas o sujeitinho novo.

Spink deu-me um olhar oblíquo cheio de ódio. A loira saiu sem dizer nada.

Spink falou:

– Por que eu simplesmente não jogo ele na rua?

A voz cansada por baixo da toalha disse:

– Estive pensando nisso tanto tempo que me desinteressei. Dê o fora.

– Certo, chefe – Spink disse. E se retirou relutantemente. Parou um pouco na porta, deu-me mais um rosnado silencioso e desapareceu.

O homem no sofá ouviu a porta se fechando e então disse:

– Quanto?

– Você não quer comprar nada.

Ele arrancou a toalha de cima do rosto, jogou-a para longe e sentou-se devagar. Colocou os seus sapatos de couro rugoso no tapete e passou uma mão na testa. Parecia cansado, mas não extenuado. Tirou outro cigarro de algum lugar, acendeu-o e olhou morosamente para o chão através da fumaça.

– Continue – falou.

– Não sei por que desperdiçou o seu personagem comigo – eu disse. – Mas acho que você tem neurônios suficientes para saber que não poderia comprar nada e ter a certeza da entrega.

Ballou apanhou a foto que Spink colocara perto dele, sobre uma mesa baixa e longa. Esticou uma mão lânguida.

– A parte que está cortada seria a mais importante, sem dúvida – ele disse.

Tirei o envelope do bolso e dei a ele a parte cortada. Observei-o colocando as duas partes juntas.

– Com uma lente você consegue ler a manchete – falei.

– Tem uma na minha mesa. Por favor.

Fui até lá e peguei a lente de aumento da mesa dele.

– Está acostumado a passar muito trabalho, não é verdade, sr. Ballou?

– Eu pago por isso. – Ele estudou a fotografia através da lente e suspirou. – Acho que vi esta luta. Deveriam cuidar melhor desses rapazes.

– Como você dos seus clientes – falei.

Ele largou a lente de aumento e se reclinou para me fitar com seus olhos calmos e imperturbáveis.

– Este é o cara que é dono do The Dancers. Chama-se Steelgrave. A moça é uma cliente minha, claro. – Ele fez um gesto vago em direção a uma cadeira. Sentei-me nela. – O que o senhor queria, sr. Marlowe?

– Pelo quê?

– Por todas as fotos e negativos. Pelo serviço completo.

– Dez mil? – falei, e observei a boca dele. A boca sorria, até mesmo de um modo agradável.

– Isso requer um pouco mais de explicação, não é verdade? Tudo o que vejo são duas pessoas almoçando em um local público. Dificilmente uma coisa desastrosa para a reputação da minha cliente. Imagino que era isso que você tinha em mente.

Dei um sorriso sardônico.

– Não pode comprar nada, sr. Ballou. Eu poderia mandar fazer uma cópia do negativo e outro negativo a partir da cópia. Se essa foto é prova de alguma coisa, você jamais teria certeza de tê-la destruído.

– Essa não me parece a conversa de um chantagista – ele disse, ainda sorrindo.

– Sempre me pergunto por que as pessoas pagam dinheiro para chantagistas. Não podem comprar nada. E ainda assim pagam, freqüentemente várias vezes, uma depois da outra. E, no final, estão no mesmo ponto em que começaram.

– O medo de hoje – ele disse –, sempre se sobrepõe ao medo de amanhã. É uma verdade básica da psicologia dramática que a parte é mais importante do que o todo. Se você vê uma glamorosa estrela de cinema na tela, em uma situação de extremo perigo, metade do seu cérebro teme por ela, a parte emocional. Mesmo com a parte racional da sua mente sabendo que ela é a estrela do filme e que nada de excessivamente ruim vai acontecer a ela. Se o suspense e a ameaça não derrotassem a razão, haveria muito pouco drama no mundo.

Eu disse:

– É verdade, acho – e baforei um pouco da minha fumaça Camel no ar.

Seus olhos se estreitaram um pouco.

– Quanto a estar ou não em posição de comprar alguma coisa, se eu pagasse uma quantia substancial e não recebesse aquilo que comprei, eu daria um jeito em você. Espancado até virar molho de tomate. E quando você saísse do hospital, se estivesse se sentindo agressivo o suficiente, poderia tentar me prender.

– Já aconteceu comigo – falei. – Sou detetive particular. Entendo o que quer dizer. Por que está dizendo isso para mim?

Ele riu. Tinha um riso agradável, profundo e espontâneo ao mesmo tempo.

– Sou um agente, filho. Tenho a tendência de pensar que os caras com quem negocio sempre têm uma carta na manga. Mas não vamos falar de dez mil nenhum. Ela não tem isso. Por enquanto, ela ganha apenas mil por semana. Mas admito que ela está chegando perto de ganhar uma bolada.

– Isso aqui a esfriaria completamente – falei, apontando para a foto. – Adeus, bolada, adeus, piscina iluminada, adeus, mink platinado, luzes de neon, tudo. Tudo virando pó.

Ele riu com desprezo.

– Tudo bem se eu mostrar isso aos tiras lá na delegacia central? – perguntei.

Ele parou de rir. Seus olhos se estreitaram novamente. Perguntou, numa voz quase inaudível:

– Por que eles estariam interessados?

Eu me pus de pé.

– Acho que não vamos conseguir fazer negócio, sr. Ballou. E você é um homem ocupado. Não se preocupe, eu sei onde fica a saída.

Ele se levantou do sofá, estirando todo o seu um metro e noventa. Era um belo pedaço de homem. Veio até mim e se manteve muito próximo. Seus olhos castanho-foca disparavam pequenos raios dourados.

– Vamos ver quem é você, meu filho.

Esticou a mão. Deixei cair nela a minha carteira já aberta. Ele leu a cópia da minha carteira de motorista, fuçou em mais umas coisas de dentro da carteira e examinou-as. Entregou tudo de volta.

– O que aconteceria se você mostrasse a sua preciosa foto para os policiais?

– Primeiro, eu teria que relacioná-la com algo que eles estejam investigando – algo que tenha acontecido no Van

Nuys Hotel ontem à tarde. Eu relacionaria a foto com a moça – que não quer falar comigo –, razão pela qual estou falando com você.

– Ela me contou sobre isso ontem à noite – ele suspirou.

– *Quanto* ela contou? – perguntei.

– Que um detetive particular chamado Marlowe tinha tentado forçá-la a contratá-lo, com o argumento de que ela tinha sido vista em um hotel do centro inconvenientemente perto demais do local de um assassinato.

– Quão perto? – perguntei.

– Ela não falou.

– Claro que falou.

Ele se afastou de mim e foi até um cilindro no canto da sala. De lá tirou uma de muitas bengalas finas de bambu. Começou a andar para cá e para lá no tapete, balançando o bastão rente ao sapato direito.

Sentei novamente, apaguei o cigarro e respirei fundo.

– Isso só podia acontecer em Hollywood – eu grunhi.

Ele voltou-se com agilidade e olhou nos meus olhos.

– Não entendi.

– Um homem aparentemente são andando para cima e para baixo dentro de casa como quem passeia em Picadilly com um bastão de macaco na mão.

Ele aquiesceu. – Contraí a doença de um produtor da MGM. Sujeito encantador. Ou pelo menos assim o dizem. – Ele parou e apontou a bengala na minha direção. – Você é muito divertido, Marlowe. De verdade. É tão transparente. Está tentando me usar de pá para sair de um buraco.

– Há alguma verdade nisso. Mas o buraco em que me encontro não é nada comparado à enrascada em que o seu cliente se encontraria se eu não tivesse feito justamente a coisa que me coloca em apuros.

Ele ficou completamente imóvel por um momento. Então jogou a bengala longe, caminhou até um armário de bebidas e escancarou as duas portas. Derramou algo em dois copos bojudos. Trouxe um deles para mim. Voltou para apanhar o seu. Sentou-se no sofá com o copo na mão.

– Armagnac – disse. – Se você me conhecesse, entenderia o elogio. Isto é algo bastante difícil de conseguir. Os boches acabaram com quase tudo. Nossos oficiais conseguiram o resto. Um brinde a você.

Levantou o copo, cheirou a bebida e bebericou um pouco. Esvaziei o meu copo num só trago. Parecia um bom brandy francês.

Ballou pareceu chocado.

– Deus meu, você deve beber isto aos poucos, não tudo de uma vez só.

– Eu bebo tudo de uma vez só – falei. – Sinto muito. Ela também lhe disse que se alguém não calar a minha boca ela vai se ver em apuros?

Ele aquiesceu.

– Ela sugeriu como calar a minha boca?

– Fiquei com a impressão de que ela era favorável ao uso de algum tipo de instrumento pesado e grosseiro. Então tentei um misto de ameaça e suborno. Temos um conhecido aqui perto que é especialista em proteger gente do cinema. Aparentemente, eles não assustaram você, e o suborno não foi polpudo o suficiente.

– Me assustaram bastante, sim – falei. – Até apontei uma porra de uma Luger para eles. Aquele drogado com a 45 comporta-se horrivelmente. E quanto ao dinheiro não ser suficiente, tudo depende de quanto foi oferecido.

Ele bebericou um pouco mais do seu Armagnac. Apontou para a fotografia à sua frente com as duas partes encaixadas.

– Estávamos na parte em que você estava contando tudo aos policiais. E então?

– Acho que nós não fomos tão longe. Chegamos na parte de saber por que ela contou isso a você em vez de contar para o namorado dela. Ele chegou assim que saí. E tem a chave de lá.

– Aparentemente, ela simplesmente não falou a ele... – Ele franziu a testa e olhou para dentro do seu Armagnac.

– Por mim, tudo bem – falei. – Melhor do que isso, só se o cara não tivesse a chave da casa dela.

Ele olhou para cima de um jeito meio triste.

– Também acho. O mesmo vale para todos nós. Mas o show business sempre foi assim. Qualquer tipo de show business. Se essas pessoas não tivessem vidas intensas e até mesmo desorganizadas, se as emoções delas não as dominassem... Bem, então não seriam capazes de agarrar essas emoções no ar e imprimi-las em alguns metros de celulóide ou projetá-las no teatro.

– Não estou falando da vida amorosa dela – falei. – Ela não precisa viver com um psicopata.

– Não há provas disso, Marlowe.

Apontei para a fotografia. – O homem que tirou essa foto está desaparecido e não há jeito de encontrá-lo. Provavelmente está morto. Dois outros homens que moravam no mesmo endereço que ele estão mortos. Um deles estava tentando negociar essas fotos logo antes de ser morto. Ela foi até o hotel dele pessoalmente entregar o dinheiro. O mesmo fez a pessoa que o matou. Ela não recebeu a mercadoria, e nem o assassino recebeu. Não souberam onde procurar.

– E você soube?

– Eu tive sorte. Eu já tinha visto o cara sem peruca. Nada disso é algo que se possa chamar de prova, talvez. Você daria um jeito de explicar tudo. Então, por que se incomodar? Dois homens foram mortos, talvez três. Ela se arriscou terrivelmente. Por quê? Ela queria esta foto. Consegui-la compensava qualquer risco. Por que, novamente? São apenas duas pessoas almoçando em um dia qualquer. No dia em que Moe Stein foi morto a tiros na Franklin Avenue. No dia em que uma figura chamada Steelgrave estava na prisão porque alguém disse à polícia que ele era um bandido de Cleveland chamado Weepy Moyer. É o que diz o relatório. Mas a foto mostra que ele estava fora da prisão. E dizer isso dele naquele dia em particular mostra quem ele é. E ela sabe disso. E ele ainda tem a chave da casa dela.

Fiz uma pausa e nos olhamos fixamente por algum tempo. Falei:

– Você não quer que a polícia veja esta foto, quer? Ganhando, perdendo ou nenhum dos dois, ela seria crucificada. E, quando tudo estivesse acabado, não faria diferença alguma se Steelgrave era Moyer ou se Moyer matou Stein ou mandou matá-lo ou se simplesmente calhou estar em licença da prisão no dia em que Stein foi morto. Memso se ela se livrasse dessa, sempre haveria alguém para pensar que tudo foi uma armação. Ela não escaparia de nada. Seria uma namorada de gângster aos olhos do público. E, no que diz respeito à sua profissão, ela estaria completa e definitivamente acabada.

Ballou ficou quieto por um momento, me encarando sem expressão alguma.

– E onde entra você em tudo isso? – perguntou calmamente.

– Isso depende bastante de você, sr. Ballou.

– O que quer, de verdade? – sua voz estava fraca e amarga agora.

– O que eu queria dela e não consegui. Algo que me permita agir no interesse dela até o ponto em que eu concluir que não consigo seguir adiante.

– Suprimindo provas? – ele perguntou, direto.

– Se é que *é* uma prova. A polícia não conseguiria encontrar nada sem implicar a srta. Weld. Talvez eu consiga. Eles sequer tentariam. Não se importam tanto com isso. Eu, sim.

– Por quê?

– Digamos que é como eu ganho a vida. Posso ter outros motivos, mas este é suficiente.

– Qual o seu preço?

– Você o mandou para mim ontem à noite. Não o aceitei. Mas aceito agora. Com uma carta assinada reconhecendo os meus serviços para investigar uma chantagem sofrida por um dos seus clientes.

Levantei-me com o meu copo vazio, avancei e o depositei sobre a mesa. Enquanto me inclinava, ouvi um barulho macio de algo girando. Dei a volta na mesa e puxei com força uma gaveta. Um gravador deslizou para fora em uma prateleira embutida. O motor estava ligado, e a fita se movimentava em velocidade estável de uma bobina para outra. Olhei para Ballou.

– Pode desligá-lo e levar a fita com você – ele disse. – Não pode me culpar por usá-lo.

Apertei o botão de rebobinar, e a fita correu na direção inversa e tomou velocidade até que estava correndo tão rápido que eu não conseguia distingui-la. Fez um barulho agudo, como umas bichinhas enlouquecidas por um bom corte de seda. A fita se soltou, e a máquina parou. Tirei a bobina para fora e a coloquei no meu bolso.

– Pode muito bem ter outro desses por aqui – falei. – Vou ter de acreditar em você.

– Você é bem seguro de si, não é, Marlowe?

– Bem que gostaria de ser.

– Aperte esse botão no final da mesa, por gentileza!

Apertei. A porta de vidro escura se abriu, e uma moça morena veio com um bloco de estenografia.

Sem olhar para ela, Ballou começou a ditar.

– Carta para o sr. Philip Marlowe, com seu endereço. Prezado sr. Marlowe: esta agência doravante o emprega para investigar uma tentativa de chantagem sofrida por um dos nossos clientes, cujos detalhes foram fornecidos oralmente. O preço a ser pago pelo serviço é de cem dólares por dia com um sinal de quinhentos dólares, cujo recibo o senhor deve assinar na cópia desta carta. Blá, blá, blá. Isto é tudo, Eilee. Para já, por favor.

Dei meu endereço à garota, e ela saiu.

Tirei o carretel de fita do meu bolso e o coloquei de volta na gaveta.

Ballou cruzou as pernas e ficou balançando a ponta do seu sapatos de verniz enquanto olhava para os pés o tempo todo. Passou a mão pelo cabelo escuro e encaracolado.

– Um dia desses – ele disse –, vou cometer o erro que um homem na minha profissão teme acima de todos os outros. Vou me ver fazendo negócios com um homem em quem posso confiar e vou ser espertinho demais para confiar nele. Tome, melhor você ficar com isso.

Ele me alcançou os dois pedaços da fotografia.

Cinco minutos depois, fui embora. A porta de vidro se abriu quando eu estava a um metro de distância. Passei pelas duas secretárias e pelo corredor até chegar na porta do escritório do Spink, que estava aberta. Não havia som nenhum ali, mas pude sentir o cheiro do charuto dele. Na recepção, exatamente as mesmas pessoas pareciam estar sentadas nas cadeiras estofadas de chintz. A srta. Helen Grady me deu o seu olhar de sábado à noite. A srta. Vane abriu um grande sorriso para mim.

Eu tinha ficado quarenta minutos na companhia do chefe. Isso fazia de mim algo tão chamativo quanto um mapa de quiroprata com os pontos do corpo humano.

# 19

O segurança do estúdio sentado à mesa semicircular de vidro desligou o seu telefone e anotou algo em um bloco. Ele rasgou a folha e enfiou-a em um vão estreito que não tinha mais do que dois centímetros de largura, onde o vidro não se encontrava com a parte superior da mesa. A voz dele, saída do alto-falante colocado no painel de vidro, tinha um tom metálico.

– Sempre reto até o final do corredor – ele disse. – Você vai ver um bebedor no meio do pátio. George Wilson vai encontrá-lo lá.

Falei:

– Obrigado. Este vidro é à prova de balas?

– Claro. Por quê?

– Por nada – falei. – Eu achava que o cinema só utilizava tiros de festim.

Atrás de mim, alguém deu um risinho. Voltei-me para ver uma moça vestida num conjunto de calça e blusa com um cravo vermelho atrás da orelha. Ela ainda estava sorrindo.

– Oh, cara, se um revólver resolvesse tudo...

Fui até uma porta verde-oliva sem maçaneta. Ela fez um zumbido e deixou que eu a abrisse. Atrás dela, um corredor verde-oliva com paredes vazias e uma porta no final. Uma ratoeira. Se você entrasse ali e algo estivesse errado, eles ainda poderiam parar você. A porta lá na frente fez o mesmo zumbido e um clique. Me perguntei como o segurança sabia que eu estava naquele ponto do corredor. Então olhei para cima e encontrei os olhos dele me encarando em um espelho recurvo. Conforme toquei a porta, a imagem desapareceu do espelho. Eles tinham pensado em tudo.

Lá fora o sol raiava a pino, flores farfalhavam em um pequeno pátio com passagens pavimentadas de tijolo, uma piscina no meio de tudo e um banco de mármore. O bebedor ficava ao lado do banco. Um homem mais velho e elegantemente vestido estava relaxado sobre o banco, olhando três boxers marrons que escavavam begônias rosa-chá. No rosto dele, uma expressão de satisfação intensa, ainda que muda. Não olhou para mim conforme eu me aproximava. Um dos boxers, o maior, se aproximou e fez xixi no banco de mármore, ao lado das pernas do homem. Ele se curvou e acariciou o pêlo áspero da cabeça do cachorro.

– É o sr. Wilson? – perguntei.

Ele me olhou vagamente. O boxer de tamanho médio trotou, cheirou, e mijou onde o primeiro havia feito.

– Wilson? – Ele tinha uma voz lenta, quase arrastada. – Oh, não. Meu nome não é Wilson. Deveria ser?

– Desculpe. – Fui até o bebedor e joguei um pouco de água no meu rosto. Enquanto eu o secava com um lenço, o boxer menor fez as suas necessidades junto ao banco de mármore.

O homem que não se chamava Wilson disse, amorosamente:

– Sempre fazem exatamente na mesma ordem. Fascinante.

– Fazem o quê? – perguntei.

– Xixi – ele disse. – Ordem de idade, parece. Muito ordenadamente. Primeiro, Maisie. Ela é a mãe. Então, Mac. Um ano mais velho que Jock, o caçula. Sempre igual. Até mesmo no meu escritório.

– No seu escritório? – perguntei, e ninguém jamais pareceu tão estúpido ao dizer alguma coisa.

Ele ergueu as sobrancelhas grisalhas, tirou um charuto da boca, mordeu a ponta dele e a cuspiu na piscina.

– Isso não vai fazer bem aos peixes – falei.

Ele me encarou com um daqueles olhares superiores-vindo-de-baixo.

– Eu crio boxers. Os peixes que se fodam.

Imaginei que aquilo era Hollywood. Acendi um cigarro e me sentei no banco.

– No seu escritório – falei. – Bem, vivendo e aprendendo, não é?

– No canto da mesa. Fazem o tempo todo. Enlouquecem as minhas secretárias. Entranha no tapete, dizem. Qual é o problema das mulheres hoje em dia? A mim não incomoda. Até gosto. Se você passa a gostar de cachorros, até gosta de vê-los fazer xixi.

Um dos cachorros arremessou uma begônia totalmente desabrochada no meio do caminho pavimentado, aos seus pés. Ele a apanhou e jogou na piscina.

– Suponho que isso incomode os jardineiros – ele observou enquanto se sentava novamente. – Ora, se não estão satisfeitos, sempre podem... – Ele ficou paralisado, olhando para uma moça magra com uniforme dos correios que fazia um contorno deliberadamente para atravessar o pátio. Ela o olhou de esguelha, rapidamente, e foi embora fazendo música com os seus quadris.

– Sabe qual é o problema nesse ramo? – ele me perguntou.

– Ninguém sabe – falei.

– Sexo demais – ele falou. – Tudo bem, no devido lugar e hora. Mas ele vem massivamente. Tente não se afogar nisso. Sobe até a altura do nosso pescoço. Acaba sendo como papel pega-mosca – ele se pôs em pé. – Temos moscas demais, também. Prazer em conhecê-lo, sr...

– Marlowe – falei. – Acho que não me conhece.

– Não conheço ninguém – ele disse. – A memória está se indo. Conheço pessoas demais. Meu nome é Oppenheimer.
– Jules Oppenheimer?
Ele concordou:
– Isso. Fume um charuto. – Ele estendeu um na minha direção.

Mostrei-lhe o meu cigarro. Ele jogou o charuto na piscina e então franziu a testa:
– A memória está se indo – disse com tristeza. – Acabo de colocar fora cinqüenta centavos. Não devia fazer isso.
– Você é o diretor deste estúdio – falei.
Ele fez que sim com a cabeça, distraído:
– Deveria ter guardado aquele charuto. Poupe cinqüenta centavos, e o que você tem?
– Cinqüenta centavos – eu disse, pensando em que diabos ele estava falando.
– Não neste negócio. Poupe cinqüenta centavos neste ramo e o que você vai ter é cinco dólares de bilheteria. – Ele fez uma pausa e um sinal para os três boxers. Eles pararam de cavar o que quer que estivessem cavando e olharam para ele. – Apenas gerencio a parte financeira – ele disse. – Isso é fácil. Venham, crianças, de volta para o bordel. – Ele suspirou. – Mil e quinhentos cinemas – acrescentou.

Eu provavelmente estava usando a minha expressão de estupidez mais uma vez. Ele mostrou o pátio com um aceno de mão.
– Mil e quinhentos cinemas é tudo o que você precisa. Muito mais fácil do que criar boxers de pedigree. O ramo do cinema é o único no mundo em que você pode cometer todos os erros possíveis e ainda assim ganhar dinheiro.
– Deve ser o único ramo no mundo em que você pode ter três cachorros mijando na mesa do seu escritório.
– Mas é preciso ter os mil e quinhentos cinemas.
– Assim já fica um pouco mais difícil de começar – falei.
Ele parecia contente.
– Sim. *Essa* é a parte difícil. – Ele olhou por sobre a grama recém-aparada na direção de um prédio de quatro andares

que ocupava um lado inteiro da quadra. – Todos os escritórios são ali – disse. – Nunca vou lá. Estão sempre mudando a decoração. Fico enjoado só de ver algumas das coisas que essa gente coloca nas suas salas. O talento mais caro do mundo. Que lhes dêem tudo o que quiserem, todo o dinheiro que quiserem. Por quê? Por nenhuma razão. Apenas hábito. Não importa porra nenhuma o que eles fazem ou como fazem. Contanto que eu tenha mil e quinhentos cinemas.

– Você gostaria que citassem essa sua frase, sr. Oppenheimer?

– Você é jornalista?

– Não.

– Que pena. Bem que gostaria de ver alguém tentando mostrar esse simples fato da vida nos jornais, só para me divertir – ele fez uma pausa e riu com desdém. – Ninguém publicaria isso. Ficariam com medo. Venham, crianças!

Maisie, a maior dos três, foi até ele e ficou ao seu lado. O de tamanho médio parou no caminho para arruinar mais uma begônia e então trotou até o lado de Maisie. O menor de todos, Jock, também entrou na linha e então, com alguma inspiração, levantou uma perna na direção da bainha da calça de Oppenheimer. Maisie bloqueou-o casualmente.

– Está vendo? – Oppenheimer abriu um sorriso. – Jock tentou quebrar a ordem. Maisie não tolerou isso. – Ele se abaixou e acariciou a cabeça de Maisie. Ela olhou para ele com adoração.

– Os olhos do seu cachorro – Oppenheimer refletiu. – A coisa mais inesquecível do mundo.

Ele saiu caminhando pelo caminho de tijolos na direção do prédio executivo, com os três boxers trotando calmamente ao seu lado.

– Sr. Marlowe?

Voltei-me para descobrir que um homem alto de cabelos cor de areia com um nariz parecido ao cotovelo de um passageiro se segurando no ônibus tinha se aproximado de mim sem eu perceber.

– Eu sou George Wilson. Prazer em conhecê-lo. Vejo que conhece o sr. Oppenheimer.

– Estava falando com ele. Ele me contou como se dirige um negócio de cinema. Parece que tudo o que se precisa são mil e quinhentas salas de cinema.

– Trabalhei aqui durante cinco anos. Nunca sequer cheguei a falar com ele.

– Você apenas não teve a sorte de ser mijado pelos cachorros certos.

– Pode ser. Em que posso ajudá-lo, sr. Marlowe?

– Quero falar com Mavis Weld.

– Ela está no *set*. Está filmando.

– Eu poderia vê-la no *set* por um minuto?

Ele ficou na dúvida.

– Que tipo de credencial eles lhe deram?

– Um passe simples, acho. – Alcancei-o para ele. Ele examinou o papel.

– Ballou mandou você. Ele é o agente dela. Acho que podemos dar um jeito. *Set* de filmagens número 12. Quer ir até lá agora?

– Se você tem tempo.

– Sou o publicitário da unidade. Para que mais serviria o meu tempo?

Caminhamos ao longo do caminho de tijolos em direção a dois prédios. Uma estrada de concreto passava no meio deles, levando até os cenários e os *sets* de filmagens.

– Você estava no escritório de Ballou? – Wilson perguntou.

– Acabo de vir de lá.

– É uma empresa grande, dizem. Eu mesmo já pensei em tentar esse ramo. Aqui não há nada, a não ser muita amargura.

Passamos por alguns seguranças uniformizados, então dobramos em uma alameda estreita entre dois *sets*. Uma luz no meio da alameda estava piscando, uma luz vermelha estava acesa sobre uma porta marcada com o número 12, e uma campainha tocava acima da luz vermelha. Wilson parou ao lado da porta. Outro segurança em uma cadeira se reclinou para trás, fez um sinal para ele e olhou para mim de cima a baixo com aquela expressão fúnebre acinzentada que nasce em guardas como mosquito em água parada.

A campainha e o pisca-pisca pararam, e a luz vermelha se apagou. Wilson abriu uma porta pesada e eu entrei. Lá dentro, outra porta. Ainda mais lá dentro, aquilo que, em constraste com a luz do sol, parecia um breu. Então vi uma concentração de luzes no canto mais distante. O resto do gigantesco estúdio de som parecia estar vazio.

Atravessamos as luzes. Conforme nos aproximamos, o chão ia ficando mais e mais coberto por cabos pretos e grossos. Havia fileiras de cadeiras dobráveis, um apinhado de camarins portáteis com nomes nas portas. Estávamos mal colocados em relação ao cenário, e tudo o que eu podia ver era a armação de madeira de uma grande tela. Umas máquinas para projeção de cenário roncavam, ainda quentes.

Uma voz gritou:

– Acionem isso aí.

Uma campainha soou forte. As duas telas ganharam vida com ondas agitadas. Outra voz mais calma disse:

– Todos nas mesmas posições, por favor, pode ser que precisemos misturar essa tomada com outra. Tudo certo, ação!

Wilson parou de repente e tocou o meu braço. As vozes dos atores vieram do nada, nem altas nem claras, um murmúrio indistinto, sem significado.

Uma das telas de repente ficou vazia de imagem. A voz macia, sem mudar de tom, disse:

– Corta!

A campainha tocou de novo, e houve um barulho de movimentação geral. Wilson e eu continuamos. Ele cochichou na minha orelha:

– Se Ned Gammon não conseguir filmar isso antes do almoço, vai quebrar o nariz de Torrance.

– Oh. Torrance, neste filme?

Dick Torrance, na época, era uma estrela do segundo escalão, um tipo não incomum de ator hollywoodiano que ninguém quer mas que algumas pessoas acabam tendo que contratar no final das contas por falta de coisa melhor.

– Se importa de repassar a cena mais uma vez, Dick? – a voz calma perguntou, à medida que chegávamos ao canto do *set* de filmagens e víamos do que se tratava o cenário: o convés de um agradável iate, próximo à popa.

Duas garotas e três homens estavam em cena. Um dos homens era de meia-idade, vestia roupas esportivas e descansava em uma cadeira no convés. Outro estava todo de branco, tinha cabelos ruivos e parecia o capitão do iate. O terceiro era o aspirante, com um bonito boné, casaco azul de botões dourados, sapatos brancos, calças brancas e um charme arrogante. Este era Torrance. Uma das moças era uma beldade morena que já tinha sido mais jovem: Susan Crawley. A outra era Mavis Weld. Ela vestia uma roupa de banho branca imitando pele de tubarão. Estava molhada e evidentemente recém tinha subido a bordo. Um maquiador espirrava água no seu rosto, braços e nas pontas das suas melenas douradas.

Torrance não respondeu. Voltou-se repentinamente e olhou para a câmera.

– Acha que não sei as minhas falas?

Um homem de cabelos grisalhos e roupas cinzas saiu do escuro e foi até a luz. Tinha olhos negros e quentes, mas não havia calor algum na sua voz.

– A não ser que você as tenha alterado intencionalmente – ele disse, com os olhos fixos em Torrance.

– É possível que eu não esteja acostumado a atuar em frente de um cenário projetado que tem o hábito de ficar sem filme bem no meio da tomada.

– É uma reclamação justa – Ned Gammon disse. – O problema é que temos menos que sessenta e cinco metros de filme, e é culpa minha. Se você pudesse fazer a cena apenas um pouco mais rápido...

– Ã-hã – Torrance grunhiu. – Se *eu* posso fazê-la um pouco mais rápido. Talvez a srta. Weld possa ser convencida a subir a bordo do iate em menos tempo do que levaria para construir o maldito navio.

Mavis Weld deu-lhe um rápido olhar de desprezo.

– O tempo de Weld está bem – Gammon disse. – A performance dela também está bem.

Susan Crawley deu de ombros elegantemente:

– Eu fiquei com a impressão de que ela poderia apressar um pouquinho, Ned. Está bem, mas *poderia* ficar melhor.

– Se ficasse um pouquinho melhor, querida – Mavis Weld disse com doçura –, eu correria o risco de alguém chamar isso de atuação. Não gostaria que uma coisa dessas acontecesse num filme *seu*, gostaria?

Torrance riu. Susan Crawley se virou e o olhou ferozmente.

– O que é tão engraçado, Senhor Treze?

O rosto de Torrance paralisou-se em uma máscara de frieza.

– Diga isso de novo? – ele quase sussurrou.

– Deus do céu, não diga que não sabe – Susan Crawley disse, como que casualmente. – Chamam você de Senhor Treze porque sempre que pega um papel, significa que outros doze caras declinaram a proposta.

– Entendo – Torrance disse friamente e então estourou em gargalhadas de novo. Virou-se para Ned Gammon. – Ok, Ned. Todos já destilaram o veneno para fora do corpo, talvez agora consigamos fazer a coisa do jeito que você quer.

Ned Gammon concordou com a cabeça.

– Nada como um bate-boca para limpar o ambiente. Muito bem, lá vamos nós.

Ele voltou para o lado da câmera. O assistente gritou "acionar", e a cena decorreu sem nenhum problema.

– Corta – Gammon disse. – Guardem esta cena. Todo mundo, intervalo para o almoço.

Os atores desceram os degraus de madeira com passos pesados e cumprimentaram Wilson. Mavis Weld veio por último, tendo parado para vestir um robe felpudo e um par de chinelos de praia. Quase caiu para trás quando me viu. Wilson se adiantou.

– Olá, George – Mavis Weld disse, olhando para mim. – Quer algo comigo?

– O sr. Marlowe gostaria de trocar algumas palavras com a senhorita. Tudo bem?

– Sr. Marlowe?

Wilson me deu um olhar rápido e malicioso.

– Do escritório de Ballou. Achei que o conhecia.

– Posso tê-lo visto – ela ainda estava me encarando. – O que é?

Não falei.

Depois de um momento, ela disse:

– Obrigado, George. Melhor vir comigo para o meu camarim, sr. Marlowe.

Ela se virou e saiu caminhando para o lado mais afastado do *set*. O camarim verde e branco ficava junto à parede. O nome na porta era Srta. Weld. Bem próximo ao camarim, ela se voltou e olhou ao redor com cuidado. Então fixou seus adoráveis olhos azuis no meu rosto.

– E agora, sr. Marlowe?

– A senhora lembra de mim?

– Acredito que sim.

– Começamos onde paramos ou colocamos todas as cartas na mesa?

– Alguém deixou você entrar aqui. Quem e por quê? Isso requer uma explicação.

– Estou trabalhando para você. Já recebi um adiantamento, e Ballou está com o recibo.

– Que gentil da sua parte. E se eu não quiser você trabalhando para mim? Seja lá que trabalho você faça.

– Muito bem, seja engraçadinha – falei. Tirei a foto do The Dancers do bolso e mostrei a ela. Ela me olhou durante um longo momento até deixar cair os olhos. Então olhou para a foto em que ela e Steelgrave estavam à mesa do restaurante. Olhou-a com gravidade, sem fazer nenhum movimento. Então, muito calmamente, levantou a mão e tocou os anéis de cabelo molhado pendentes ao lado do rosto. Tão suavemente que estremeceu. Sua mão pegou a fotografia. Olhou para ela. Seus olhos subiram de novo, lenta, lentamente.

– E então? – perguntou.

– Tenho o negativo e algumas outras cópias. Você as teria pego, se tivesse tido mais tempo e tivesse sabido onde procurar. Ou se ele tivesse continuado vivo para vendê-las para você.

– Estou com um pouco de frio – ela disse. – E preciso comer alguma coisa. – Alcançou a foto para mim.

– Está com um pouco de frio e precisa comer alguma coisa – falei.

Pensei ver a pulsação do seu coração em uma veia do pescoço. Mas a luz não estava boa. Ela sorriu debilmente. O toque de aristocrata aborrecida.

– O significado de tudo isso me escapa – ela disse.

– Está passando tempo demais em iates. O que você quer dizer é que conheço você e conheço Steelgrave, mas o que há nessa foto que faça alguém me dar por ela uma coleira de cachorro encravada com diamantes?

– Muito bem – ela disse. – O quê?

– Não sei – falei. – Mas se descobrir isto é o que é necessário para tirá-la dessa rotina de duquesa, vou descobrir. E nesse meio tempo, você continua com um pouco de frio e ainda tem que comer alguma coisa.

– E você esperou tempo demais – ela disse calmamente. – Você não tem nada para vender. Exceto, talvez, a sua vida.

– Eu a venderia barato. Por um par de óculos escuros, um chapéu azul e uma porrada na cabeça com uma sandália de salto alto.

A sua boca se contorceu como se ela fosse rir. Mas não havia humor nenhum nos seus olhos.

– Para não mencionar três tapas na cara – ela disse. – Adeus, sr. Marlowe. Você chegou muito tarde. Tarde demais.

– Tarde para mim ou para você?

– Acho que para nós dois. – Ela entrou rapidamente, deixando a porta aberta. – Entre e feche a porta – a voz dela disse já de dentro do camarim.

Assim fiz. Não era um camarim de estrela, todo enfeitado. Estritamente utilitário. Havia um sofá surrado, uma espreguiçadeira, uma pequena penteadeira com um espelho e duas lâmpadas, uma cadeira na frente dela, uma bandeja onde antes tinha havido café.

Mavis Weld se abaixou e ligou na tomada um aquecedor elétrico redondo. Então apanhou uma toalha e esfregou-a nas pontas molhadas do cabelo. Sentei-me no sofá e esperei.

– Me dê um cigarro – ela jogou a toalha num canto. Seus olhos chegaram muito perto do meu rosto enquanto eu acendia o seu cigarro. – Que tal achou aquela pequena cena que improvisamos no iate?

– Vulgar.

– Somos todos vulgares. Alguns sorriem mais do que outros, só isso. Show business. Há algo de vulgar em tudo isso. Sempre houve. Houve uma época em que os atores entravam pela porta dos fundos. A maioria ainda deveria entrar. Muito nervosismo, muita pressa, muito rancor e isso vem à tona em cenas repugnantes. Não significam coisa alguma.

– Que conversinha – falei.

Ela levantou o braço e afundou a ponta do dedo na minha bochecha. Queimava como ferro quente. – Quanto você ganha, Marlowe?

– Quarenta paus por dia mais despesas. É o preço pedido. Aceito vinte e cinco. Já aceitei menos. – Pensei nos surrados vinte paus de Orfamay.

Ela fez aquilo de novo com o dedo e simplesmente não tentei impedi-la. Ela se afastou de mim e sentou na cadeira, apertando o robe. O aquecedor elétrico estava começando a aquecer o pequeno cômodo.

– Vinte e cinco dólares por dia – ela disse pensativamente.

– Esparsos e solitários dólares.

– São solitários?

– Solitários como faróis.

Ela cruzou as pernas, e o brilho pálido da sua pele sob a luz pareceu encher a peça.

– Então, faça-me as perguntas – ela disse, sem tentar cobrir as coxas.

– Quem é Steelgrave?

– Um homem que conheço há anos. E de quem gostei. Ele possui coisas. Uns dois restaurantes. De onde ele é? Isso eu não sei dizer.

– Mas conhece-o muito bem.

– Por que não pergunta de uma vez se eu durmo com ele?

– Não faço esse tipo de pergunta.

Ela riu e bateu a cinza do cigarro.

– A srta. Gonzales ficaria feliz de informá-lo a respeito.

– A srta. Gonzales que se foda.

– Ela é morena, adorável e apaixonada. E muito, muito carinhosa.

– E tão exclusiva quanto uma caixa de correio – falei. – Que se foda. Sobre Steelgrave: ele já esteve em apuros?

– Quem nunca esteve?

– Com a polícia?

Seus olhos cresceram um pouco inocentemente demais. Sua risada era um pouco nítida demais.

– Não seja ridículo. O homem vale alguns milhões de dólares.

– E como os conseguiu?

– Como é que eu vou saber?

– Muito bem. Não sabe. Mas esse cigarro vai lhe queimar os dedos – me inclinei e peguei o toco da mão dela. A mão caiu aberta sobre a perna nua. Toquei a palma com um dedo. Ela se esquivou de mim e fechou a mão num punho cerrado.

– Não faça isso – disse, asperamente.

– Por que não? Eu costumava fazer isso com as meninas quando eu era criança.

– Eu sei – ela estava respirando muito rápido. – Faz eu me sentir jovem e inocente e meio levada. E estou longe de ser jovem e inocente.

– Então, na verdade, não sabe nada sobre Steelgrave.

– Eu gostaria que você decidisse aí na sua cabecinha se está me interrogando ou fazendo amor comigo.

– A minha cabecinha não tem nada a ver com isso.

Depois de um silêncio, ela disse:

– Realmente preciso comer alguma coisa, Marlowe. Tenho

de trabalhar à tarde. Você não gostaria que eu desmaiasse de fome no *set*, gostaria?

– Apenas as estrelas fazem isso – pus-me de pé. – Ok, vou embora. Não esqueça que estou trabalhando para você. Não trabalharia, se achasse que você matou alguém. Mas você estava lá. Se arriscou de um modo incrível. Havia algo que você queria desesperadamente.

Ela tirou a foto de algum lugar e olhou para ela, mordendo o lábio. Seus olhos ergueram-se sem que a sua cabeça se movesse.

– Dificilmente seria isso.

– Isso era a única coisa que ele escondeu tão bem que não foi achada. Mas de que serve? Você e um homem chamado Steelgrave em uma mesa no The Dancers. Nada demais.

– Absolutamente nada demais – ela disse.

– Então é algo sobre Steelgrave, ou algo sobre a data.

Seus olhos caíram em direção à foto novamente.

– Não há nada que indique a data – ela disse rápido. – Mesmo que significasse alguma coisa. A não ser que o pedaço cortado...

– Aqui está. – Dei-lhe a parte cortada. – Mas vai precisar de uma lente de aumento. Mostre isso a Steelgrave. Pergunte *a ele* se significa alguma coisa. Ou a Ballou.

Comecei a me dirigir à saída do camarim.

– Não se engane pensando que a data não pode ser determinada – falei, sem me voltar. – Steelgrave não se enganará.

– Está construindo um castelo de areia, Marlowe.

– Mesmo? – voltei-me e olhei para ela, sério. – Realmente acha isso? Não, não acha. Você foi lá. O homem estava morto. Você tinha uma arma. Ele era um escroque conhecido. E eu encontrei algo que a polícia adoraria que eu escondesse deles. Porque este algo deve estar tão cheio de explicações quanto o oceano é cheio de sal. Contanto que os tiras não o encontrem, eu tenho a minha licença. E enquanto outra pessoa não encontrá-lo, eu não terei um picador de gelo enfiado na minha nuca. Você diria que a minha profissão paga bem demais?

Ela ficou ali sentada olhando para mim, com uma mão apertando um joelho e com a outra movendo-se inquieta, dedo por dedo, no braço da cadeira.

Tudo o que eu tinha de fazer era torcer a maçaneta e ir embora. Não sei por que tinha de ser tão difícil.

# 20

Havia o habitual barulho de gente indo e vindo do lado de fora do meu escritório, e, quando abri a porta e caminhei no silêncio mofado da pequena sala de espera, tive a habitual sensação de ter sido jogado num poço que havia secado vinte anos atrás e ao qual nunca ninguém jamais voltaria. O cheiro de poeira envelhecida pairava no ar tão parado e viciado quanto uma entrevista com um jogador de futebol.

Abri a porta interna, e do outro lado dela havia o mesmo ambiente mortiço, a mesma poeira sobre a madeira, a mesma promessa quebrada de uma vida fácil. Abri as janelas e liguei o rádio. O volume estava alto demais, e quando o abaixei o telefone tocou como se estivesse tocando já há algum tempo. Tirei o meu chapéu e apanhei o fone.

Já estava mais do que na hora de eu ter notícias dela novamente. A sua voz calma e compacta disse:

– Desta vez estou falando sério.

– Continue.

– Eu menti. Mas não estou mentindo agora. Realmente tive notícias de Orrin.

– Continue.

– Você não está acreditando em mim. Posso imaginar pela sua voz.

– Você não pode dizer nada pela minha voz. Sou um detetive. Teve notícias dele de que jeito?

– Uma chamada telefônica de Bay City.

– Espere um minuto. – Coloquei o fone sobre o mata-borrão manchado e acendi o meu cachimbo. Calmamente. Mentiras são sempre pacientes. Apanhei o fone novamente.

– Já passamos por esta rotina – falei. – Está esquecida demais para a sua idade. Acho que o dr. Zugsmith não gostaria nada disso.

– Por favor, não me provoque. Isso é muito sério. Ele recebeu a minha carta. Foi até o correio pegar a correspondência. Ele sabia onde eu estaria hospedada. E quando eu estaria hospedada. Então ligou. Ele está se hospedando com um médico que ele conheceu por lá. Está fazendo algum tipo de trabalho para ele. Eu havia dito a você que ele tinha feito dois anos de Medicina.

– O tal doutor tem nome?

– Sim. Um nome engraçado. Dr. Vincent Lagardie.

– Só um minuto. Tem alguém na porta.

Baixei o fone com muito cuidado. Como se pudesse quebrar. Como se fosse de vidro. Puxei o lenço e esfreguei a palma da minha mão, a que estivera segurando o fone. Levantei, fui até o armário embutido e olhei para o meu rosto no espelho manchado. Era eu mesmo. Eu estava com um ar tenso. Estava vivendo rápido demais.

Dr. Vincent Lagardie, rua Wyoming, número 965. Na diagonal da funerária Lar Grinalda da Paz. Casa de molduras na esquina. Tudo quieto. Boa vizinhança. Amigo do falecido Clausen. Talvez. Segundo ele, não. Mas, ainda assim, talvez.

Voltei ao telefone e lutei para não mostrar a minha voz alterada.

– Como se soletra isso? – perguntei.

Ela soletrou, com calma e precisão.

– Não há nada a fazer, então, não é? – falei. – Tudo beleza, então. Ou seja lá o que dizem em Manhattan, Kansas.

– Pare de me ironizar. Orrin está em apuros. Uns... – a sua voz tremeu um pouco e seu fôlego voltou rápido – uns gângsteres estão atrás dele.

– Não seja boba, Orfamay. Não há gângsteres em Bay City. Estão todos no cinema. Qual o telefone do dr. Lagardie?

Ela me deu o número. Era o número certo. Não direi que

as peças começavam a entrar no lugar, mas pelo menos começavam a parecer partes do mesmo quebra-cabeças. Que é muito mais do que jamais peço ou consigo.

– Por favor, vá até lá, fale com ele e ajude-o. Ele está com medo de sair da casa. Depois de tudo que paguei a você...

– Eu devolvi.

– Bem, mas eu ofereci o dinheiro para você novamente.

– Você mais ou menos me ofereceu também outras coisas que vão além do que eu aceitaria.

Silêncio.

– Tudo bem – falei. – Tudo bem. Se eu conseguir ficar solto tanto tempo. Eu também estou superencrencado.

– Por quê?

– Por mentir e não dizer a verdade. Sempre me dou mal com isso. Não tenho tanta sorte como outras pessoas.

– Mas não estou mentindo, Philip. Não estou mentindo. Estou sendo franca.

– Respire fundo e tente de novo, para eu tentar ouvir.

– Eles podem matá-lo – ela disse com calma.

– E o que o dr. Lagardie está fazendo este tempo todo?

– Ele não sabe disso, é claro. Por favor, por favor, vá lá de uma vez. Tenho aqui o endereço. Só um momento.

E o sinal tocou, aquele que toca lá no fundo, e que não é alto, mas que é melhor você ouvir. Não importam os outros barulhos, mas este é melhor você ouvir.

– Deve estar na lista telefônica – falei. – E por uma estranha coincidência eu tenho a lista telefônica de Bay City. Ligue para mim por volta das quatro horas. Ou cinco. Melhor que seja às cinco.

Coloquei o telefone no gancho rapidamente. Levantei-me e desliguei o rádio, sem ter ouvido uma coisa sequer do que ele dizia. Fechei as janelas de novo. Abri a gaveta da minha escrivaninha, tirei para fora a Luger e engatilhei-a. Ajustei o meu chapéu na cabeça. No caminho para a rua, parei mais uma vez para olhar o meu rosto no espelho.

Parecia que eu tinha me decidido a me jogar de carro de um penhasco.

# 21

Estavam finalizando um serviço funerário no Lar Grinalda da Paz. Um carro fúnebre grande e cinza estava esperando na entrada lateral. Veículos estavam apinhados ao longo dos dois lados da rua, três sedans pretos numa fila ao lado do estabelecimento do dr. Vincent Lagardie. Pessoas desciam como que sedadas o caminho da capela funerária até o canto e entravam nos seus carros. Fiquei a um terço de quadra de distância e esperei. Os carros não se mexiam. Então três pessoas apareceram com uma mulher que usava um véu pesado e roupas pretas. Eles meio que a carregaram até uma grande limusine. O gerente da funerária ia de um lado para o outro, fazendo gestos elegantes e movimentos com o corpo tão graciosos como um encerramento de Chopin. Seu rosto acinzentado e comedido era duas vezes mais longo do que o diâmetro do seu pescoço.

Alguns amigos carregavam o caixão para fora pela porta lateral e profissionais ajudavam, deslizando-o para dentro da traseira do carro tão suavemente que parecia não pesar mais do que um pão-de-ló. Flores começaram a formar uma montanha sobre ele. As portas de vidro foram fechadas, e motores roncaram nas proximidades.

Alguns momentos depois não restava mais nada a não ser um sedã atravessado e o gerente funerário cheirando uma roseira no seu caminho de volta para contar a féria. Com um sorriso estampado no rosto ele desapareceu por trás de uma entrada colonial, e o mundo ficou parado e vazio novamente. O sedã que restava lá não se mexera. Passei por ali de carro, fiz um retorno e apareci novamente por detrás dele. O motorista vestia sarja azul e um boné de pala reluzente. Estava fazendo as palavras cruzadas do jornal da manhã. Enfiei um par de diáfanos óculos escuros espelhados no meu nariz e passei ao lado dele na direção do consultório do dr. Lagardie. Ele não me olhou. Quando eu estava alguns metros à sua frente, tirei os óculos de sol e fingi que os limpava com o meu lenço. Peguei-o em uma das lentes espelhadas. Mesmo assim ele não olhou para cima. Era apenas um rapaz fazendo palavras cruzadas. Coloquei os óculos espelhados de novo sobre o nariz e fui até a porta de entrada do dr. Lagardie.

A placa na porta dizia: Aperte a campainha e entre. Apertei a campainha, mas a porta não me deixava entrar. Esperei. Toquei novamente. Esperei de novo. Só silêncio lá dentro. Então a porta abriu um vão muito lentamente, e o rosto inexpressivo em cima de um uniforme branco olhou para mim.

– Sinto muito. O doutor não poderá atender nenhum paciente hoje – ela piscou para os óculos espelhados. Não gostava deles. A língua dela mexia-se incansavelmente atrás daqueles lábios.

– Estou procurando pelo sr. Quest. Orrin P. Quest.

– Quem? – Houve um vago lampejo de choque por trás dos seus olhos.

– Quest. Q, de quintessencial, U de universal, E de extra-sensorial, S de subliminar, T de tara. Coloque todas as palavras juntas e vai dar Irmão...

Ela me olhou como se eu tivesse acabado de brotar do oceano através do chão com uma sereia nos braços.

– Sinto muito. O dr. Lagardie não...

Ela foi tirada do caminho por mãos invisíveis, e um homem moreno, magro e perturbado estava de pé no vão da porta entreaberta.

– Eu sou o dr. Lagardie. O que é, por favor?

Dei-lhe um cartão. Ele o leu. Olhou para mim. Ele tinha o aspecto branco e encovado de um homem que está esperando um desastre acontecer.

– Falamos ao telefone – eu disse. – Sobre um homem chamado Clausen.

– Por favor, entre – ele convidou rapidamente. – Não me recordo, mas entre.

Entrei. O ambiente estava escuro, as cortinas estavam abaixadas, as janelas, fechadas. Estava escuro e frio.

A enfermeira se afastou e sentou atrás de uma pequena escrivaninha. Era uma sala de estar comum com painéis de madeira clara que uma vez foi escura, a julgar pela provável idade da casa. Um arco quadrado separava a sala de estar da sala de jantar. Havia algumas espreguiçadeiras e uma mesa de centro com revistas em cima. Parecia ser a recepção de um consultório médico instalado no que antes havia sido uma casa residencial.

O telefone tocou na mesa em frente à enfermeira. Ela fez menção de atender, sua mão se adiantou e então parou. Ela ficou olhando para o telefone. Depois de um tempo, parou de tocar.

– Qual era o nome que o senhor falou? – o dr. Lagardie perguntou calmamente.

– Orrin Quest. A irmã dele me disse que ele estava fazendo algum tipo de trabalho para o senhor, doutor. Há dias que procura por ele. Ontem à noite ele ligou para ela. Daqui, segundo ela.

– Não tem ninguém com esse nome aqui – dr. Lagardie disse educadamente. – Nunca teve.

– O senhor não o conhece?

– Nunca ouvi falar nele.

– Não consigo entender por que ele diria o que disse para a irmã.

A enfermeira passou a mão nos olhos furtivamente. O telefone sobre a mesa dela tocou, dando-lhe um susto.

– Não atenda – o dr. Lagardie disse, sem virar a cabeça.

Esperamos enquanto ele tocava. Todo mundo espera enquanto um telefone toca. Depois de um tempo, parou.

– Por que você não vai para casa, senhorita Watson? Não há nada para você fazer aqui.

– Obrigada, doutor – ela ficou sentada sem se mover, olhando para baixo na direção da mesa. Apertou bem os olhos e piscou-os bastante. Balançou a cabeça, desapontada.

O dr. Lagardie se voltou para mim.

– Podemos passar para o meu escritório?

Passamos por outra porta que levava a um hall. Pisei

como se em cima de ovos. A atmosfera da casa estava carregada, agourenta. Ele abriu a porta e me conduziu para dentro do que parecia ter sido um quarto, mas sem nenhum indício de continuar sendo. Era um pequeno e exíguo escritório médico. Uma porta aberta deixava ver parte de um quartinho para exames. Um esterilizador estava ligado no canto. Muitas agulhas estavam em cozimento nele.

– Quantas agulhas – falei, sempre rápido no gatilho.

– Sente-se, sr. Marlowe.

Ele foi para trás da escrivaninha, sentou-se e apanhou um longo e afiado abridor de envelopes.

Encarou-me com seus olhos sofridos.

– Não, não conheço ninguém chamado Orrin Quest, sr. Marlowe. Não posso imaginar por que razão no mundo uma pessoa com esse nome diria que estava na minha casa.

– Escondendo-se – falei.

Suas sobrancelhas se levantaram.

– Do quê?

– De alguns caras que poderiam querer enfiar um picador de gelo na nuca dele. Por ele ser um pouco rápido demais com sua pequena Leica. Por tirar fotos de pessoas quando elas querem privacidade. Ou pode ter sido algo mais, como venda de baseados, e ele tenha ameaçado dar com a língua nos dentes. Estou falando em charadas, por acaso?

– Foi você que mandou a polícia aqui – ele disse, friamente.

Não falei nada.

– Foi você quem ligou e denunciou a morte de Clausen.

Continuei sem dizer nada.

– Foi você quem ligou para mim e me perguntou se eu conhecia Clausen. Eu disse que não conhecia.

– Mas não era verdade.

– Eu não tinha nenhuma obrigação de lhe dar informações, sr. Marlowe.

Balancei a cabeça, peguei um cigarro e o acendi. Dr. Lagardie olhou furtivamente para o relógio de pulso. Revirou-se na cadeira e desligou o esterilizador. Olhei para as agulhas. Muitas agulhas. Uma vez eu tive problemas em Bay City com um cara que cozinhava agulhas.

– Para que isso? – perguntei. – Para a enseada dos iates?

Ele apanhou a sinistra faca para papéis com cabo de prata na forma de uma mulher nua. Espetou a ponta do seu dedão. Uma pérola de sangue escuro apareceu. Levou o dedão até a boca e o lambeu.

– Gosto do gosto de sangue – ele disse com calma.

Havia um barulho distante, como da porta da frente se abrindo e fechando. Ambos o escutamos atentamente. Ouvimos passos retrocedendo nos degraus da porta da frente. Ouvimos com muita atenção.

– A senhorita Watson foi para casa – o dr. Lagardie disse. – Estamos completamente sozinhos na casa. – Ele tentou fazer aquilo soar como algo agradável e lambeu de novo o dedo. Depôs a faca cuidadosamente sobre o mata-borrão, na mesa. – Ah, a questão da enseada dos iates – ele acrescentou. – Você está pensando na proximidade com o México, sem dúvida. A facilidade com a qual maconha...

– Eu não estava mais pensando em maconha – olhei novamente para as agulhas. Ele acompanhou o meu olhar. E deu de ombros.

Falei:

– Por que tantas agulhas?

– É da sua conta?

– Nada é da minha conta.

– Mas você parece esperar que as suas perguntas sejam respondidas.

– Estou apenas falando – disse. – Esperando que algo aconteça. Algo está para acontecer nesta casa. Está me espiando pelos cantos.

O dr. Lagardie lambeu outra pérola de sangue do dedão.

Olhei firme para ele. O que infelizmente não me forneceu um tíquete de entrada para dentro da sua alma. Ele estava quieto, sombrio e fechado, e toda a desolação da vida se encontrava nos seus olhos. Mas ainda assim era gentil.

– Deixe eu lhe contar sobre as agulhas – falei.

– Por favor – ele apanhou a faca de papéis novamente.

– Não faça isso – falei asperamente. – Me dá arrepios. É como acariciar cobras.

Ele depôs mais uma vez a faca, calmamente, e sorriu.

– Realmente parece que estamos falando em círculos – sugeriu.

– Vamos chegar lá. Quanto às agulhas: uns dois anos atrás tive um caso que me trouxe até aqui e me colocou frente a frente com um médico chamado Almore. Morava na rua Altair. Ele tinha uns hábitos estranhos. Saía à noite com um grande estojo de agulhas hipodérmicas, todinhas prontas. Carregadas com bagulho. Tinha uma concepção bem estranha da clínica médica. Bêbados, ricaços viciados, que são muito mais numerosos do que se pensa, pessoas superestimuladas que levaram a si próprias além das possibilidades do relaxamento. Insones, todos os tipos de neuróticos que não conseguem levar a vida sóbrios. Precisam das suas pequenas pílulas e picadas nos braços. Precisam de ajuda nas horas difíceis. Acabam tendo só horas difíceis, depois de um tempo. Bons negócios para o doutor. Almore era o médico deles todos. Tudo bem em dizer isso agora. Ele morreu há mais ou menos um ano atrás. Do seu próprio remédio.

– E você acha que eu herdei a clientela dele?

– Alguém poderia achar isso. Enquanto houver os pacientes, haverá o médico.

Ele pareceu ainda mais exausto do que antes.

– Acho que você é um canalha, meu amigo. Não conheci o dr. Almore. E não pratico o tipo de medicina que você atribui a ele. Quanto às agulhas, só para terminarmos de vez com esse assunto, elas são de uso bastante freqüente na profissão de médico hoje em dia, muitas vezes para medicamentos inocentes como injeções de vitamina. E agulhas perdem o fio. E quando perdem o fio, causam dor. Portanto, no decorrer de um dia, pode-se usar uma dúzia ou mesmo mais. Sem nenhum tipo de narcótico em nenhuma delas.

Ele levantou a cabeça lentamente e olhou para mim com uma expressão fixa de desprezo.

– Posso estar errado – falei. – Cheirar aquela fumaça de maconha lá na casa de Clausen, ontem, e ele ter ligado para o seu número pelo telefone, e ter chamado você pelo primeiro nome, tudo isso provavelmente me fez chegar a conclusões erradas.

– Já tratei de viciados – ele disse. – Qual médico não tratou? É um total desperdício de tempo.

– Eles se curam, às vezes.

– Eles podem se privar da droga. Às vezes, depois de grande esforço, conseguem ficar sem ela. Isso não é a cura, meu amigo. Isso não é remover a falha nervosa ou emocional que os fez se viciarem. É fazer deles pessoas aborrecidas e negativistas que ficam sentadas ao sol, brincando com os dedos e morrendo de puro tédio e inanição.

– É uma teoria bem cruel, doutor.

– Você que trouxe o assunto à tona. Eu me livrei dele. Vou puxar outro assunto. Você pode ter reparado em uma certa atmosfera de tensão nesta casa. Mesmo com esses ridículos óculos espelhados. Os quais você agora pode tirar. Eles não o fazem se parecer nem um pouco com Cary Grant.

Tirei os óculos. Eu tinha esquecido completamente deles.

– A polícia esteve aqui, sr. Marlowe. Um tal de tenente Maglashan, que está investigando a morte de Clausen. Ele adoraria conhecer você. Devo ligar para ele? Tenho certeza de que ele viria.

– Vá em frente, ligue para ele – falei. – Só dei uma paradinha aqui para cometer suicídio.

A mão dele foi em direção ao telefone, mas foi puxada para um lado pelo magnetismo da faca para papéis. Ele apanhou-a de novo. Não podia deixá-la em paz, aparentemente.

– Você poderia matar um homem com isso – falei.

– Facilmente – e ele sorriu um pouco.

– Uns cinco centímetros para dentro da nuca, bem no meio, abaixo da concavidade occipital.

– Um picador de gelo seria melhor – ele disse. – Especialmente um pequeno, bem afiado. Assim, não dobraria. Se você não chega até a espinha, não faz grandes danos.

– Isso requer um grande conhecimento médico, hein?

Tirei para fora um maço surrado de Camels e livrei um cigarro do celofane.

Ele simplesmente continuou sorrindo. De um jeito apagado, quase triste. Não era o sorriso de um homem com medo.

– Isso ajudaria – ele disse lentamente. – Mas qualquer pessoa razoavelmente hábil poderia adquirir a destreza técnica em dez minutos.

– Orrin Quest tinha alguns anos de estudo médico – falei.

– Falei a você que não conheço ninguém com esse nome.

– Claro, sei que falou. Mas não acreditei muito.

Ele balançou os ombros. Mas os seus olhos, como sempre, foram na direção da faca.

– Somos como dois namorados – falei. – Ficamos aqui sentados, tendo essa conversa por cima da mesa. Como se não tivéssemos preocupação alguma no mundo. Porque ambos vamos estar no xadrez quando a noite cair.

Ele levantou as sobrancelhas novamente. Continuei:

– Você, porque Clausen o conhecia pelo seu primeiro nome. E você pode ter sido a última pessoa com quem ele falou. Eu, porque tenho feito todas as coisas das quais um detetive particular não se safa. Esconder evidências, informações, encontrar corpos sem notificar, humildemente, com o chapéu nas mãos, para aqueles adoráveis e incorruptíveis tiras de Bay City. Ora, eu já era. Já era há muito tempo. Entretanto, tem um perfume selvagem no ar esta tarde. Mas não pareço dar bola para isso. Ou estou apaixonado. Simplesmente não dou bola.

– Você andou bebendo – ele disse, lentamente.

– Apenas um pouco de Chanel nº. 5, beijos, o brilho pálido de adoráveis pernas e o convite maroto em profundos olhos azuis. Coisas inocentes deste tipo.

Ele simplesmente parecia mais triste do que nunca.

– Mulheres podem enfraquecer um homem terrivelmente, não podem? – ele disse.

– Clausen.

– Um alcoólatra irremediável. Provavelmente você sabe como são. Bebem e bebem e não comem. E aos poucos a deficiência vitamínica traz sintomas de delírio. E só há uma coisa a fazer por eles – ele se virou e olhou para o esterilizador.
– Agulhas, e mais agulhas. Fazem eu me sentir sujo. Sou formado na Sorbonne, mas clinico entre pessoinhas sujas em uma cidadezinha imunda.

– Por quê?

– Por causa de algo que aconteceu há alguns anos. Em outra cidade. Não me faça perguntas demais, sr. Marlowe.

– Ele usou o seu primeiro nome.

– É hábito entre pessoas de uma certa classe social. Ex-atores, especialmente. E velhos trapaceiros.

– Ah – falei. – Só isso?

– Só.

– Então, a vinda dos policiais aqui não o incomoda por causa de Clausen. Você só tem medo dessa outra coisa que aconteceu em outro lugar há algum tempo. Ou pode ter sido um caso de amor.

– Amor? – ele largou a palavra lentamente, da ponta da língua, saboreando-a até o último momento. Um sorriso amargo permaneceu depois que a palavra já se tinha ido, como o cheiro de pólvora no ar depois de uma arma ser disparada. Ele deu de ombros e empurrou uma caixa de cigarros de trás de um arquivo para o meu lado da mesa.

– Amor não, então – falei. – Estou tentando ler a sua mente. Aqui está você, um cara com um diploma da Sorbonne, e uma clientelazinha numa cidadezinha nojenta. Sei bem disso. Então o que você está fazendo aqui? O que está fazendo com pessoas como Clausen? Qual o esquema, doutor? Narcóticos, abortos, ou por acaso você era o médico de alguma gangue em alguma cidade quente do Leste?

– Como por exemplo? – ele sorriu de leve.

– Como por exemplo Cleveland.

– Uma sugestão bem arriscada, meu amigo – a voz dele parecia gelo agora.

– Arriscada para valer – falei. – Mas um cara como eu, com cérebro muito limitado, tende a tentar encaixar as coisas que sabe dentro de um padrão. Muitas vezes dá errado, mas no meu caso é uma doença ocupacional. É da seguinte maneira, se quer ouvir.

– Estou ouvindo – ele pegou a faca de novo e estocou-a de leve na mesa.

– Você conhecia Clausen. Clausen foi morto muito habilmente com um picador de gelo, morto enquanto eu estava na casa, lá em cima, falando com um vagabundo chamado Hicks. Hicks deu o fora rápido, levando uma página do livro de registro com ele, a página que continha o nome de Orrin Quest. Mais tarde no mesmo dia, Hicks foi morto com um picador de gelo em Los Angeles. O quarto dele havia sido revirado. E ali havia uma mulher que tinha ido até lá para comprar alguma coisa dele. Ela não conseguiu o que queria. Eu tive mais tempo para revistar. Eu consegui o que ela queria. Hipótese A: Clausen e Hicks foram assassinados pelo mesmo homem, não necessariamente pela mesma razão. Hicks foi assassinado porque ele se imiscuiu no trampo de outro cara e deixou o outro cara a ver navios. Clausen foi assassinado porque era um bêbado boca-aberta e talvez soubesse de alguém que gostaria de matar Hicks. Acertei alguma coisa até agora?

– Nada que tenha o mínimo interesse para mim – dr. Lagardie disse.

– Mas você *está* escutando. Só por causa das suas boas maneiras, suponho. Ok. Agora, o que encontro? Uma foto de uma estrela de cinema e um ex-gângster de, quem sabe, Cleveland, hoje proprietário de um restaurante em Hollywood, etc, almoçando em um dia específico. O dia em que esse ex-gângster de Cleveland deveria estar engaiolado na prisão municipal, também o dia em que o antigo parceiro do ex-gângster de Cleveland foi morto a tiros na Franklin Avenue, em Los Angeles. Por que ele estava preso? Um sinal de que ele era quem era, e diga o que quiser contra os tiras de Los Angeles, mas eles realmente tentam botar os bandidões pra fora da cidade, de volta pro Leste. Quem deu a dica para eles? O próprio cara que eles prenderam lhes deu a informação, porque o seu ex-parceiro estava se mostrando problemático e precisava ser apagado, e estar na prisão era um álibi de primeira, quando isso ocorresse.

– Fantástico – o dr. Lagardie sorriu, cansado. – Incrivelmente fantástico.

– Claro. Mas piora. Os policiais não conseguiram provar nada quanto ao ex-gângster. A polícia de Cleveland não se interessou. Os tiras de Los Angeles o soltam. Mas não o teriam soltado se tivessem visto aquela foto. Foto, portanto, que é um forte material para chantagem, primeiro, contra o ex-figurão de Cleveland, se ele é realmente o cara; e, em segundo lugar, contra uma estrela de cinema, por ter sido vista por aí com ele, em público. O homem certo poderia fazer uma fortuna em cima daquela foto. Hicks não é bom o suficiente. Novo parágrafo. Hipótese B: Orrin Quest, o rapaz que estou tentando localizar, tirou aquela foto. Tirada com uma Contax ou uma Leica, sem flash, sem os personagens saberem que estavam sendo fotografados. Quest tinha uma Leica e gostava de fazer coisas desse tipo. Nesse caso específico, claro, ele tinha um motivo mais comercial. Pergunta: como ele conseguiu tirar a foto? Resposta: a estrela de cinema era sua irmã. Ela autorizou-o a subir para falar com ela. Ele estava desempregado, precisava de dinheiro. É muito provável que ela tenha dado um pouco de grana para ele com a condição de que ele se mantivesse longe. Ela não quer saber da própria família. Ainda acha isso tudo terrivelmente fantástico, doutor?

Ele me encarou melancólico.

– Não sei – disse lentamente. – Começo a ver algumas possibilidades. Mas por que você está contando essa história perigosa para mim?

Ele apanhou um cigarro da caixa e jogou um para mim, casualmente. Peguei-o e o examinei. Egípcio, oval e grosso, um pouco forte para o meu gosto. Não fui com a cara do cigarro. Apenas fiquei lá, sentado, segurando-o entre os dedos, olhando para os olhos negros e infelizes do doutor. Ele acendeu seu próprio cigarro e baforou nervosamente.

– Vou chegar em você agora – falei. – Você conhecia Clausen. Profissionalmente, você disse. Mostrei a ele que eu era um detetive. Ele tentou ligar para você na mesma hora: mas estava bêbado demais. Eu anotei o número e mais tarde contei a você que ele estava morto. Por quê? Se você estivesse dizendo a verdade, chamaria a polícia. Não chamou. Por quê? Conhecia Clausen, podia conhecer alguns de seus hóspedes. Mas não há provas, para nenhum dos lados. Novo parágrafo. Hipótese C: você conhecia Hicks ou Orrin Quest, ou ambos. A polícia de Los Angeles não podia estabelecer, ou simplesmente não estabeleceu, a identidade do ex-figurão de Cleveland. Vamos dar a ele o seu novo nome, vamos chamá-lo de Steelgrave. Mas *alguém* tinha que fazer isso, se aquela foto valia a morte de pessoas. Alguma vez você clinicou em Cleveland, doutor?

– Certamente que não – a voz dele parecia vir de muito longe. Os seus olhos pareciam distraídos, também. Os lábios abriram-se apenas o suficiente para receber o cigarro. Ele estava muito imóvel.

Falei:

– Eles têm um punhado de arquivos lá na telefônica. De todas as partes do país. Chequei o seu nome. Uma suíte em um prédio de escritórios no centro – falei. – E agora isto: uma carreira médica quase furtiva em uma pequena cidade costeira. Você teria preferido trocar de nome – mas não podia fazer isso e manter a licença para clinicar. Alguém tinha que arquitetar esse negócio, doutor. Clausen era um vagabundo, Hicks, um parvo estúpido, Orrin Quest, um psicopatazinho de mente suja. Mas eles podiam ser usados. Você não podia bater contra Steelgrave diretamente. Não ficaria vivo o suficiente para escovar os dentes. Você precisava trabalhar com peões – peões descartáveis. Bem, e agora, estamos chegando a algum lugar?

Ele sorriu palidamente e se recostou na cadeira com um suspiro.

– Hipótese D, sr. Marlowe – ele praticamente sussurrou. – Você é um idiota irremediável.

Eu sorri, irônico, e apanhei um fósforo para acender o cigarro gordo e egípcio que ele havia me dado.

– Além de todo o resto – falei –, a irmã de Orrin me liga e me diz que ele está na sua casa. Há muitos argumentos fracos, se tomados separadamente, admito. Mas eles realmente parecem se concentrar em você. – Eu traguei pacificamente o cigarro.

Ele me observava. O seu rosto parecia flutuar, tornar-se vago, como que fugindo e retornando. Senti uma pressão no peito. Minha cabeça havia se desacelerado à velocidade de uma tartaruga.

– O que está acontecendo aqui? – ouvi minha própria voz murmurar.

Coloquei as mãos nos braços da cadeira e me ergui um pouco.

– Fui estúpido, não? – falei, com o cigarro ainda na boca e ainda tirando tragadas dele. *Estúpido* era pouco. Era preciso cunhar uma palavra nova.

Eu caíra da cadeira, e meus pés estavam presos em dois barris de cimento. Quando falei, minha voz pareceu abafada.

Larguei os braços da cadeira e tentei apanhar o cigarro. Errei umas duas vezes, então consegui pôr a minha mão ao redor dele. Não parecia um cigarro. Parecia a perna traseira de um elefante. Com unhas afiadas. Elas cravaram-se na minha mão. Sacudi a mão, e o elefante retirou a sua perna.

Uma figura vaga porém enorme apareceu subitamente na minha frente, e uma mula me escoiceou no peito. Sentei no chão.

– Um pouco de cianeto de potássio – uma voz disse, através do telefone transatlântico. – Não é fatal, nem mesmo perigosa. Meramente relaxante...

Comecei a me levantar do chão. Você devia tentar isso algum dia. Mas primeiro peça que alguém faça o chão ficar parado. Ele dava voltas e mais voltas. Depois de um tempo, estabilizou-se um pouco. Consegui me erguer em um ângulo de quarenta e cinco graus. Me recompus e tentei me dirigir a algum lugar. Havia uma coisa no horizonte que poderia ser a tumba de Napoleão. Era um bom objetivo. Comecei a ir naquela direção. Meu coração batia rápido e forte, e eu estava tendo dificuldade em arejar os meus pulmões. Como quando se fica sem fôlego no futebol americano. Parece que o seu fôlego nunca mais vai voltar. Nunca, nunca, nunca mais.

Então não era mais a tumba de Napoleão. Era um bote sobre uma onda. Havia um homem nele. Eu já o vira em algum lugar. Cara legal. Tínhamos nos dado bem. Fui na direção dele e bati em uma parede com o ombro. Aquilo me fez girar. Eu comecei a apalpar ao redor à procura de alguma coisa em que me agarrar. Não havia nada além do tapete. Como eu tinha chegado lá embaixo? Inútil perguntar. É segredo. Toda vez que você faz uma pergunta, eles esfregam o chão na sua cara. Ok, comecei a engatinhar pelo chão. Eu estava sobre o que antes costumavam ser minhas mãos e meus joelhos. Nenhuma sensação corroborava essa lembrança. Engatinhei na direção de uma parede de madeira escura. Ou poderia ser mármore escuro. A tumba de Napoleão de novo. O que foi que eu fiz a Napoleão? Por que razão ele continuava a esfregar a tumba dele na minha cara?

– Um gole de água – falei.

Escutei o eco. Não havia nenhum eco. Ninguém disse nada. Talvez eu não tivesse dito nada. Talvez fosse apenas uma idéia sobre a qual pensei melhor. Cianeto de potássio. Duas palavras longas demais para nos preocuparmos com elas quando estamos nos arrastando através de túneis. Não é fatal, ele dissera. Ok, é só diversão, então. O que se pode chamar de semifatal. Philip Marlowe, 38 anos, um detetive particular de reputação duvidosa, foi apreendido pela polícia na noite de ontem enquanto se arrastava pelos esgotos de Ballona Creek com um grande piano às costas. Interrogado pela polícia da delegacia do bairro universitário, Marlowe declarou que estava levando o piano ao marajá de Berar. Ao ser perguntado por que estava vestindo esporas,

Marlowe declarou que a confiança de um cliente era uma coisa sagrada. Marlowe está preso para investigação. O chefe Hornside disse que a polícia ainda não estava em condições de fornecer mais informações. Ao ser questionado sobre se o piano estava afinado, o chefe Hornside declarou que tocara a valsa *Minute* nele em trinta e cinco segundos e que, pelo que podia dizer, não havia cordas no piano. Mas ele insinuou que algo mais havia. "Uma declaração completa à imprensa será dada daqui a doze horas", o chefe Hornside disse abruptamente. Especula-se que Marlowe estava tentando se livrar de um corpo.

Um rosto nadou na minha direção, vindo da escuridão. Mudei de lado e fui na direção do rosto. Mas já era muito tarde. O sol estava se pondo. Estava escurecendo rapidamente. Não havia rosto. Não havia parede, nem mesa. Então não havia mais chão. Não havia absolutamente nada.

Nem mesmo eu estava lá.

## 22

Um gorila grande e escuro com uma pata grande e escura mantinha a sua pata grande e escura sobre o meu rosto e estava tentando afundá-lo crânio adentro. Eu fiz força em contrário. Ficar do lado mais fraco de uma discussão é minha especialidade. Então me dei conta de que ele estava tentando me impedir de abrir os olhos.

Decidi abrir os olhos de qualquer maneira. Outros o fizeram, por que não eu? Reuni minhas forças e, muito lentamente, mantendo as costas retas, flexionando pernas e joelhos, usando os braços como cordas, tirei o enorme peso de cima das minhas pálpebras.

Eu estava olhando para o teto, deitado sobre minhas costas, no chão – uma posição na qual minha profissão ocasionalmente tem me colocado. Rolei a minha cabeça. Meus pulmões pareciam duros, e a minha boca estava seca. A sala era o consultório do dr. Lagardie. Mesma cadeira, mesma mesa, mesmas paredes e janela. Um silêncio pesado pairava ao redor.

Sentei sobre as minhas nádegas, me firmei no chão e balancei a cabeça. Entrei num redemoinho que me fez girar mais ou menos um quilômetro e meio, e então me arrastei para fora dele e me estabilizei. Pisquei. Mesmo chão, mesma mesa, mesmas paredes. Mas nem sinal do dr. Lagardie.

Molhei meus lábios com saliva e fiz algum tipo de barulho para o qual ninguém deu bola. Fiquei em pé. Eu estava tão tonto quanto um monge maometano, tão fraco quanto uma mangueira gasta, tão para baixo quanto a barriga de um texugo, tão tímido quanto um canário-da-terra e tão bem-sucedido quanto um dançarino de balé com uma perna de pau.

Tateei meu caminho até a escrivaninha, caí na cadeira de Lagardie e comecei a apalpar cuidadosamente as coisas dele à procura de algo que se parecesse com uma garrafa de fertilizante líquido. Nada. Levantei-me novamente. Era tão difícil içar a mim mesmo quanto um elefante morto. Cambaleei ao redor olhando dentro de armários de um branco reluzente que continham tudo que uma pessoa desesperadamente com pressa não precisava. Finalmente, depois do que pareceu quatro anos de trabalho árduo, minha pequena mão conseguiu se fechar por sobre duzentos mililitros de álcool etílico. Peguei a garrafa pelo bocal e cheirei. Álcool etílico. Exatamente o que o rótulo dizia. Tudo o que eu precisava agora era um copo e um pouco de água. Um cara bom deveria ser capaz de conseguir isso. Olhei através da porta para a salinha de exames. O ar ainda tinha o perfume de pêssegos podres. Ao atravessar a porta, bati nos dois lados do batente e parei um pouco para inspirar ar fresco.

Naquele momento, eu soube que passos se aproximavam pelo corredor. A muito custo me encostei na parede e escutei.

Passos lentos, arrastados, com longas pausas entre um e outro. Primeiro pareciam furtivos. Então pareceram apenas muito, muito cansados. Um velho tentando chegar na sua última cadeira de balanço. Isso fazia com que fôssemos dois. E então pensei, sem razão alguma, no pai de Orfamay, lá na varanda de Manhattan, Kansas, caminhando silencioso até a sua cadeira de balanço com o cachimbo frio na mão, para sentar, olhar o gramado da frente e dar uma boa e econômica tragada que não requeria fósforos nem tabaco e não estragava o tapete da sala de estar. Eu arrumei a cadeira para ele. Na sombra, ao final do varanda, onde havia mais buganvílias, ajudei-o a sentar-se. Ele olhou para cima e me agradeceu com o lado bom do rosto. Suas unhas coçaram os braços da cadeira enquanto ele se recostava.

Unhas raspavam, efetivamente, mas não era nos braços de nenhuma cadeira. Era um som real. Era próximo, do lado de fora de uma porta fechada que levava da salinha de exames até o corredor. Um arranhão fraco, débil, possivelmente um gatinho pedindo para entrar. Fui na direção da porta. Consegui, com a ajuda da ótima maca de exames com argolas nos cantos e boas toalhas limpas. O barulho tinha parado. Pobre gatinho, lá do lado de fora, querendo entrar. Uma lágrima se formou no meu olho e desceu pelo sulco da minha bochecha. Larguei a mesa de exames e percorri cuidadosamente quatro metros até a porta. O meu coração pulava dentro de mim. E os meus pulmões ainda tinham aquela sensação de terem estado fora de funcionamento por alguns anos. Respirei profundamente, pus a mão na maçaneta e abri a porta. Bem nesse momento me ocorreu pegar uma arma. Me ocorreu, mas não fui além disso. Sou um cara que gosta de levar uma idéia à luz e dar uma boa olhada nela. Eu teria que abandonar momentaneamente a maçaneta. Parecia uma operação complicada demais. Em vez disso, apenas girei a maçaneta e abri a porta.

Ele estava agarrado na moldura da porta por quatro dedos crispados que pareciam cera branca. Seus olhos estavam fundos, de um cinza-azulado pálido, escancarados. Olharam para mim, mas não me viram. Nossos rostos estavam a centímetros de distância. Nossas respirações se encontraram no meio do caminho. A minha era rápida e forte, a dele era um sussurro longínquo que ainda não tinha começado a estertorar. Sangue borbulhava da sua boca e escorria pelo queixo. Algo me fez olhar para baixo. Havia sangue correndo lentamente por dentro da perna da calça dele e para fora do sapato, e, do sapato, fluía sem pressa para o chão. Já formava uma pequena poça.

Eu não conseguia ver onde ele tinha sido baleado. Seus dentes batiam e pensei que ele fosse falar, ou tentar falar. Mas esse era o único som que ele fazia. Tinha parado de respirar. Sua mandíbula caiu, inerte. Então o estertor começou. Não é exatamente uma tremedeira, claro. É muito mais do que isso.

Os solados de borracha guincharam no linóleo entre o tapete e a porta. Os dedos brancos escorregaram para longe do marco da porta. O corpo do homem começou a se balançar sobre as pernas, mas elas se recusaram a sustentá-lo. Abriram-se numa tesoura. O seu torso girou no ar, como um nadador numa onda, e pulou em cima de mim.

No mesmo instante, o outro braço – o que não estava à vista – surgiu com um movimento que confirmava que não havia qualquer ímpeto vivo por trás dele. Caiu sobre meu ombro esquerdo quando fui tentar segurá-lo. Uma abelha me aferroou entre as omoplatas. Algo mais além da garrafa de álcool que eu estivera segurando caiu no chão e rolou até a parede.

Cerrei meus dentes com força, afastei meus pés e peguei-o por baixo dos braços. Pesava como cinco homens. Dei um passo para trás e tentei colocá-lo de pé. Era como tentar erguer uma árvore caída. Desabei junto com ele. A sua cabeça bateu no chão. Não consegui evitar. Eu não tinha forças suficientes para tentar evitá-lo. Endireitei-o um pouco e me afastei dele. Fiquei de joelhos, me inclinei e agucei os ouvidos. O estertor tinha acabado. Havia apenas um longo silêncio. Então houve um suspiro abafado, muito quieto, indolente e sem urgência alguma. Outro silêncio. E outro suspiro lento, lânguido e pacífico como uma brisa de verão serpenteando por entre rosas balouçantes.

Algo aconteceu no seu rosto e por trás dele, a coisa indefinível que acontece naquele desconcertante e inescrutável momento, a bonança, o retorno através dos anos até a idade da inocência. O rosto aparentava agora um divertimento interno, uma suspensão quase alegre nos cantos da boca. O que era uma bobagem, porque se alguma vez eu soube alguma coisa era que Orrin P. Quest não tinha sido esse tipo de garoto.

Uma sirene soou ao longe. Continuei ajoelhado e escutei. Soou e foi embora. Me pus de pé, fui até a janela lateral e olhei para fora. Na frente do Lar Grinalda da Paz, outro funeral estava se preparando. A rua estava novamente apinhada de carros. Pessoas caminhavam lentamente no caminho ao longo dos roseirais. Muito delicadamente, os homens tiravam os chapéus antes de chegar ao pórtico colonial.

Deixei cair a cortina, fui até a garrafa de álcool etílico, apanhei-a, esfreguei-a com o meu lenço e a coloquei de lado. Eu não estava mais interessado em álcool. Me abaixei de novo, e a picada de abelha entre os meus ombros me lembrou que havia mais alguma coisa para eu juntar do chão. Uma coisa com um cabo redondo e branco de madeira estava caída junto ao rodapé. Um picador de gelo com uma lâmina que tinha sido limada, com no máximo dez centímetros de comprimento. Segurei-o contra a luz e olhei para a ponta, afiada como uma agulha. Podia ou não ter resquícios do meu sangue nela. Pressionei cuidadosamente um dedo ao lado da ponta. Aparentemente, nenhum sangue. A ponta era muito afiada.

Trabalhei mais um pouco com o meu lenço, então me abaixei e coloquei o picador de gelo na palma da mão direita dele, branca e rígida contra a pelagem opaca do tapete. Parecia tudo arrumadinho demais. Balancei o braço dele o suficiente para fazer a mão cair pelo chão. Pensei em revistar os bolsos, mas uma mão mais inescrupulosa do que a minha provavelmente já tinha feito isso.

Em vez disso, em um flash de pânico repentino, revirei meus próprios bolsos. Nada tinha sido levado. Até a Luger continuava lá, embaixo do meu braço. Puxei-a para fora e cheirei. Não tinha sido disparada, algo que eu saberia sem sequer olhar. Você não consegue dar muitos passos depois de ser baleado por uma Luger.

Passei por cima da poça vermelho-escura próxima à porta e olhei pelo corredor. A casa estava ainda silenciosa e à espera de alguma coisa. A trilha de sangue me levou de volta a um quarto mobiliado como um esconderijo. Havia um sofá e uma mesa, alguns livros e revistas médicas, um cinzeiro com cinco baganas ovais. Um brilho metálico próximo a uma perna do sofá revelou ser uma cápsula usada de uma automática calibre 32. Encontrei outra embaixo da mesa. Coloquei-as no meu bolso.

Saí do cômodo e subi as escadas. Havia dois quartos, ambos em uso. Um deles praticamente não continha roupas. Em um cinzeiro, mais algumas pontas dos cigarrinhos ovais do dr. Lagardie. O outro quarto continha o humilde guarda-roupas de Orrin Quest, seu terno extra e sobretudo cuidadosamente pendurados no armário, suas camisas, meias e roupas de baixo igualmente arrumadas nas gavetas de uma cômoda. Embaixo das camisas, no fundo, encontrei uma Leica com uma lente F2.

Deixei todas essas coisas como estavam e voltei para o andar de baixo, para o quarto onde o homem morto jazia indiferente a todas essas ninharias. Esfreguei meu lenço em mais algumas maçanetas, só de sacanagem, hesitei frente ao telefone no quarto da frente e fui embora sem tocar nele. O fato de que eu ainda estava caminhando era uma indicação muito forte de que o velho e bom dr. Lagardie não tinha matado ninguém.

As pessoas ainda estavam se arrastando na direção do alpendre colonial estranhamente diminuto da funerária, do outro lado da rua. Um órgão gemia lá dentro.

Dei a volta na quadra da casa, entrei no meu carro e fui embora. Dirigi devagar e respirei profundamente, lá do canto mais recôndito dos meus pulmões, mas aparentemente eu ainda não conseguia oxigênio suficiente.

Bay City termina a um pouco mais de seis quilômetros do oceano. Parei na frente da última farmácia. Era hora de eu fazer mais uma das minhas chamadas telefônicas anônimas. Venham e recolham o corpo, rapazes. Quem sou eu? Só um rapaz sortudo que não pára de encontrá-los para vocês. Modesto, também. Sequer quero que mencionem meu nome.

Olhei para dentro da farmácia através da vitrine. Uma moça de óculos com as extremidades puxadas para cima e para os lados estava lendo uma revista. Ela parecia-se bastante com Orfamay Quest. Algo apertou a minha garganta.

Engatei a marcha e continuei dirigindo. Ela tinha o direito de saber primeiro, com lei ou sem lei. E eu já estava muito fora da lei.

# 23

Parei na porta do escritório com a chave na mão. Então entrei, fazendo muito barulho até chegar à segunda porta, que ficava sempre destrancada, e fiquei ouvindo. Ela podia já estar ali, esperando, os olhos brilhando por trás dos óculos e a pequena boca úmida pedindo para ser beijada. Eu seria obrigado a dizer-lhe algo mais duro do que ela jamais havia sonhado, e então, depois de um certo tempo, ela iria embora e eu nunca mais a veria.

Não ouvi nada. Voltei e destranquei a outra porta, peguei a correspondência e levei-a até a mesa, onde a larguei. Nada ali fazia eu me sentir melhor. Me afastei da mesa e atravessei a sala para abrir a tranca da outra porta e, depois de um longo momento, abri-a e olhei para fora. Silêncio e vazio. Um pedaço de papel dobrado estava caído aos meus pés. Tinha sido empurrado por baixo da porta. Apanhei-o e o desdobrei.

"Por favor ligue para mim na pensão. Muito urgente. Preciso vê-lo." Estava assinado por D.

Disquei o número do Château Bercy e perguntei pela senhorita Gonzales. Quem desejava, por favor? Um momento, por favor, sr. Marlowe. Buzz, buzz, buzz, buzz.

– Alô?

– O sotaque está um pouco pesado demais esta tarde.

– Ah, é você, *amigo*. Esperei tanto tempo no seu estra-

nho escritoriozinho. Poderia vir até aqui conversar comigo?
– Impossível. Estou esperando uma ligação.
– Bem, posso ir até aí?
– Qual o problema?
– Nenhum que eu possa discutir no telefone, *amigo*.
– Venha.

Sentei e esperei pelo telefone tocar. Não tocou. Olhei para fora da janela. A multidão fervilhava no bulevar, a cozinha do café ao lado exalava o cheiro do prato do dia pelo exaustor. O tempo passou, e eu continuei sentado, curvado por cima da escrivaninha, com o queixo na mão, olhando para o reboco amarelo-mostarda da parede, vendo nele a vaga figura de um homem moribundo com um picador de gelo na mão e sentindo a pontada da sua extremidade entre as minhas omoplatas. Maravilhoso o que Hollywood pode fazer a um zé-ninguém. Faz uma radiante rainha cheia de *glamour* de umazinha que deveria estar passando a ferro as camisas de um motorista de caminhão; um super-herói de olhos brilhantes e sorriso reluzente exalando charme sexual de algum retardado hipertrofiado que deveria ir ao trabalho com uma marmita. De uma garçonete de *drive-in* texana com a profundidade de um personagem de história em quadrinhos fará uma cortesã internacional, casada seis vezes com seis milionários e tão *blasée* e decadente que, no final das contas, a sua idéia de aventura é seduzir um carregador de móveis com uma camisa de baixo suada.

E por controle remoto pode até pegar um puritano interiorano como Orrin Quest e fazer dele o assassino do picador de gelo em questão de meses, elevando a sua maldade ordinária ao sadismo clássico do *serial killer*.

Ela demorou um pouco mais do que dez minutos para chegar lá. Ouvi a porta abrir e fechar, caminhei até a sala de espera e lá estava ela, a gardênia americana. Ela acertou o olhar bem no meio dos meus olhos. Os seus próprios olhos estavam fundos, escuros e sérios.

Estava toda de preto, como na noite anterior, mas com um modelito feito sob medida desta vez, um amplo chapéu de palha preto colocado em um ângulo elegante, o colarinho de uma camisa branca de seda dobrado por fora do colarinho do casaco, o pescoço marrom e macio, e a boca tão vermelha quanto um carro de bombeiros novinho em folha.

– Esperei muito tempo – ela disse. – Nem almocei.

– Eu almocei – falei. – Cianeto. Muito nutritivo. Faz pouco que deixei de estar azul.

– Não estou para brincadeiras esta manhã, *amigo*.

– Não precisa fazer brincadeiras comigo – falei. – Eu divirto a mim mesmo. Um ato de fraternidade que me faz rolar no chão. Vamos para dentro.

Fomos para a minha sala particular de reflexão e sentamos.

– Você sempre se veste de preto?

– Mas claro. Fica mais excitante quando tiro as roupas.

– Precisa falar como uma prostituta?

– Você não sabe muito sobre prostitutas, *amigo*. São sempre muito respeitáveis. Exceto, é claro, as muito baratas.

– É – falei. – Obrigado por me informar. Qual é o assunto urgente sobre o qual temos que falar? Ir para a cama com você não é urgente. Pode ser feito qualquer dia.

– Você está com espírito de porco.

– Ok. Estou com espírito de porco.

Ela apanhou da bolsa um de seus cigarros longos e marrons e encaixou-o cuidadosamente na piteira dourada. Ficou esperando que eu o acendesse. Não acendi, então ela o fez sozinha com um isqueiro dourado.

Ela segurou a piteira com uma mão vestindo uma luva preta e me olhou com olhos negros e rasos que não continham sorriso nenhum.

– Gostaria de ir para a cama comigo?

– Praticamente todo mundo gostaria. Mas vamos deixar o sexo de fora por enquanto.

– Não faço demarcações muito fortes entre negócios e sexo – ela disse calmamente. – E você não pode me humilhar. Sexo é uma rede com a qual pego os trouxas. Alguns desses trouxas são úteis e generosos. Ocasionalmente um ou outro é perigoso.

Ela fez uma pausa, pensativa.

Falei:

– Se está esperando que eu diga que... sei quem um certo sujeito é.. Ok, sei quem ele é.

– Pode prová-lo?

– Provavelmente não. Os tiras não conseguiram.

– Os tiras – ela disse, com menosprezo – nem sempre dizem tudo o que sabem. Nem sempre provam tudo o que poderiam provar. Suponho que saiba que ele esteve na prisão durante dez dias em fevereiro passado.

– Sim.

– Não lhe pareceu estranho que ele não tenha pago fiança?

– Não sei sob qual acusação ele estava preso. Se havia uma testemunha...

– Não acha que ele poderia alterar a acusação para algo afiançável, se realmente quisesse?

– Não pensei muito sobre isso – menti. – Não conheço o homem.

– Nunca falou com ele? – perguntou casualmente. Um pouco casualmente demais.

Não respondi.

Ela riu um riso rápido.

– Na noite passada, *amigo*. Do lado de fora do apartamento de Mavis Weld. Eu estava sentada em um carro do outro lado da rua.

– Posso ter cruzado com ele acidentalmente. Era aquele o cara?

– Você não me engana.

– Ok. A senhorita Weld foi bastante rude comigo. Fui embora aborrecido. Então encontro esse italiano com a chave do apartamento dela na mão. Tiro-a da mão dele e a jogo atrás de uns arbustos. Então peço desculpas e vou lá recuperá-la para ele. Ele parecia um carinha legal, também.

– *Muito* legal – ela disse com voz arrastada. – Ele era *meu* namorado, também.

Soltei um grunhido.

– Por mais estranho que isso possa parecer, não estou nem um pouco interessado na sua vida amorosa, senhorita Gonzales. Imagino que cubra um amplo espectro. De Stein a Steelgrave.

– Stein? – ela perguntou, devagar. – Quem é Stein?

– Um figurão de Cleveland que conseguiu ser baleado na frente do seu prédio em fevereiro último. Ele tinha um apartamento lá. Pensei que talvez você o conhecesse.

Ela deixou escapar uma risadinha histriônica.

– *Amigo*, há alguns homens que não conheço. Mesmo no Château Bercy.

– Os relatórios dizem que ele foi baleado duas quadras adiante – falei. – Eu prefiro a versão da frente do prédio. E você estava olhando pela janela e viu tudo acontecer. E viu o assassino fugir, e exatamente embaixo de um poste de luz ele se virou, e a luz pegou-o em cheio no rosto e imagine se não era o velho Steelgrave. Você o reconhece pelo nariz de borracha e pelo fato de que ele estava usando sua cartola com pombinhos.

Ela não riu.

– Você prefere essa versão – ela sibilou.

– Podíamos fazer mais dinheiro desse jeito.

– Mas Steelgrave estava na cadeia – ela sorriu. – E, mesmo se não estivesse na cadeia, mesmo se, por exemplo, eu fosse amiga de um certo dr. Chalmers que era médico da prisão municipal na época e que ele tivesse me dito, em um momento íntimo, que havia dado um passe para Steelgrave ir ao dentista, acompanhado de um guarda, é claro, mas o guarda era um homem razoável, no exato dia em que Stein foi morto... mesmo se tudo isso fosse verdade, chantagear Steelgrave não seria um modo muito pobre de usar a informação?

– Detesto me jactar – falei –, mas não tenho medo de Steelgrave. Ou de doze iguais a ele de uma vez só.

– Mas eu tenho, *amigo*. Ser testemunha do assassinato de um gângster não é uma posição muito segura neste país. Não, não vamos chantagear Steelgrave. E não vamos dizer nada sobre o sr. Stein, que eu poderia ou não ter conhecido. Já é o suficiente que Mavis Weld seja amiga íntima de um famoso gângster e seja vista em público com ele.

– Teríamos que comprovar que ele é um gângster conhecido – falei.

– Não podemos fazer isso?

– Como?

Ela fez uma boca desapontada.

– Eu tinha certeza que era o que você estava fazendo nesses últimos dias.

– Por quê?

– Tenho minhas razões.

– Elas não significam nada para mim enquanto você não as compartilhar comigo.

Ela se livrou da bagana de cigarro marrom no meu cinzeiro. Eu me debrucei e esmaguei-o com a ponta de um lápis. Ela tocou a minha mão suavemente com um dedo enluvado. O sorriso anularia qualquer anestésico. Ela se reclinou e cruzou as pernas. As luzinhas começaram a dançar nos seus olhos. Ela já tinha passado muito tempo sem uma cantada.

– Amor é uma palavra tão boba – ela refletiu. – Me impressiona que a língua inglesa, tão rica na poesia do amor, possa aceitar uma palavra tão débil. Não tem vida, nem ressonância. Sugere, para mim, garotinhas em vestidos de verão rodados, com sorrisinhos rosas, vozinhas tímidas e provavelmente roupas de baixo pouco atraentes.

Não falei nada. Com uma troca de marcha que não lhe custou esforço algum ela se tornou novamente uma negociante.

– Mavis vai receber US$ 75 mil por filme a partir de agora, às vezes US$ 150 mil. Começou a subir, e nada vai pará-la agora. Exceto, possivelmente, um escândalo com repercussões negativas.

– Então alguém deve dizer a ela quem Steelgrave é – falei.

– Por que você não diz? E, por acaso, suponhamos que tivéssemos todas essas provas, o que Steelgrave está fazendo este tempo todo enquanto nós abocanhamos Weld?

– Ele precisa saber? Duvido que ela dissesse a ele. Na verdade, duvido que ela continuasse tendo qualquer coisa que fosse com ele. Mas isso não nos interessaria, se tivéssemos as provas. E se ela soubesse disso.

A sua mão enluvada de preto se moveu na direção da bolsa preta, parou, tamborilou levemente na borda da mesa e então voltou para onde ela podia deixá-la cair sobre o colo. Ela não olhou para a bolsa. Eu tampouco.

Fiquei em pé.

– Pode ser que eu tenha certas obrigações para com a senhorita Weld. Já pensou nisso?

Ela apenas sorriu.

– E, se é assim – falei –, não acha que está na hora de você dar o fora do meu escritório?

Ela colocou as mãos nos braços da cadeira e começou a se levantar, ainda sorrindo. Eu apanhei a bolsa antes que ela pudesse fazer qualquer coisa. Seus olhos se encheram de brilho. Ela fez um som de quem está preparando um cuspe.

Abri a bolsa, vasculhei-a e achei um envelope branco que me parecia bastante familiar. Dele tirei a foto do The Dancers, os dois pedaços encaixados e colados em outro pedaço de papel.

Fechei a bolsa e a joguei para ela.

Ela estava em pé agora, os lábios cerrados em contrariedade, ocultando os dentes. Estava muito quieta.

– Interessante – falei e enfiei um dedo na superfície brilhante da cópia. – Se não for falsa. Este é Steelgrave?

A risada de platina borbulhou novamente:

– Você é uma figura ridícula, *amigo*. Realmente. Eu não sabia que ainda faziam esse tipo de gente.

– Estoque de antes da guerra – falei. – Estamos nos tornando mais escassos a cada dia. Onde conseguiu isso?

– Da bolsa de Mavis Weld, no quarto de vestir de Mavis Weld. Enquanto ela estava no *set*.

– Ela sabe?

– Não.

– Me pergunto com quem ela terá conseguido isso.

– Com você.

– Bobagem – levantei minhas sobrancelhas vários centímetros. – Onde *eu* conseguiria?

Ela esticou a mão enluvada por cima da mesa. A voz era gelada:

– Devolva-me, por favor.

– Devolverei a Mavis Weld. E detesto dizer-lhe isso, senhorita Gonzales, mas eu não chegaria a lugar algum como chantagista. Simplesmente não tenho a personalidade empreendedora necessária.

– Me devolva isso! – ela disse asperamente. – Se você não...

Ela própria se interrompeu. Esperei que ela terminasse. Um olhar de desprezo aparecia nos seus traços leves.

– Muito bem – ela disse. – O erro foi meu. Pensei que você fosse esperto. Posso ver que é apenas mais um detetive particular idiota. Este escritoriozinho – ela abanou uma mão enluvada de preto por tudo – e a vidinha risível que acontece aqui deveriam ter me alertado para o tipo de idiota que você é.

– E alertam – falei.

Ela se voltou lentamente e caminhou para a saída. Dei a volta na mesa, e ela deixou que eu abrisse a porta.

Ela saiu lentamente. E o jeito com que o fez não foi aprendido na faculdade de Administração.

Ela continuou até o corredor sem olhar para trás. Tinha um requebro lindo.

A porta bateu contra a tranca automática e muito suavemente se fechou. Pareceu ter demorado um longo tempo para fazer isso. Fiquei ali, olhando como se nunca tivesse visto aquilo antes. Então me virei, voltei para a minha mesa, e o telefone tocou.

Atendi o telefone. Era Christy French.

– Marlowe? Gostaríamos que viesse até a delegacia.

– Agora?

– Se não antes – ele disse e desligou.

Puxei a cópia colada de debaixo do bloco e fui até o cofre guardá-la junto com as outras. Coloquei meu chapéu e fechei a janela. Eu não tinha que esperar por nada. Olhei para o ponteiro verde que se movia rápido no meu relógio de pulso. Faltava muito para as cinco horas. O ponteiro deu voltas e mais voltas, como um vendedor ambulante. Os ponteiros indicaram quatro e dez. Você pensaria que ela já teria ligado, então. Tirei o casaco, desafivelei o coldre e tranquei-o com a Luger na gaveta da escrivaninha. Os tiras não gostam que você use armas no território deles. Mesmo se você tiver o direito de carregar uma. Eles gostam que você chegue devidamente humilde, com o chapéu na mão, a voz baixa e educada, e com os olhos cheios de nada.

Olhei para o relógio de pulso novamente. Escutei. O prédio parecia quieto naquela tarde. Mais um pouco e ficaria silencioso, e então a madonna do esfregão cinza-escuro viria se arrastando ao longo do corredor, experimentando as maçanetas.

Tornei a vestir o casaco, tranquei a porta comunicante, desliguei a campainha e saí para o corredor. E então o telefone tocou. Quase derrubei a porta ao voltar para o escritório. Claro, era a voz dela, mas em um tom que eu nunca tinha ouvido antes. Um tom calmo, balanceado, nem grave nem vazio ou morto, ou mesmo infantil. Apenas a voz de uma moça que eu não conhecia e conhecia ao mesmo tempo. O que havia naquela voz eu soube antes que ela dissesse mais do que três palavras.

– Estou ligando porque você me pediu – ela disse. – Mas não precisa me dizer nada. Fui até lá.

Eu segurava o telefone com ambas as mãos.

– Você foi até lá – repeti. – Sim. Eu soube disso. E então?

– Eu... eu peguei um carro emprestado – ela disse. – Estacionei do outro lado da rua. Havia tantos carros que você nem teria me visto. Há uma casa funerária lá. Mas eu não estava seguindo você. Só tentei ir atrás de você quando saiu, mas não conheço nem um pouco aquelas ruas e o perdi. Então voltei.

– Voltou por quê?

– Na verdade, não sei bem. Achei que você estava meio

estranho quando saiu da casa. Ou talvez eu tenha tido algum pressentimento. Ele sendo meu irmão e tal. Então voltei e toquei a campainha. E ninguém atendeu a porta. Achei aquilo estranho, também. Talvez eu seja sensitiva ou algo assim. De repente, parecia que eu precisava entrar naquela casa. E eu não sabia como fazê-lo, mas precisava.

– Isso aconteceu comigo – falei, e era a minha voz, mas a minha língua parecia uma lixa.

– Liguei para a polícia e disse que tinha ouvido tiros – ela falou. – Eles vieram, e um deles entrou na casa por uma janela. E então ele abriu a porta para o outro policial. E depois de um tempo eles me deixaram entrar. E então não queriam deixar que eu fosse embora. Eu precisei contar tudo a eles, quem ele era, e que eu tinha mentido sobre os tiros, mas eu estava com medo que algo tivesse acontecido com Orrin. E eu precisei dizer a eles sobre você, também.

– Tudo bem – falei. – Eu mesmo teria dito a eles assim que conseguisse contar a *você*.

– É tudo meio desagradável para você, não?

– Sim.

– Eles vão prendê-lo, ou algo assim?

– É possível.

– Você o deixou lá, jogado no chão. Morto. Foi necessário, imagino.

– Eu tinha as minhas razões – falei. – Elas não parecerão muito boas para você, mas eu as tinha. Não fazia diferença para ele.

– Oh, você deve ter tido as suas razões, claro – ela disse. – Você é muito esperto. Sempre tem razões para as coisas. Bem, imagino que você vai ter de contar à polícia as suas razões, também.

– Não necessariamente.

– Oh, sim, vai contar, sim – a voz disse, e havia uma nota de prazer nela que eu não consegui acompanhar. – Vai, com certeza. Eles vão fazer você falar.

– Não vamos discutir isso – falei. – No meu ramo, um sujeito faz o que pode para proteger um cliente. Às vezes vai um pouco longe demais. Foi o que fiz. Eu me coloquei numa posição em que eles podem me atingir. Mas não inteiramente por causa de você.

– Você deixou ele lá, jogado, morto no chão – ela disse.
– E não me importo com o que vão fazer com você. Se o colocarem em uma prisão, acho que até vou gostar. Aposto que você seria tremendamente corajoso a respeito.

– Claro – falei. – Sempre um sorriso alegre. Viu o que ele tinha na mão?

– Ele não tinha nada nas mãos.

– Bem, no chão, próximo às mãos.

– Não havia nada. Não havia absolutamente nada. Que tipo de coisa?

– Tudo bem – falei. – Fico contente com isso. Bem, adeus. Estou indo à delegacia agora. Querem me ver. Boa sorte, se eu não a vir novamente.

– É melhor você guardar a sua boa sorte para você – ela disse. – Pode precisar dela. E, de qualquer modo, eu não a quero.

– Dei o melhor de mim por você – falei. – Talvez, se tivesse me dado um pouco mais de informações no início...

Ela desligou enquanto eu falava.

Coloquei o telefone no gancho tão suavemente quanto se fora um bebê. Tirei do bolso um lenço e esfreguei as palmas das mãos. Fui até a bacia, lavei as mãos e o rosto. Joguei água gelada na cara, sequei-a vigorosamente com a toalha e olhei-a no espelho.

–Você se jogou de um penhasco – falei para o rosto.

# 24

No centro do quarto havia uma mesa longa de carvalho. Suas bordas estavam desigualmente marcadas por queimaduras de cigarro. Atrás dela ficava uma janela com vidro aramado. Também por trás dela, com uma confusão de papéis espalhados desordenadamente à sua frente, estava o tenente Fred Beifus. Ao final da mesa, reclinado sobre dois pés de uma cadeira com braços, estava um homem parrudo e grande, cujo rosto tinha para mim a vaga familiaridade de um rosto visto antes impresso em um jornal. Sua mandíbula era larga como um banco de parque. Segurava um toco de lápis de carpinteiro entre os dentes. Parecia estar acordado e respirando, mas, além disso, não fazia mais que ficar sentado.

Havia duas escrivaninhas de tampo corrediço do outro lado da mesa, e também outra janela. Uma das escrivaninhas estava de costas para essa janela. Uma mulher com cabelo tingido de laranja estava datilografando um relatório em uma máquina de escrever ao lado da escrivaninha. Na outra escrivaninha, que dava para a janela, Christy French estava sentado, em uma cadeira de rodinhas, com os pés apoiados no canto da mesa. Olhava para fora da janela, que estava aberta e oferecia uma vista magnífica do estacionamento da delegacia e da parte de trás de um *outdoor*.

– Sente-se aí – Beifus disse, apontando uma cadeira.

Sentei-me à frente dele em uma cadeira de carvalho sem braços. Havia muito ela não era nova e, quando nova, não podia ter sido bonita.

– Este é o tenente Moses Maglashan, da Polícia de Bay City – Beifus disse. – Gosta tão pouco de você quanto nós gostamos.

O tenente Moses Maglashan tirou o lápis de carpinteiro da boca e olhou para as marcas de dente no toco gordo e octogonal. Então olhou para mim. Seus olhos me percorreram lentamente, tomando notas, me catalogando. Ele não disse nada. Colocou o lápis de volta na boca.

Beifus disse:

– Talvez eu seja um imbecil, mas, para mim, você tem tanto *sex appeal* quanto uma tartaruga. – Ele se virou um pouco para a mulher que datilografava no canto: – Millie.

Ela trocou a máquina de datilografar por um caderno de taquigrafia.

– O nome é Philip Marlowe – Beifus disse. – Com um E no final, caso não saiba. Qual o número de registro?

Olhou novamente para mim. Eu dei o número. A rainha ruiva escreveu sem olhar para cima. Dizer que ela tinha um rosto capaz de fazer parar um relógio seria insultá-la. Pararia um cavalo em fuga.

– Agora, se você está a fim – Beifus me disse –, poderia começar pelo começo e dizer para nós todas as coisas que deixou de fora ontem. Não tente escolher o que dizer. Apenas deixe tudo fluir naturalmente. Temos material suficiente para ir testando você.

– Querem um depoimento?

– Um depoimento muito completo – Beifus disse. – Engraçado, não é?

– Este depoimento será voluntário e sem coerção?

– Claro. Todos eles são – Beifus sorriu, sardônico.

Maglashan me encarou por um momento. A rainha ruiva voltou à sua datilografia. Ainda não havia nada para ela. Trinta anos fazendo aquilo aperfeiçoara o seu *timing*.

Maglashan tirou do bolso uma luva de pele de porco pesada e usada, vestiu-a na mão direita e flexionou os dedos.

– Para que serve isso? – Beifus perguntou.

– Eu rôo as unhas – Maglashan disse. – Engraçado. Só rôo as da mão direita... – Ele ergueu seus olhos lentos para me encarar. – Alguns caras são mais cooperativos do que outros – disse, casualmente. – Algo a ver com os rins, dizem. Já conheci caras do tipo não tão cooperativos que precisaram ir à latrina de quinze em quinze minutos por semanas a fio depois de se tornarem voluntários. Não conseguiam segurar a água.

– Pense só nisso – Beifus disse, pensativamente.

– E também há os caras que não conseguem falar mais alto do que um sussurro – Maglashan continuou. – Como lutadores que receberam golpes demais na cabeça e apararam muitos com o pescoço.

Maglashan olhou para mim. Parecia ser a minha vez.

– Tem também o tipo de cara que não vai para a cadeia de jeito nenhum – falei. – Tentam com força. Sentados em cadeiras como estas trinta horas direto. Então entregam os pontos, rompem o baço ou explodem a bexiga. Estes cooperam até demais. E, depois do amanhecer, quando o matadouro está vazio, são encontrados mortos num beco escuro. Talvez devessem ter ido a um médico, mas não se pode adivinhar tudo, não é mesmo, tenente?

– Adivinhamos quase tudo lá em Bay City – ele falou. – Quando temos alguma coisa com o que adivinhar.

Havia pequenas contrações nos cantos da sua mandíbula. Por trás dos olhos, um brilho avermelhado.

– Eu poderia fazer algo lindo com você – ele disse, me encarando. – Simplesmente lindo.

– Tenho certeza de que poderia, tenente. Sempre me diverti muito em Bay City. Quando consciente.

– Eu manteria você consciente por um longo tempo, meu bem. Eu faria questão disso. Daria minha atenção especial.

Christy French voltou a sua cabeça lentamente e bocejou:

– O que faz de vocês, policiais de Bay City, tão durões? – perguntou. – Os seus miolos são conservados em água salgada ou algo assim?

Beifus colocou a língua para fora, fazendo a ponta aparecer e deslizar pelos lábios.

– Sempre fomos durões – Maglashan disse, sem olhar para ele. – Gostamos de ser durões. Piadistas como esta figura aqui nos mantêm ligados. – Ele se virou na minha direção. – Então você é o queridinho que ligou avisando sobre o Clausen. Você é bem jeitoso com um telefone público, não é, querido?

Não falei nada.

– Estou falando com você, querido – Maglashan disse. – Fiz uma pergunta. Quando faço uma pergunta, sempre recebo uma resposta. Entendeu, queridinho?

– Continue falando e você mesmo vai responder – Christy French disse. – E talvez você não goste da resposta, e talvez você seja tão durão que vai ter que bater em você mesmo com essa luva. Apenas para experimentar.

Maglashan se endireitou. Rodelas vermelhas do tamanho

de uma moeda de meio dólar surgiram timidamente nas suas bochechas.

– Venho até aqui para obter cooperação – ele disse a French, lentamente. – O foguetaço eu posso conseguir em casa. Da minha mulher. Aqui não espero que os sabichões fiquem me testando.

– Você vai ter cooperação – French disse. – Apenas não tente roubar a cena com esse diálogo da década de 30. – Ele girou a cadeira e olhou para mim. – Vamos pegar uma folha de papel novinha e vamos jogar como se estivéssemos apenas começando esta investigação. Conheço todos os seus argumentos. Não os julgo. A questão é: você quer falar ou prefere ser retido como uma testemunha?

– Faça as perguntas – falei. – Se não gostar das respostas, pode me prender. Se me prender, dou um telefonema.

– Certo – French disse –, *se* prendermos você. Mas não precisamos. Podemos fazer o circuito completo com você. Pode levar dias.

– Temos guisado enlatado para comer – Beifus acrescentou alegremente.

– Falando francamente, não seria um procedimento legal – French disse. – Mas fazemos isso o tempo todo. Do mesmo jeito que você faz algumas coisas que talvez não devesse. Você diria que foi absolutamente legal neste caso?

– Não.

Maglashan irrompeu num gutural "Há!".

Olhei para a rainha ruiva que estava de volta ao seu bloco de anotações, silenciosa e indiferente.

– Você tem um cliente a preservar – French disse.

– Talvez.

– Quer dizer, você tinha uma cliente. Ela perdeu a confiança em você.

Não falei nada.

– Nome: Orfamay Quest – French disse, me olhando.

– Faça as suas perguntas – falei.

– O que aconteceu lá na rua Idaho?

– Fui até lá procurar o irmão dela. Ele se mudou, ela

disse, e ela veio até aqui para vê-lo. Ela estava preocupada. O gerente, Clausen, estava bêbado demais para dizer coisa com coisa. Olhei o livro de registros e vi que outro homem tinha sido colocado no quarto de Quest. Falei com esse homem. Não me disse nada de útil.

French procurou por algo à sua volta, apanhou um lápis da mesa e ficou batendo-o contra os dentes.

– Viu este homem de novo alguma vez?

– Sim. Falei a ele quem eu era. Quando desci novamente, Clausen estava morto. E alguém tinha rasgado uma página do livro de registros. A página com o nome de Quest. Chamei a polícia.

– Mas não ficou por lá?

– Eu não tinha informação alguma sobre a morte de Clausen.

– Mas não ficou por lá – French repetiu.

Maglashan fez um barulho selvagem com a garganta e jogou o lápis de carpinteiro para o outro lado da sala. Observei-o quicar contra a parede e no chão até parar.

– Exatamente – falei.

– Em Bay City – Maglashan disse – poderíamos assassiná-lo por isso.

– Em Bay City vocês poderiam me assassinar por usar uma gravata azul – repliquei.

Ele fez menção de se levantar. Beifus olhou-o de esguelha e disse:

– Deixe isso com Christy. Sempre há uma segunda chance.

– Poderíamos quebrá-lo por isso – French disse para mim sem inflexão alguma.

– Considere-me quebrado – falei. – De qualquer maneira, nunca gostei muito do negócio.

– Então você voltou ao seu escritório. E a seguir o quê?

– Fiz um relatório à cliente. Então um cara me ligou e me chamou até o Van Nuys Hotel. Era o mesmo cara com quem eu tinha falado na rua Idaho, mas com um nome diferente.

– Você podia ter dito isso para a gente, não?

– Se eu tivesse dito isso, seria obrigado a contar tudo. O que teria violado o sigilo ético do meu trabalho.

French balançou a cabeça e bateu o lápis de novo. Falou lentamente:

– Um assassinato é mais importante que acordos desse tipo. Dois assassinatos são duplamente mais importantes. E dois assassinatos pelo mesmo método, triplamente. Você não parece nada bem, Marlowe. Nada bem mesmo.

– Eu não pareço bem nem mesmo para a minha cliente – falei –, depois de hoje.

– O que aconteceu hoje?

– Ela me disse que o irmão tinha ligado da casa do médico dele. Dr. Lagardie. O irmão estava em perigo. Eu deveria correr para lá e tomar conta dele. Corri até lá. Dr. Lagardie e sua enfermeira estavam com o consultório fechado. Agiram de modo assustado. A polícia estivera lá – olhei para Maglashan.

– Mais um dos telefonemas dele – Maglashan resmungou.

– Desta vez não fui eu – falei.

– Muito bem. Continue – French disse, depois de uma pausa.

– Lagardie negou saber qualquer coisa sobre Orrin Quest. Mandou a enfermeira para casa. Então me fez fumar um cigarro batizado, e fiquei desacordado por um tempo. Quando voltei a mim, estava sozinho na casa. E então não estava mais. Orrin Quest, ou o que restava dele, estava arranhando a porta. Ele caiu e morreu quando a abri. Com seu último sopro de vida, tentou me atingir com um picador de gelo. – Dei de ombros. Um local entre eles estava um pouco sensível, nada mais.

French olhou duro para Maglashan. Maglashan balançou a cabeça, mas French continuou olhando duro. Beifus começou assobiar baixinho. Primeiro não distingui a música, então entendi. Era *Old man Mose is dead*.\*

French virou a cabeça e disse lentamente:

---

\* O velho Mose está morto. (N. do T.)

– Nenhum picador de gelo foi encontrado junto ao corpo.
– Deixei-o onde caiu – falei.

Maglashan disse:

– Parece que vou ter que colocar a minha luva de novo – ele a esticou por sobre os dedos. – Alguém é um mentiroso filho da puta, e não sou eu.

– Tudo bem – French disse. – Tudo bem. Não sejamos dramáticos. Suponhamos que o rapaz tivesse realmente um picador de gelo na mão. Isso não significa que ele nasceu segurando um.

– E com a ponta bem amolada – eu disse. – Curto. Dez centímetros do cabo até a ponta. Não é assim que eles vêm das lojas de materiais domésticos.

– Por que ele ia querer feri-lo? – Beifus perguntou com seu sorriso derrisório. – Você era camarada dele. Estava lá para mantê-lo seguro para a irmã dele.

– Eu era apenas algo entre ele e a luz – falei. – Algo que se movia e que poderia ser um homem, e que poderia ser até mesmo o homem que o matou. Estava morrendo. Eu nunca tinha visto ele antes. Se ele tinha me visto, eu não estava sabendo.

– Podia ter sido o início de uma bela amizade – Beifus disse com um suspiro. – Exceto pelo picador de gelo, é claro.

– O fato de que ele o tinha em mãos e que tentou usá-lo para me espetar poderia significar algo.

– Por exemplo?

– Um homem nas condições dele age por instinto. Não inventa técnicas novas. Ele tentou me atingir entre as espáduas, uma ferroada, o último fraco esforço de um moribundo. Talvez tivesse sido em outro local e com uma penetração muito mais forte se ele estivesse completamente são.

Maglashan disse:

– Quanto tempo mais temos que aturar este macaco? Você fala com ele como se ele fosse gente. Deixe eu falar com ele do meu jeito.

– O capitão não gosta disso – French disse casualmente.

– Pro diabo com o capitão.

– O capitão não gosta de policiais interioranos mandando-o ao diabo – French disse.

Maglashan apertou os dentes, e a linha do seu queixo ficou branca. Seus olhos se estreitaram e faiscaram. Ele respirou profundamente pelo nariz.

– Obrigado pela cooperação – ele disse e ficou em pé. – Estou indo embora. Contornou a mesa e parou do meu lado. Com a mão esquerda, levantou meu queixo.

– Até a próxima, queridinho. No *meu* território.

Ele me atingiu no rosto duas vezes com o punho da luva. Os botões machucaram um pouco. Ergui minhas mãos e esfreguei meu lábio inferior.

French disse:

– Peloamordedeus, Maglashan, sente-se e deixe o cara dizer o que tem a dizer. E mantenha as suas mãos longe dele.

Maglashan se virou, olhou para ele e disse:

– Acha que pode comigo?

French deu de ombros. Depois de um momento, Maglashan esfregou sua enorme mão contra a boca e foi caminhando de volta até a cadeira. French disse:

– Vamos ver quais são as suas idéias sobre tudo isso, Marlowe.

– Entre outras coisas, Clausen provavelmente estava traficando drogas – falei. – Senti cheiro de fumaça de maconha no quarto dele. Um cara baixinho e durão estava contando dinheiro na cozinha quando cheguei lá. Tinha uma arma e uma faca afiada, ambas as quais tentou usar comigo. Tirei-as dele, e ele foi embora. Devia ser o receptador. Mas Clausen estava embriagado a tal ponto que não era possível confiar nele. Eles não correm este tipo de risco nas organizações. O receptador achou que eu era um detetive. Essa gente não permitiria que Clausen fosse pego. Seria fácil demais de fazer falar. No minuto que sentissem cheiro de detetive na casa, Clausen já era.

French olhou para Maglashan.

– Isso faz algum sentido para você?

– Pode ser – Maglashan grunhiu.

French disse:

– Suponhamos que tenha sido assim, o que tem a ver com Orrin Quest?

– Qualquer um pode fumar maconha – falei. – Se você está desanimado, solitário, deprimido e desempregado, pode ser até muito atrativo. Mas quando você fuma maconha, tem idéias bizarras e emoções entorpecidas. E a maconha age sobre pessoas diferentes de maneiras diferentes. Algumas ela deixa muito duronas e outras ela deixa completamente embotadas. Suponhamos que Quest tenha tentado extorquir alguém e tenha ameaçado ir à polícia. Muito possivelmente os três assassinatos estariam ligados aos traficantes.

– Isso não casa com o fato de Quest ter um picador de gelo – Beifus disse.

Falei:

– De acordo com o tenente aqui, ele não tinha. Então, devo ter imaginado aquilo. De qualquer modo, pode ser que o picador estivesse apenas caído no chão. Pode ser um equipamento comum na casa do dr. Lagardie. Alguma coisa na ficha dele?

Ele balançou a cabeça:

– Ainda não.

– Se ele não me matou, provavelmente não matou ninguém – falei. – Quest disse à irmã, segundo ela, que estava trabalhando para o dr. Lagardie, mas que alguns gângsteres tinham ido atrás dele.

– Esse Lagardie – French disse, cutucando o seu bloco de anotações com a ponta da caneta –, o que acha dele?

– Ele clinicava em Cleveland. No centro, uma boa clínica. Deve ter tido suas razões para se esconder em Bay City.

– Cleveland, é? – French disse, arrastado, e olhou para o canto do teto.

Beifus olhou para baixo, para os seus papéis. Maglashan falou:

– Provavelmente um abortador. Fiquei de olho nele por um tempo.

– Com qual dos olhos? – Beifus perguntou, neutro.

Maglashan enrubesceu.

French disse:

– Provavelmente aquele que ele não estava usando na rua Idaho.

Maglashan se pôs de pé, violentamente.

– Vocês se acham tão espertos, talvez seja do interesse de vocês saber que somos apenas a força policial de uma cidade pequena. Precisamos fazer plantão de tempos em tempos. Mesmo assim, gosto da versão das drogas. Pode diminuir o meu trabalho consideravelmente. Estou examinando essa questão agora mesmo.

Marchou pesadamente até a porta e foi embora. French ficou olhando para ele. Beifus fez o mesmo. Quando a porta se fechou, olharam um para o outro.

– Aposto que vão dar aquela batida de novo hoje à noite – Beifus disse.

French balançou a cabeça.

Beifus disse:

– Em um apartamento em cima de uma lavanderia. Vão até a praia, prender três ou quatro vagabundos, trancá-los no apartamento e então, depois de dar a batida, vão colocá-los em linha para os fotógrafos.

French disse:

– Está falando demais, Fred.

Beifus deu uma risada e ficou em silêncio. French me disse:

– Se fosse para adivinhar, qual seria o seu chute sobre o que estavam procurando naquele quarto no Van Nuys?

– Um canhoto para uma valise cheia de grana.

– Nada mal – French disse. – E, ainda adivinhando, onde estaria?

– Pensei nisso. Quando falei com Hicks lá em Bay City, ele não estava vestindo peruca. Um homem não usa isso em casa. Mas estava usando na cama, no Van Nuys. Talvez não tenha sido ele próprio quem a colocou.

French disse:

– E daí?

Falei:

– Não seria um mau lugar para esconder um canhoto.

French disse:

– Daria para fixá-lo com um pedaço de fita adesiva. Boa idéia.

Houve um silêncio. A rainha ruiva voltou para a sua datilografia. Olhei para as minhas unhas. Não estavam tão limpas quanto poderiam. Depois da pausa, French disse, lentamente:

– Eu me dei o trabalho de investigá-lo. Um médico não pode trocar de nome se quiser continuar clinicando. O picador de gelo faz você pensar em Weepy Moyer. Weepy Moyer operava em Cleveland. Sunny Moe Stein operava em Cleveland. É verdade que a técnica do picador de gelo era diferente, mas era um picador de gelo. Você mesmo disse que os rapazes podem ter aprendido. E, com essas gangues, sempre há um médico escondido em algum lugar.

– Que loucura – French disse. – As conexões não são muito fortes.

– Eu traria algum benefício a mim mesmo se as fortalecesse um pouco?

– Pode fazer isso?

– Posso tentar.

French suspirou:

– A garota Quest está bem – ele disse. – Falei com a mãe dela lá em Kansas. Ela realmente veio até aqui atrás do irmão. E ela realmente contratou você para isso. Ela falou bem de você. Até certo ponto. Realmente estava suspeitando que o irmão estivesse envolvido em algo errado. Você está levando alguma grana nesse negócio?

– Não muita – falei. – Devolvi a ela os honorários. Ela estava meio dura.

– Desse jeito, não precisa pagar imposto sobre a grana – Beifus disse.

French falou:

– Vamos acabar com isso. O próximo passo é do promotor. E, se conheço Endicott, vai passar uma semana, a contar de terça-feira, antes que ele decida como tocar o caso – fez um gesto em direção à porta.

Fiquei de pé.

– Tudo bem se eu não deixar a cidade? – perguntei.

Não se deram o trabalho de responder àquela pergunta.

Simplesmente fiquei ali, olhando para eles. O machucado do picador de gelo entre os meus ombros doía de um jeito seco, e a carne ao redor estava sensível. Doíam também a minha bochecha e a boca, onde Maglashan me estapeara com sua luva de pele de porco usada. Eu estava no fundo do poço. Era escuro e turvo, e tinha gosto de sal na minha boca.

Eles ficaram ali, olhando para mim. A rainha ruiva batia à máquina. Uma conversa de tiras não era mais estranha para ela do que pernas para um coreógrafo. Eles tinham os rostos calmos e fatigados de homens saudáveis em maus lençóis. Tinham os olhos que sempre têm, nublados e cinzas como água prestes a congelar. A boca rígida e estática, as pequenas e duras rugas no canto dos olhos, o olhar duro, vazio e inexpressivo, não exatamente cruel e muito longe de ser simpático. As tolas roupas compradas prontas, vestidas sem estilo algum, com um certo desprezo; o olhar de homens que são pobres e ainda assim orgulhosos de seu poder, sempre atentos a maneiras de exercê-lo, de esfregá-lo na sua cara, de rir sarcasticamente e observar você se retorcendo, inescrupulosos e sem malícia, cruéis e mesmo assim nem sempre antipáticos. O que você esperaria que eles fossem? A civilização não tinha significado algum para eles. Tudo o que viam dela eram as fissuras, a sujeira, a escória, as aberrações e o desgosto.

– Para que está aí de pé? – Beifus perguntou, asperamente. – Quer que a gente lhe dê um beijo bem grande e molhado? Nada espertinho a dizer, hein? Que pena – a voz esvaneceu-se como um zumbido monótono. Ele franziu o cenho e apanhou um lápis na mesa. Com um movimento rápido dos dedos, partiu-o em dois e expôs as duas metades na palma da mão. – Vamos lhe dar um descanso – ele disse, baixinho, já sem sorriso algum. – Vá embora e descubra tudo. Para que diabos acha que estamos soltando você? Maglashan lhe deu uma segunda chancc. Use-a.

Ergui a minha mão e esfreguei o lábio. Parecia que a minha boca tinha dentes demais.

Beifus baixou o olhar até a mesa, apanhou um papel e começou a lê-lo. Christy French rodopiou na cadeira, pôs os pés sobre a mesa e olhou para fora da janela, para o estacionamento. A rainha ruiva parou de datilografar. O quarto encheu-se repentinamente de um pesado silêncio, como um bolo abatumado.

Quebrei o silêncio, saindo como se me deslocasse dentro d'água.

# 25

O escritório estava vazio de novo. Nada de morenas de pernas à mostra, nada de mocinhas com óculos puxados, nada de homens altos e elegantes com olhos de gângster.

Sentei à escrivaninha e observei a luz enfraquecendo. O barulho das pessoas indo para casa tinha morrido ao longe. Lá fora os anúncios de neon começaram a piscar um para o outro ao longo do bulevar. Algo devia ser feito, mas eu não sabia o quê. Fosse o que fosse, era inútil. Arrumei a minha escrivaninha, ouvindo o arranhar de um balde ao longo do corredor de azulejos. Guardei meus papéis na gaveta, organizei o porta-lápis, apanhei um espanador, tirei o pó do vidro e então do telefone. Estava escuro, apenas com alguns reflexos diáfanos da luz que se esvaía. O telefone não tocaria hoje. Ninguém mais me ligaria. Não, não agora, não desta vez. Talvez nunca mais.

Guardei a flanela dobrada com a poeira para o lado de dentro, me reclinei e simplesmente fiquei ali sentado, sem fumar, sem sequer pensar. Eu era um homem oco. Não tinha face, nenhum significado, nenhuma personalidade, mal tinha um nome. Eu não queria comer. Sequer queria um drinque. Eu era a página de ontem de um calendário amarrotada no fundo de uma lata de lixo.

Então puxei o telefone para perto de mim e disquei o número de Mavis Weld. Tocou, tocou e tocou. Nove vezes. É muito toque, Marlowe. Acho que não tem ninguém em casa. Ninguém em casa para você. Desliguei. Quem ligaria agora? Você por acaso tem algum amigo em algum lugar que poderia querer ouvir a sua voz? Não. Ninguém.

Faça com que o telefone toque, por favor. Faça com que haja alguém para me ligar e me reconectar à raça humana. Mesmo que seja um tira. Mesmo que seja Maglashan. Ninguém tem de gostar de mim. Eu só quero me ver livre desta estrela agourenta.

O telefone tocou.

– *Amigo* – a voz dela disse. – Problemas. Problemas sérios. Ela quer ver você. Ela gosta de você. Acha que você é um homem honesto.

– Onde? – perguntei. Não era exatamente uma pergunta, apenas um som que eu fiz. Fumei um cachimbo apagado e descansei a cabeça na mão, meditando enquanto olhava para o telefone. Afinal das contas, era uma voz com a qual falar.

– Você virá?

– Hoje, eu conversaria até com um papagaio psicopata. Para onde devo ir?

– Eu vou até você. Estarei na frente do seu prédio em quinze minutos. Não é fácil ir para onde vamos.

– E que tal é voltar de lá? – perguntei. – Ou não precisamos disso?

Mas ela já tinha desligado.

Lá embaixo, no balcão da lancheria, tive tempo de engolir duas xícaras de café e uma torrada com queijo derretido com duas tiras de imitação de bacon encharcadas de óleo, como peixe morto no lodo do fundo de uma piscina sem água.

Eu estava louco. Gostei disso.

# 26

Era um Mercury preto conversível com capota clara. A capota não estava recolhida. Quando me encostei na porta do veículo, Dolores Gonzales deslizou na minha direção por sobre o assento de couro.

– Você dirige, por favor, *amigo*. Na verdade, não gosto de dirigir.

A luz da lancheria bateu sobre o rosto dela. Ela tinha mudado de roupa de novo, mas ainda era tudo preto, exceto por uma camisa de cor viva. Calça social e um tipo de casaco largo como uma jaqueta esportiva masculina.

Apoiei-me na porta do carro.

– Por que ela mesma não me ligou?

– Ela não podia. Não tinha o número e tinha muito pouco tempo.

– Por quê?

– Parece que foi quando alguém saiu do quarto por um rápido momento.

– E onde fica esse lugar de onde ela ligou?

– Não sei o nome da rua. Mas posso encontrar a casa. Por isso é que vim. Por favor, entre no carro e vamos nos apressar.

– Talvez – eu disse. – E, de novo, talvez eu não entre no carro. A idade avançada e a artrite fizeram de mim um cara cauteloso.

– Sempre essa baboseira filosófica – ela disse. – É um homem muito estranho.

– Sempre essa baboseira filosófica quando possível – falei –, e trata-se de um homem muito comum com apenas uma cabeça. Que já correu muito perigo algumas vezes. E no geral essas vezes começaram como isto aqui.

– Fará amor comigo hoje à noite? – ela perguntou, com doçura.

– Mais uma vez, é uma questão em aberto. Provavelmente não.

– Não estaria desperdiçando o seu tempo. Não sou uma dessas louras de farmácia com uma pele em que se pode riscar um fósforo. Essas ex-lavadeiras com mãos ossudas, joelhos afiados e seios fracassados.

– Apenas por meia hora – falei –, vamos deixar o sexo de lado. É algo ótimo, como *sundae* de chocolate. Mas chega uma hora em que você preferiria cortar o próprio pescoço a isso. Acho que talvez seja melhor eu cortar o meu.

Dei a volta no carro, deslizei para junto da direção e liguei o motor.

– Vamos para oeste – ela disse –, passando por Beverly Hills, mas mais além.

Engatei a marcha e dobrei na esquina para pegar o sul na direção de Sunset. Dolores apanhou um dos seus longos cigarros marrons.

– Trouxe uma arma? – ela perguntou.

– Não. Para que eu ia querer uma arma? – o lado de dentro do meu braço esquerdo fez pressão contra a Luger que estava no coldre.

– Talvez seja melhor assim – ela encaixou o cigarro na pequena piteira dourada e o acendeu com o isqueiro dourado. Os reflexos das luzes no rosto dela pareciam ser engolidos pelos rasos olhos negros.

Virei para oeste na Sunset e fui engolido por três vias de motoristas enlouquecidos que aceleravam com muito ímpeto para chegar a lugar algum e fazer absolutamente nada.

– Em que tipo de apuro a srta. Weld se encontra?

– Não sei. Ela só disse que era um problema, que ela estava com muito medo e que precisava de você.

– Você devia inventar uma história melhor do que essa.

Ela não replicou. Parei em um semáforo e me virei para olhá-la. Estava chorando baixinho no escuro.

– Eu não tocaria num fio de cabelo de Mavis Weld – ela disse. – Mas não espero que acredite em mim.

– Muito pelo contrário – falei –, talvez o fato de você não ter uma história ajude.

Ela começou a deslizar pelo assento em minha direção.

– Mantenha-se no seu lado do carro – falei. – Preciso dirigir esta banheira.

– Não quer que eu encoste a minha cabeça no seu ombro?

– Não com este trânsito.

Parei em Fairfax no sinal verde para deixar um homem entrar à esquerda. Buzinas estouraram violentamente atrás de mim. Quando arranquei novamente, o carro que estava logo atrás de mim saiu pela lateral, se alinhou ao meu lado e um cara gordo de camiseta gritou:

– Vá se foder!

Ele foi adiante, me fechando de tal maneira que tive de brecar.

– Eu gostava dessa cidade – falei, apenas para dizer algo e não pensar tanto. – Muito tempo atrás. Havia árvores ao longo de Wilshire Boulevard. Beverly Hills era uma cidade do interior. Westwood era apenas montanhas nuas e terrenos sendo oferecidos a mil e cem dólares sem compradores. Hollywood era um monte de casas de madeira no subúrbio. Los Angeles era apenas um lugar seco e ensolarado, com casas feias sem nenhum estilo, mas agradável e pacífico. Tinha a atmosfera que dizem que tem agora. As pessoas costumavam dormir nas varandas. Pequenos grupos que pensavam que eram intelectuais a chamavam de Atenas da América. Não era isso, mas não era uma favela de luzes de neon, tampouco.

Cruzamos La Cienega e pegamos a curva do Strip. The Dancers era um burburinho só. O terraço estava lotado. O estacionamento parecia cheio de formigas como um pedaço de fruta podre.

– Agora vemos tipos como esse Steelgrave sendo donos de restaurantes. Vemos caras como aquele garoto gordo que me xingou lá atrás. Temos uma grana preta, atiradores de elite, trabalhadores comissionados, agiotas, arruaceiros de Nova York e Chicago e Detroit. E Cleveland. Temos os atraentes restaurantes e boates que eles gerenciam, e hotéis e prédios dos quais eles são proprietários, e os traficantes, vigaristas e vagabundas que moram neles. As profissões de luxo, os decoradores bichas, as desenhistas de vestidos lésbicas, a escória de uma cidade durona, com tanta personalidade quanto um copo de plástico descartável. Lá fora nos subúrbios grã-finos, o velho e querido papai está lendo o caderno de esportes na frente de uma janela com vista panorâmica, sem sapatos, pensando que é da classe alta porque tem uma garagem para três carros. Mamãe está à frente de seu toucador de princesa, tentando apagar os bolsões que tem sob os olhos. E o Júnior está pendurado no telefone ligando para uma sucessão de meninas colegiais que falam uma mistura de qualquer coisa menos de inglês e carregam contraceptivos dentro do estojo de maquiagem.

– É igual em todas as cidades grandes, *amigo*.

– Cidades de verdade têm algo mais, alguma estrutura óssea individual por baixo da merda. Los Angeles tem Hollywood. E odeia isso. Deveria se considerar sortuda pra caralho. Sem Hollywood, seria uma cidade medíocre. Tudo que estivesse à venda no catálogo você conseguiria melhor em algum outro lugar.

– Está amargo esta noite, *amigo*.

– Estou com alguns problemas. A única razão pela qual estou dirigindo este carro com você do meu lado é que tenho tantos problemas que um pouco mais não vai fazer diferença.

– Fez alguma coisa errada? – ela perguntou e se estreitou junto a mim no assento.

– Bem, só coletei alguns corpos – falei. – Depende do ponto de vista. Os tiras não gostam que esse trabalho seja feito por nós, amadores. Eles têm seu próprio pessoal.

– O que vão fazer com você?

– Pode ser que me expulsem da cidade, e não estou nem aí. Não me empurre tanto. Preciso desse braço para fazer a mudança.

Ela deu um pulo para trás, ofendida:

– Você é nojento demais para se relacionar com alguém – ela disse. – Vire à direita na estrada Lost Canyon.

Depois de algum tempo, passamos pela universidade. Todas as luzes da cidade estavam acesas, um vasto tapete delas se estendendo colina abaixo para o sul e para o além, no infinito. Um avião zumbiu sobre as nossas cabeças, perdendo altitude, com seus dois sinais de luz piscando alternadamente. Em Lost Canyon eu virei à direita passando pelos grandes portões que levavam a Bel-Air. A estrada começou a serpentear e a subir. Havia carros demais; os faróis brilhavam furiosamente na sinuosa pista de cor clara. Uma suave brisa soprou. Era o odor de sálvia, o tom acre dos eucaliptos e o silencioso cheiro de poeira. Janelas cintilavam na encosta da colina. Passamos por uma grande casa branca de dois andares que deve ter custado US$ 70 mil e que tinha uma placa entalhada e iluminada na frente: "Terriers escoceses".

– A próxima à direita – Dolores disse.

Fiz a curva. A estrada ficava mais íngreme e mais estreita. Havia casas atrás de muros e arbustos espessos, mas não se podia ver nada. Então chegamos no cruzamento e havia um carro de polícia com um sinal de luz vermelho ligado, estacionado próximo a dois outros carros, com os quais fazia um ângulo reto. Uma lanterna movia-se para cima e para baixo. Reduzi a velocidade e parei na altura do carro de polícia. Dois tiras estavam sentados lá dentro, fumando. Não se mexeram.

– O que está acontecendo?

– *Amigo*, não faço a menor idéia – a voz dela tinha um tom sussurrante levemente decrescente. Pode ser que estivesse um pouco assustada. Eu não sabia do quê.

Um homem alto, o que segurava a lanterna, deu a volta pelo lado do carro, apontou a lanterna para mim e então abaixou-a.

– Não estamos usando esta estrada essa noite – ele disse. – Indo a algum lugar em especial?

Acionei o freio, apanhei uma lanterna que Dolores tirara do porta-luvas. Liguei a luz na cara do altão. Vestia calças aparentemente caras, uma camisa esportiva com iniciais bordadas no bolso e um lenço de bolinhas amarrado ao redor do pescoço. Ele tinha óculos com armação de chifre de boi e cabelos pretos ondulados e brilhosos. Era a cara de Hollywood.

Falei:

– Existe alguma explicação para isso, ou você está apenas assegurando a lei?

– A lei está logo ali, se quer falar com eles – a voz dele tinha uma nota de desprezo. – Somos apenas civis. Moramos por aqui. Este é um bairro residencial. Queremos que continue assim.

Um homem com uma espingarda de caça apareceu das sombras e postou-se ao lado do altão. Pendurou a arma no ombro esquerdo, apontando o bocal para baixo. Mas não parecia do tipo que carrega uma arma apenas por via das dúvidas.

– Por mim, tudo bem – falei. – Eu não tinha outros planos. Apenas queremos ir a um lugar.

– Que lugar? – o altão perguntou friamente.

Virei-me para Dolores:

– Que lugar?

– É uma casa branca na montanha, lá em cima – ela disse.

– E o que planejavam fazer lá em cima? – o altão perguntou.

– O homem que mora lá é meu amigo – ela disse, seca.

Ele colocou a luz no rosto dela por um momento.

– Vocês parecem legais – ele disse. – Mas não gostamos do amigo de vocês. Não gostamos de sujeitos que tentam colocar espeluncas de jogos neste tipo de bairro.

– Não sei nada sobre casa de jogo nenhuma – Dolores disse para ele, curta e grossa.

– Nem os tiras sabem – o homem alto disse. – Eles nem mesmo querem procurá-la. Qual o nome do seu amigo, querida?

– Isso não é da sua conta – Dolores praticamente cuspiu nele.

– Vá para casa tricotar meias, querida – o homem alto disse. Virou-se para mim.

– A estrada não está em uso hoje à noite – falou. – Agora sabe por quê.

– Acha que pode deixá-la assim? – perguntei a ele.

– Vai ser preciso mais do que você para mudar os nossos planos. Deveriam ver nossas declarações de impostos. E aqueles macacos no carro-patrulha, e outros tantos como eles lá embaixo, na Polícia, apenas ficam sentados sobre as suas bundas quando pedimos que a lei seja cumprida.

Destranquei a porta do carro e a escancarei. Ele deu um passo para trás e me deixou sair. Caminhei até o carro-patrulha. Os dois tiras ali dentro estavam preguiçosamente recostados. O rádio deles estava ligado bem baixinho, apenas murmurava um som. Um deles mastigava um chiclete ritmadamente.

– Que tal desfazer este bloqueio e deixar os cidadãos passar? – perguntei a ele.

– Nada de ordens, cara. Estamos aqui apenas para manter a paz. Se alguém começar algo, nós terminamos.

– Eles estão dizendo que há uma casa de jogos no final da estrada.

– Estão dizendo – o policial disse.

– Não acredita neles?

– Sequer tento, cara – ele disse e deu uma cusparada que passou pelo meu ombro raspando.

– Suponhamos que eu tenha negócios urgentes lá em cima.

Olhou para mim inexpressivamente e bocejou.

– Muito obrigado, cara – falei.

Voltei ao Mercury, tirei a minha carteira para fora e entreguei ao homem alto um cartão. Ele colocou a luz da lanterna sobre ele e disse:

– E daí?

Desligou a lanterna e ficou em silêncio. O seu rosto começou palidamente a tomar forma na escuridão.

– Estou aqui a trabalho. Para mim é um negócio importante. Deixe-me passar e talvez você não precise dessa barreira amanhã.

– Você está se exibindo, amigo.

– Eu teria por acaso o dinheiro para promover uma casa de jogos?

– *Ela* poderia ter – ele piscou um olho em Dolores. – Pode ter trazido você como proteção.

Ele se virou para o cara com a espingarda:

– O que você acha?

– Pode ser. São só dois e ambos estão sóbrios.

O altão ligou a lanterna de novo e fez uma nova vistoria. O motor de um carro foi ligado. Um dos carros da barreira deu ré e se afastou para o lado. Entrei e liguei o Mercury, passei pelo vão e observei no retrovisor o carro da barreira retomando a sua posição e, então, desligando os faróis.

– Este é o único caminho para entrar e sair daqui?

– Eles acham que é, *amigo*. Há outro caminho, mas é uma estradinha que corta uma propriedade privada. Teríamos de contornar pelo lado do vale.

– Quase não conseguimos passar – falei a ela. – Esse problema a que estamos nos dirigindo não pode ser boa coisa.

– Eu sabia que você daria um jeito, *amigo*.

– Algo está cheirando mal – falei, provocadoramente. – E não são os lírios do campo.

– Que homem mais desconfiado. Não quer nem me beijar?

– Você devia ter oferecido um pouco disso aí lá atrás, na barreira. O altão parecia solitário. Você podia ter levado ele para o matagal.

Ela me deu um tapa na boca com o dorso da mão:

– Seu filho da puta – disse, casualmente. – A próxima entrada à esquerda, por obséquio.

Chegamos ao topo da elevação, e a estrada terminou repentinamente em um círculo amplo e escuro com pedras brancas e lisas. Bem à frente havia uma cerca de arame branco com um largo portão, e uma placa no portão: "Estrada particular. Proibida a entrada". O portão estava aberto e um cadeado pendia de uma das pontas de uma corrente em uma das estacas. Dei a volta com o carro ao redor de um arbusto de espirradeira e me vi no pátio para carros de uma casa branca baixa e grande com cobertura de telhas e uma garagem para quatro veículos ao lado, embaixo de uma sacada fechada. As duas portas grandes da garagem estavam fechadas. Também não tinha luz na casa. Uma lua cheia a pino dava um brilho azulado às paredes brancas. Algumas das janelas mais baixas estavam fechadas. Quatro latões cheios de lixo enfileiravam-se ao pé das escadas. Havia um grande contêiner para lixo aberto e vazio. Havia também duas cestas de metal com papéis dentro.

Não vinha som nenhum da casa, nenhum sinal de vida. Parei o Mercury, desliguei as luzes e o motor, e fiquei sentado. Dolores se aninhou no canto. O assento parecia estar tremendo. Me espichei na direção dela e a toquei. Estava tremendo.

– Qual o problema?

– Dê... dê o fora, por favor – ela disse enquanto os dentes batiam.

– E você?

Ela abriu a porta do seu lado e pulou para fora. Saí pelo meu lado e deixei a porta escancarada e as chaves na fechadura. Ela deu a volta pela traseira do carro e, ao se aproximar de mim, quase a senti tremendo, antes mesmo que me tocasse. Então ela se inclinou com força contra mim, as suas pernas contra as minhas, o peito dela contra o meu. Seus braços enlaçaram o meu pescoço.

– Estou sendo muito boba – ela disse, suavemente. – Ele vai me matar por isso. Assim como matou Stein. Beije-me.

Beijei. Seus lábios estavam quentes e secos.

– Ele está lá dentro?

– Sim.

– E quem mais?

– Ninguém mais, exceto Mavis. Ele vai matá-la também.

– Escute...

– Beije-me de novo. Não tenho muito tempo de vida, *amigo*. Quando você dedura um homem desses, morre jovem.

Afastei-a de mim, mas suavemente.

Ela deu um passo para trás e levantou a mão direita rapidamente. Havia uma arma nela agora.

Olhei para a arma. Havia nela um reflexo opaco da lua. Ela segurou-a firme, e a sua mão não estava mais tremendo.

– Que grande amigo eu faria agora se puxasse esse gatilho – ela disse.

– Eles ouviriam o tiro lá na estrada.

Ela balançou a cabeça:

– Não, há um pequeno vale no meio. Acho que eles não ouviriam, *amigo*.

Achei que a arma fosse saltar longe quando ela apertasse o gatilho. Se eu me jogasse no chão no momento exato...

Eu não era tão bom assim. Não falei nada. Minha língua parecia não caber na minha boca.

Ela continuou, devagar, em uma voz macia e cansada:

– Com Stein, não importava. Eu mesma o teria matado, com prazer. Aquela imundície. Morrer não é grande coisa, matar não é grande coisa. Mas atrair as pessoas para a morte... – ela irrompeu no que poderia ser um soluço. – *Amigo*, gostei de você, por alguma razão estranha. Eu devia estar muito acima desse *nonsense*. Mavis tirou-o de mim, mas eu não queria que ele a matasse. O mundo está cheio de homens que têm dinheiro.

– Ele parece um carinha legal – falei, ainda observando a mão que segurava a arma. Não tremia um milímetro sequer agora.

Ela riu com desprezo:

– É claro que ele é. Por isso ele é o que é. Você se acha durão, *amigo*. Você é um pêssego maduro, comparado com Steelgrave – ela abaixou a arma, e agora era minha hora de dar o bote. Mas eu ainda não era bom o suficiente. – Ele matou uma dúzia de homens – ela disse. – Com um sorriso para cada um deles. Conheço-o há muito tempo. Já o conhecia em Cleveland.

– Com picadores de gelo? – perguntei.

– Se eu der a arma para você, vai matá-lo por mim?

– Acreditaria em mim se eu assim prometesse?

– Sim.

Por trás da copa, uma porta vaivém. Por trás da porta vaivém, uma sala de jantar escura que dava para uma sala de estar envidraçada na qual o luar derramava-se como água jorrando através das comportas de uma represa.

Um corredor acarpetado conduzia a algum lugar. Por outro arco via-se o corrimão de uma escada que subia para a escuridão, mas tremeluzia conforme adentrava no que poderia ser mais tijolos de vidro e aço inoxidável.

Finalmente cheguei ao que deveria ser a sala principal. Era toda acortinada e bastante escura, mas parecia grande. A escuridão era pesada, e meu nariz deu o alarme para um odor insistente que indicava que alguém tinha estado lá há não muito tempo. Parei de respirar e escutei. Tigres poderiam estar na escuridão, me espreitando. Ou caras com armas enormes, imponentes, respirando suavemente de boca aberta. Ou, então, nada nem ninguém, mas muita imaginação no lugar errado.

Tateei de novo até a parede e apalpei à procura de um interruptor de luz. Sempre há um interruptor de luz. Todo mundo tem interruptores de luz. Normalmente à entrada, do lado direito. Você entra em um quarto escuro e quer luz. Ok, você encontra um interruptor em um lugar normal e numa altura normal. Este cômodo não tinha. Aquele era um tipo diferente de casa. Eles tinham jeitos estranhos de usar portas e luzes. O dispositivo dessa vez poderia ser algo inusitado, como ter que cantar duas notas musicais ou pisar em um botão embaixo do tapete ou, talvez, dizer: "Faça-se a luz", quando então um microfone captaria a vibração da voz e a transformaria em um impulso elétrico de baixa voltagem que por sua vez seria elevado por um transformador a uma voltagem suficiente para acionar um interruptor silencioso de mercúrio.

Eu estava neurótico aquela noite. Eu era um cara que precisava de companhia em um lugar escuro e que estava disposto a pagar um preço alto por isso. A Luger embaixo do meu braço e o 32 na minha mão faziam eu me sentir poderoso. Marlowe-duas-armas, o *kid* do Vale do Cianeto.

Desfiz a boca de mau e disse em voz alta:
– Olá de novo. Alguém aqui precisa de um detetive?

Nenhuma resposta, nem sequer um dublê de eco. O som da minha voz caiu no silêncio como uma cabeça cansada em um travesseiro de penas de ganso.

E então uma luz âmbar começou a surgir forte atrás da sanca que contornava o pé-direito do enorme quarto. Brilhou lentamente, como se fosse um efeito de luz teatral. Cortinas cor de damasco escuro cobriam as janelas.

As paredes eram cor de damasco, também. No final da sala havia um bar virado para um lado, com um pequeno balcão que chegava até a copa. Havia uma alcova com pequenas mesas e cadeiras acolchoadas. Havia abajures pelo chão, cadeiras macias, namoradeiras e toda a parafernália normal de uma sala de estar, além de mesas longas cobertas por toalhas no meio do cômodo.

Os rapazes lá atrás no bloqueio da estrada sabiam das coisas, afinal de contas. Mas a jogatina estava morta. O quarto, sem vida alguma. Estava quase vazio. Bem, não completamente vazio.

Uma loira em um casaco de pele marrom-claro estava apoiada contra a lateral de uma poltrona. Suas mãos estavam enfiadas nos bolsos do casaco. O seu cabelo estava descuidadamente volumoso, e seu rosto só não era cor de giz porque a luz não era branca.

– Olá de novo, você – ela disse, em uma voz morta. – Ainda acho que veio tarde demais.

– Tarde demais para quê?

Caminhei na direção dela, um movimento que era sempre um prazer. Mesmo então, mesmo naquela casa silenciosa demais.

– Você até que é bonitinho – ela disse. – Não achei que fosse bonitinho. Conseguiu entrar. Você... – a voz dela se apagou subitamente, enforcada em algum lugar da sua garganta. – Preciso de um drinque – ela disse, depois de uma pausa pesada. – Ou então vou desmaiar.

— É um casaco lindo – falei. Eu estava perto dela agora. Estiquei o braço e o toquei. Ela não se mexeu. O seu lábio movia-se para frente e para trás, tremendo.

— Pele de marta – ela sussurrou. – Quarenta mil dólares. Alugado. Para o filme.

— Isto aqui é parte do filme? – fiz um gesto abarcando o cômodo.

— Este é o filme que vai terminar com todos os filmes, para mim. Eu... eu realmente preciso de um drinque. Se eu tentar caminhar... – o sussurro morreu no nada. Os seus cílios farfalharam para cima e para baixo.

— Vá em frente e desmaie – falei. – Vou apanhá-la no primeiro repique.

A boca tentou reorganizar o rosto num sorriso. Ela apertou os lábios, lutando duro para manter-se em pé.

— Por que vim tarde demais? – perguntei. – Tarde demais para quê?

— Tarde demais para levar um tiro.

— Putz, esperei por isso a noite inteira. A senhorita Gonzales me trouxe.

— Eu sei.

Estiquei o braço e toquei a pele do casaco novamente. É sempre bom tocar em quarenta mil dólares, mesmo se forem alugados.

— Dolores vai ficar decepcionadíssima – ela disse, com a boca pálida.

— Não.

— Ela colocou você no lugar certo, exatamente como fez com Stein.

— Pode ser que ela tenha pensado nisso. Mas mudou de idéia.

Ela riu. Era uma risadinha boba, repentina, como uma criança tentando chamar a atenção em um salão de chá.

— Que jeito você tem com as moças – ela sussurrou. – Como faz isso, sr. maravilha? Com cigarro batizado? Não podem ser suas roupas ou o seu dinheiro, ou mesmo a sua personalidade. Você não tem nada disso. Não é jovem, nem bonito. Já viu dias melhores e... – a voz dela estava saindo cada vez mais rápido, como um motor com acelerador quebrado. No final, ela estava falando pelos cotovelos. Quando parou, um suspiro gasto vagou pelo silêncio e ela caiu de joelhos e para a frente, direto nos meus braços.

Se fosse uma encenação, teria saído perfeita. Eu teria armas em todos os nove bolsos e elas me seriam tão úteis quanto velinhas rosas em um bolo de aniversário.

Mas nada aconteceu. Nenhum personagem com cara de mau me apontou a mão segurando uma automática. Nenhum Steelgrave sorriu para mim com o remoto e desmaiado sorriso de um matador. Nenhum som furtivo de passos rangeu atrás de mim.

Ela se pendurou em meus braços, tão mole quanto uma toalha molhada e não tão pesada quanto Orrin Quest, talvez por estar menos morta que este, mas pesada o suficiente para fazer doer os ligamentos dos meus joelhos. Os olhos dela se fecharam quando a empurrei para longe do meu peito. Não se podia ouvir a sua respiração, e ela tinha aquele jeito melancólico nos lábios entreabertos.

Coloquei o meu braço direito por baixo dos seus joelhos, a carreguei até um sofá dourado e a estendi nele. Me aprumei e fui até o bar. Havia um telefone no canto deste, mas eu não conseguia chegar até ele através das garrafas. Então tive que subir no balcão. Peguei uma garrafa atraente com um rótulo azul e cinza e cinco estrelas. A rolha já fora afrouxada. Servi um brandy escuro e pungente num copo não apropriado e voltei por cima do balcão, trazendo comigo a garrafa.

Ela estava deitada como eu a havia deixado, mas com os olhos abertos.

– Consegue segurar um copo?

Ela conseguia, com um pouco de ajuda. Bebeu o brandy e pressionou a borda do copo com força contra os lábios, como se quisesse mantê-lo daquele jeito. Observei-a respirar dentro do copo, embaçando-o. Um sorriso lento se formou na sua boca.

– Está frio – ela disse.

Ela passou as pernas por cima do braço do sofá e pôs os pés no chão.

– Mais – disse, estendendo o copo. Derramei mais do líquido nele. – Onde está o seu?

– Nada de bebida. Minhas emoções já estão suficientemente perturbadas sem isso.

O segundo drinque fez ela se arrepiar. Mas o tom melancólico tinha ido embora da sua boca, os seus lábios não estavam mais brilhando como um semáforo, e as pequenas linhas delineadas no canto dos olhos não estavam mais realçadas.

– Quem está perturbando suas emoções?

– Oh, muitas mulheres que insistem em jogar os braços ao redor do meu pescoço, desmaiar em cima de mim, ser beijadas e assim por diante. Um par de dias bem cheio para um detetive surrado e sem iate próprio como eu.

– Sem iate próprio – ela disse. – Eu odiaria isso. Cresci em meio à riqueza.

– Claro – falei. – Você nasceu com um Cadillac na boca. E posso adivinhar onde.

Os olhos dela se apertaram:

– Pode?

– Não pensou que era um segredo guardado a sete chaves, pensou?

– Eu... eu... – ela se interrompeu e fez um gesto desalentado. – Não consigo pensar em nenhuma fala hoje.

– É o diálogo tecnicolor – falei. – Paralisa tudo.

– Nós parecemos dois loucos falando.

– Podemos ser mais sensatos. Onde está Steelgrave?

Ela apenas olhou para mim. Estendeu o copo vazio, eu o apanhei e o coloquei em um lugar qualquer sem tirar meus olhos dela. Nem ela tirou os seus de mim. Parecia que um minuto longo, muito longo se esvaía.

– Ele esteve aqui – ela falou, finalmente, tão lentamente como se tivesse que inventar uma palavra por vez. – Poderia me dar um cigarro?

– A velha desculpa do cigarro – falei. Apanhei dois cigarros, coloquei-os na minha boca e os acendi. Me inclinei e enfiei um deles entre seus lábios vermelhos.

– Nada é mais piegas do que isso – ela disse. – Exceto, talvez, beijos de borboleta.

– Sexo é uma coisa maravilhosa – falei –, quando não se quer responder a perguntas.

Ela baforou lentamente, piscou e então levantou a mão para ajustar melhor o cigarro. Depois de todos esses anos, ainda não consigo colocar um cigarro na boca de uma mulher no lugar exato em que ela o gostaria.

Ela deitou a cabeça para trás, jogou o cabelo macio ao redor de suas bochechas e me observou para ver como isso me atingia. Toda a brancura se fora, agora. Suas bochechas estavam um pouco ruborizadas. Mas, atrás dos seus olhos, algo observava e esperava.

– Você até que é legal – ela disse, e eu não tinha feito nada de sensacional. – Para o tipo de cara que você é.

Também aquilo suportei bem.

– Mas não tenho bem certeza sobre o tipo de cara que você é, tenho? – ela riu repentinamente, e uma lágrima veio do nada e deslizou pescoço abaixo. – Pelo que sei, você é legal para qualquer tipo de cara – ela tirou o cigarro, levou a mão à boca e a mordeu. – Qual é o meu problema? Estou bêbada?

– Está enrolando para ganhar tempo – falei. – Mas não consigo me decidir se é para dar tempo para alguém chegar aqui ou para dar tempo para alguém se afastar daqui. E também poderia ser apenas brandy subindo-lhe à cabeça. Você é uma menininha e quer chorar agarrada à saia da sua mãe.

– Da minha mãe, não – ela disse. – Preferiria chorar agarrada a um tonel de água de chuva.

– Tudo muito bem resolvido, pelo visto. Então onde está Steelgrave?

– Você deveria estar feliz de ele estar onde estiver. Ele ia matar você. Ou achava que mataria.

– Você me queria aqui, não é? Gostava dele?

Ela assoprou a cinza do cigarro. Um floco dela veio até o meu olho e me fez piscar.

– Acho que gostei – ela disse. – Um dia. – Ela repousou uma das mãos no joelho e esticou os dedos, estudando as unhas. Levantou os olhos lentamente, sem mover a cabeça. – Parece que há uns mil anos eu conheci um cara tranqüilo e legal que sabia como se comportar em público e não disparava o seu charme em qualquer bistrô da cidade. Sim, eu gostava dele. Gostava muito dele.

Ela levou a mão até a boca e mordeu um artelho. Então ela colocou a mesma mão no bolso do casaco de pele e trouxe para fora uma automática de coronha branca, irmã gêmea daquela que eu próprio carregava.

– E, no final das contas, eu o amei com isso – ela disse.

Avancei e a tirei da sua mão. Cheirei o cano. Sim. Isso fazia com que as duas armas tivessem sido disparadas.

– Você não vai enrolá-la com um lenço, como fazem no cinema?

Deixei-a cair no meu outro bolso, onde poderia apanhar alguns farelos interessantes de tabaco e algumas sementes que cresciam apenas na colina ao sudeste da Prefeitura de Beverly Hills. Poderia distrair o perito químico da polícia por algum tempo.

# 28

Observei-a por um minuto, enquanto eu mordiscava o meu lábio. Ela também me observava. Não percebi nenhuma mudança de expressão. Então comecei a vasculhar a sala com os meus olhos. Levantei a proteção de pó de uma das mesas. Debaixo da proteção, o *layout* de uma roleta, mas sem roleta alguma. Embaixo das mesas também não havia nada.

– Experimente a poltrona com as magnólias – ela disse.

Ela não olhou na direção da poltrona, que tive que encontrar eu mesmo. Inacreditável quanto tempo isso me tomou.

Era uma poltrona de espaldar alto, com laterais, coberta de chintz floreado – o tipo de poltrona que há muito tempo era destinada a manter afastadas as correntes de vento, enquanto você ficava sentado, confortável, junto a um fogo de carvão vegetal.

A poltrona estava de costas para mim. Fui até ela caminhando devagar, em marcha lenta. Ela estava praticamente de frente para a parede. Mesmo assim, me pareceu ridículo que eu não o tivesse visto ao voltar do bar. Estava inclinado por sobre um lado da poltrona, com a cabeça caída para trás. O seu cravo era vermelho e branco, e parecia tão fresco quanto se a florista o tivesse recém-alfinetado na lapela. Seus olhos estavam entreabertos tal como olhos nessa situação geralmente estão. Fixavam um ponto no canto do teto. A bala atravessara o bolso externo do seu casaco. Fora disparada por alguém que sabia onde ficava o seu coração.

Toquei sua face, que ainda estava quente. Levantei a sua mão e deixei-a cair. Estava bastante flexível. Parecia-se com qualquer outra mão. Me inclinei em direção à artéria do seu pescoço. Nenhum sangue se movimentava ali e muito pouco manchara a jaqueta. Limpei as minhas mãos no meu lenço e fiquei lá, olhando para a sua face tranquila por mais um tempo. Tudo que eu tinha e não tinha feito, tudo que fiz certo e tudo que fiz errado – tudo em vão.

Voltei, sentei ao lado dela e apertei com as mãos os meus joelhos.

– O que esperava que eu fizesse? – ela perguntou. – Ele matou o meu irmão.

– O seu irmão não era nenhum anjinho.

– Ele não precisava matá-lo.

– Alguém precisava. E rápido.

Os olhos dela repentinamente cresceram.

Falei:

– Você jamais se perguntou por que Steelgrave nunca foi atrás de mim e por que ele deixou que você fosse até o Van Nuys ontem, em vez de ir ele próprio? Jamais se perguntou por que um cara com os recursos e a experiência que ele tinha nunca tentou botar as mãos naquelas fotografias, mesmo que tivesse que fazer o que fosse para consegui-las?

Ela não respondeu.

– Há quanto tempo você sabia da existência das fotografias? – perguntei.

– Há semanas. Quase dois meses. Recebi uma pelo correio uns dias depois... depois daquela vez que almoçamos juntos.

– Depois de Stein ter sido morto.

– Sim, claro.

– Você pensou que Steelgrave tinha matado Stein?

– Não. Por que pensaria? Isto é, até hoje à noite, não.

– O que aconteceu depois que você recebeu a foto?

– O meu irmão Orrin ligou e disse que tinha perdido o emprego e que estava quebrado. Queria dinheiro. Ele não disse nada sobre a foto. Não precisava. Apenas em uma ocasião específica ela pôde ser tirada.

– Como ele conseguiu o seu número?

– De telefone? Como você conseguiu?

– Comprei.

– Bem... – ela fez um vago movimento com a mão – por que não ligar logo para a polícia e acabar de uma vez com tudo?

– Espere um minuto. E então o que aconteceu? Mais cópias da foto?

– Uma por semana. Eu as mostrava para *ele* – ela gesticulou na direção da poltrona de chintz. – Ele não gostava disso. Mas não lhe falei nada sobre Orrin.

– Ele devia saber. Caras tipo ele sempre descobrem as coisas.

– Suponho que sim.

– Mas não sabia onde Orrin estava se escondendo – falei. – Ou ele não teria esperado tanto tempo. *Quando* você contou a Steelgrave?

Ela desviou os olhos de mim. Os seus dedos massagearam o braço. – Hoje – ela disse com uma voz distante.

– Por que hoje?

A respiração dela parou na garganta:

– Por favor – ela disse. – Não me faça um monte de perguntas inúteis. Não me atormente. Não há nada que você possa fazer. Pensei que houvesse, quando liguei para Dolores. Agora, não há.

Falei:

– Tudo bem. Há algo que você parece não entender. Steelgrave sabia que quem quer que estivesse por trás da fotografia queria dinheiro. Um monte de dinheiro. Ele sabia que mais cedo ou mais tarde o chantagista teria de se mostrar. Era o que Steelgrave estava esperando. Ele não dava bola para a foto em si, exceto por você, pela sua segurança.

– Ele certamente provou isso – ela disse, exausta.

– Ao modo dele – falei.

A voz dela chegou até mim com uma calma glacial:

– Ele matou o meu irmão. Ele mesmo me disse isso. O gângster veio à tona, isso sim. Gente estranha essa que conhecemos em Hollywood, não é mesmo?, incluindo eu.

– Você gostou dele, um dia – falei, brutalmente.

Círculos vermelhos se acenderam nas suas bochechas.

– Eu não gosto de ninguém – ela disse. – Estou cheia de gostar de pessoas. – Ela lançou um olhar rápido para a poltrona de espaldar alto. – Parei de gostar dele ontem à noite. Ele me perguntou sobre você, quem você era e aí por diante. Falei a ele. Falei a ele que eu tinha de admitir que estive no Van Nuys Hotel enquanto aquele homem estava lá, morto.

– Você ia contar isso à polícia?

– Eu ia contar a Julius Oppenheimer. Ele saberia como lidar com isso.

– Se ele não soubesse, um dos cães dele saberia – falei.

Ela não sorriu. Nem eu.

– Se Oppenheimer não soubesse lidar com isso, seria o meu fim no cinema – ela acrescentou em um tom neutro. – Agora é o meu fim no cinema e em qualquer outra parte.

Apanhei um cigarro e o acendi. Ofereci-lhe um, mas ela não queria. Eu não estava com pressa. O tempo parecia ter perdido o seu poder sobre mim. Assim como quase tudo mais. Eu estava deprimido.

– Você está indo rápido demais para o meu gosto – falei, depois de um momento. – Quando você foi ao Van Nuys, não sabia que Steelgrave era Weepy Moyer.

– Não.

– Então, para que foi até lá?

– Para comprar aquelas fotografias.

– Isso não fecha. As fotografias não significavam nada para você, então. Eram apenas você e ele almoçando.

Ela olhou para mim e piscou os olhos com força, então abriu-os generosamente:

– Não vou chorar – ela falou. – Eu disse que eu *não sabia*. Mas quando ele esteve na cadeia aquela vez, eu tinha que saber que havia algo sobre ele que ele não se importava que soubessem. Eu sabia que ele tinha estado em algum tipo de encrenca, acho. Mas não sabia que se tratava de matar pessoas.

Falei:

– Ã-hã.

Levantei e caminhei novamente até a poltrona de espaldar alto. Os olhos dela vaguearam lentamente, me observando. Debrucei-me sobre o cadáver de Steelgrave e apalpei embaixo do braço dele, do lado esquerdo. Tinha uma arma ali, no coldre. Não a toquei. Voltei ao lugar de antes e me sentei na frente dela, de novo.

– Vai custar muito dinheiro para arrumar isso tudo – falei.

Pela primeira vez, ela sorriu. Era um sorriso muito tímido, mas um sorriso.

– Não tenho muito dinheiro – ela disse. – Então, essa alternativa está fora.

– Oppenheimer tem. Você vale milhões para ele, no momento.

– Ele não se arriscaria. Pessoas demais xeretam na indústria do cinema hoje em dia. Ele vai aceitar a perda e esquecer tudo em seis meses.

– Você disse que recorreria a ele.

– Eu disse que se me metesse em uma verdadeira encrenca e realmente não tivesse feito nada, eu o procuraria. Mas fiz alguma coisa.

– E Ballou? Você vale muito para ele, também.

– Eu não valho um níquel furado para ninguém. Esqueça, Marlowe. Você tem boas intenções, mas conheço essa gente.

– Então, só sobra eu – falei. – Foi por isso que me chamou.

– Maravilha – ela disse. – Arrume tudo, querido. Grátis – a voz dela estava fraca e oca novamente.

Sentei-me ao seu lado no sofá. Peguei o seu braço, puxei a sua mão para fora do bolso de pele e a segurei. Estava quase como gelo, apesar do casaco de pele.

Ela se virou e olhou para mim, com sinceridade. Balançou um pouco a cabeça:

– Acredite em mim, querido, não valho nem mesmo... que durmam comigo.

Virei a sua mão para cima e abri os dedos. Estavam rijos e resistiram. Abri-os um a um. Alisei a palma da sua mão.

– Conte-me por que você estava com a arma.

– A arma?

– Não pense. Apenas me diga. Você tinha intenção de matá-lo?

– Por que não, querido? Eu pensava que eu significava algo para ele. Acho que sou um pouco vaidosa. Ele me enganou. Ninguém significa nada para os Steelgraves deste mundo. E ninguém significa mais nada para as Mavis Welds desse mundo, também.

Ela se afastou de mim e abriu um sorriso fino:

– Eu não devia ter entregue aquela arma a você. Se o matasse agora, eu ainda poderia me livrar.

Apanhei a arma e a estendi na sua direção. Ela a pegou e pôs-se em pé rapidamente. A arma apontava para mim. O sorrisinho cansado moveu-se nos seus lábios de novo. Seu dedo estava muito firme no gatilho.

– Atire mais para cima – falei. – Estou com o meu colete à prova de balas.

Ela baixou o braço com a arma junto ao corpo e por um

momento ficou apenas parada, olhando para mim. Então jogou a arma em cima do sofá.

– Acho que não gosto desse roteiro – ela disse. – Não gosto dessas falas. Simplesmente não sou eu, se entende o que quero dizer – riu e olhou para baixo, no chão. A ponta do seu sapato movia-se para frente e para trás, sobre o carpete. – Foi bom o nosso papo, querido. O telefone está ali, no final do bar.

– Obrigado. Você se lembra do número da Dolores?
– Por que Dolores?

Quando não respondi, ela me disse o número. Atravessei o cômodo até o canto do bar e disquei. A mesma rotina de antes. Boa-noite, o Château Bercy, quem está falando, a senhorita Gonzales, por favor. Um momento, por favor, buzz, buzz, e então uma voz ardente dizendo:

– Alô?
– É Marlowe. Você realmente queria colocar a minha vida em perigo?

Eu quase podia ouvir a sua respiração paralisada. Quer dizer, não exatamente. Não se pode realmente ouvir isso através do telefone. Mas às vezes você acha que pode.

– *Amigo*, como estou feliz de ouvir a sua voz – ela disse. – Estou tão, tão feliz.
– Queria ou não?
– Eu... eu... eu não sei. Fico muito triste em pensar que posso ter feito isso. Gosto muito de você.
– Estou numa pequena enrascada aqui.
– Ele está...? – Longa pausa. O telefone de um prédio de apartamentos para alugar. Atenção. – Ele está aí?
– Bem, de certo modo. Está e não está.

Dessa vez realmente ouvi a sua respiração. Um longo suspiro implodido que era quase um assovio.

– Quem mais está aí?
– Ninguém. Apenas eu e o meu dever de casa. Quero lhe perguntar algo. É mortalmente importante. Diga-me a verdade. Onde você conseguiu aquela coisa que me deu, hoje à noite?

– Ora, com ele. Ele me deu.
– Quando?
– Hoje à noite, mais cedo. Por quê?
– Mais cedo quando?
– Por volta das seis horas, acho.
– *Por quê* ele a deu a você?
– Ele pediu que eu a guardasse. Ele sempre carregava uma.
– Pediu para você guardá-la por quê?
– Ele não disse, *amigo*. Ele era um cara que fazia as coisas assim. Nem sempre se explicava.
– Notou algo estranho nisso? Naquilo que ele deu a você?
– Ora, não, não notei.
– Sim, você notou. Você notou que ela tinha sido disparada e que tinha cheiro de pólvora queimada.
– Mas eu não...
– Sim, você notou. Simples assim. E se perguntou a respeito. Você não gostava da idéia de guardá-la: não a guardou. Devolveu-a para ele. De qualquer modo, você não gosta de tê-las por perto.

Houve um longo silêncio. Ela disse, finalmente:
– É claro. Mas por que ele quis que eu a guardasse? Quero dizer, se foi isso que aconteceu.
– Ele não lhe disse por quê. Ele apenas tentou se livrar de uma arma usando você e você não tinha nenhuma para se proteger. Lembra?
– Isto é algo que eu preciso dizer?
– *Sí*.
– Vai ser seguro para mim fazer isso?
– Desde quando você se preocupa com segurança?

Ela riu, docemente:
– *Amigo*, você me entende muito bem.
– Boa-noite – falei.
– Um momento, você não me disse o que aconteceu.
– Eu nem mesmo liguei para você.

Desliguei e me virei.

Mavis Weld estava em pé no meio da sala, olhando para mim.

– O seu carro está aqui?

– Sim.

– Vá andando.

– E fazer o quê?

– Ir para casa, apenas. Isso é tudo.

– Você não pode escapar – ela disse, calmamente.

– Você é minha cliente.

– Não posso deixar você fazer isso. Eu o matei. Por que você deveria ser envolvido nisso?

– Não tente me enrolar. E, quando for embora, vá pela saída dos fundos. Não pelo caminho pelo qual Dolores me trouxe.

Ela me encarou bem nos olhos e então repetiu com uma voz tensa:

– Mas fui eu quem o matou.

– Não estou conseguindo ouvir nada do que diz.

Os seus dentes apanharam o lábio inferior e o apertaram cruelmente. Ela mal parecia respirar. Ficou rígida. Fui até perto dela e toquei o seu rosto com a ponta dos dedos. Apertei e observei o local branco tornar-se rubro.

– Se quer saber o meu motivo – falei –, não tem nada a ver com você. Estou devendo isso aos tiras. Não joguei limpo neste jogo. Eles sabem. Eu sei. Estou apenas dando a eles uma chance de usar o pedal abafador.

– Como se fosse necessário dar isso a eles – ela disse, virou-se abruptamente e foi embora. Observei-a ir até o arco e esperei que olhasse para trás. Mas continuou sem se virar. Depois de um longo tempo, ouvi um barulhinho contínuo. E então o baque de algo pesado: a porta da garagem sendo erguida. Um carro foi ligado lá longe. Ele se movimentou um pouco, para nenhuma direção em especial, e, depois de outra pausa, lá veio o mesmo barulho contínuo.

Quando isso parou, o motor desapareceu na distância. Não se ouvia mais nada agora. O silêncio da casa pendia pesadamente ao meu redor em dobras folgadas e graúdas, como as daquele casaco de peles ao redor dos ombros de Mavis Weld.

Carreguei o copo e a garrafa de brandy até o bar e subi nele. Enxagüei o copo em uma pequena pia e pus a garrafa de volta na prateleira. Dessa vez encontrei o maldito botão e abri a porta na extremidade do bar oposta ao telefone. Voltei até Steelgrave.

Apanhei a arma que Dolores tinha me dado, limpei-a e coloquei a mão limpa dele ao redor da coronha. Segurei-a ali e larguei. A arma caiu no tapete. A posição parecia natural. Não me preocupei com impressões digitais. Ele já devia ter aprendido há muito tempo a não deixá-las em arma alguma.

Aquilo me deixou com três armas. Tirei para fora a arma no coldre dele e a coloquei na prateleira do bar, embaixo do balcão, enrolada numa toalha. Na Luger eu não toquei. Sobrava a outra automática de coronha branca. Tentei decidir a que distância ela teria sido disparada. Uma distância que não o deixou chamuscado, mas provavelmente também não muito longe. Fiquei a um pouco mais de um metro do cadáver e disparei dois tiros atrás dele. Penetraram pacificamente na parede. Arrastei a poltrona até que ela ficasse de frente para o resto do cômodo. Derrubei a pequena automática na capa de uma das mesas de roleta. Toquei o grande músculo ao lado do pescoço dele, normalmente o primeiro a enrijecer. Eu não saberia dizer se já havia começado a perder a flexibilidade ou não. Mas a pele já estava mais fria do que antes.

Não havia tempo para brincadeiras.

Fui até o telefone e disquei o número do Departamento de Polícia de Los Angeles. Perguntei à telefonista por Christy French. Apareceu uma voz de Homicídios, disse que ele havia ido para casa, o que era? Falei que era uma ligação pessoal pela qual ele estava aguardando. Deram-me o telefone da sua casa, relutantemente. Não porque se importassem, mas porque detestam dar qualquer coisa a qualquer pessoa a qualquer hora que seja.

Disquei, uma mulher atendeu e então gritou o nome dele. A voz de Christy soou descansada e calma.

– É Marlowe na linha. O que você estava fazendo?

– Lendo histórias em quadrinhos para o meu menino. Ele já devia estar na cama. O que há?

– Lembra que ontem no Van Nuys você disse que um homem poderia se tornar seu amigo se conseguisse algo sobre Weepy Moyer?

– Sim.

– Eu preciso de um amigo.

Ele não pareceu muito interessado:

– O que você sabe?

– Estou supondo que seja o mesmo cara. Steelgrave.

– Está supondo demais, cara. Pescamos ele porque pensamos a mesma coisa. Mas não encontramos ouro nenhum.

– Você tinha uma pista. Ele mesmo armou aquela pista. Para que na noite em que Stein foi apagado ele estivesse em algum lugar, com o conhecimento de vocês.

– Você está apenas inventando isso tudo ou tem alguma prova? – ele parecia um pouco menos relaxado.

– Se um homem saísse da prisão, com uma licença do médico da prisão, você conseguiria prová-lo?

Houve um silêncio. Ouvi uma voz de criança reclamando e uma voz de mulher falando à criança.

– Já aconteceu – French disse, pesadamente. – Não sei. É uma tarefa difícil. Teriam mandado um guarda com ele. Ele comprou o guarda?

– É essa a minha teoria.

– Melhor esquecê-la. Mais alguma coisa?

– Estou aqui fora em Stillwood Heights. Em uma grande casa onde estava sendo armada uma casa de jogo, e os vizinhos não gostaram muito.

– Li sobre isso. Steelgrave está aí?

– Está. Estou aqui sozinho com ele.

Outro silêncio. A criança berrou, e pensei ter ouvido um tapa. A criança berrou mais alto. French gritou com alguém.

– Coloque-o no telefone – French disse, finalmente.

– Você está meio lento hoje, Christy. Por que eu estaria ligando para *você*?

– Claro – ele disse. – Que estúpido. Qual o endereço daí?

– Não sei. Mas é para cima, ao final da estrada da torre em Stillwood Heights, e o número do telefone é Halldale 9-5033. Vou esperar por você.

Ele repetiu o número e disse, lentamente:

– Desta vez você espera, ok?

– Tinha que acontecer algum dia.

Ouvi um clique e desliguei.

Refiz meu caminho pela casa, ligando as luzes como as encontrara, e saí pela porta de trás, no topo das escadas. Havia um refletor para o estacionamento. Liguei-o, também. Desci os degraus e caminhei até o arbusto de espirradeira. O portão com placa de privado estava aberto como antes. Fechei-o num empurrão, passei as correntes e engatei o cadeado. Voltei, caminhando lentamente, olhando para a lua, aspirando o ar da noite, ouvindo as pererecas e os grilos. Me dirigi para a casa, encontrei a porta da frente e acendi a luz dali. Havia um enorme espaço para estacionamento na frente e uma pista circular com roseiras. Mas era preciso deslizar ao redor da casa até os fundos para ir embora.

O lugar não tinha saída, exceto pela pista através dos terrenos vizinhos. Perguntei-me quem poderia viver lá. Ao longe, através das árvores, eu podia ver as luzes de uma grande casa. Algum figurão de Hollywood, provavelmente, algum mago do beijo lambuzado e da perdição pornográfica.

Voltei e apalpei a arma que eu recém tinha disparado. Já estava fria o suficiente. E parecia que o sr. Steelgrave ia continuar morto.

Nenhuma sirene. Mas o som de um carro subindo a montanha, finalmente. Fui até lá fora para encontrá-lo, eu e o meu belo sonho.

# 29

Chegaram como deviam, grandes, durões e quietos, os olhos faiscando de atenção e cautelosos de descrença.

– Bonito lugar – French disse. – Onde está o cliente?

– Lá dentro – Beifus disse, sem esperar que eu respondesse.

Atravessaram a sala sem pressa e ficaram parados na frente dele, olhando para baixo, solenemente.

– Morto, não é? – Beifus observou, abrindo a sessão.

French se inclinou e apanhou a arma que estava caída no chão, com o dedão e o dedo indicador na guarda do gatilho. Seus olhos piscaram para os lados e ele endureceu o queixo. Beifus apanhou a outra arma, a de coronha branca, enfiando um lápis na abertura do cano.

– Impressões digitais todas nos lugares, espero? – Beifus disse. Então farejou: – Oh, sim, esta querida aqui andou trabalhando. Como está a sua, Christy?

– Disparada – French disse. Cheirou de novo. – Mas não recentemente. – Ele pegou uma lanterna do bolso e apontou-a para dentro do cano da arma preta. – Horas atrás.

– Lá em Bay City, em uma casa na rua Wyoming – falei.

As cabeças deles se viraram na minha direção, em uníssono.

– Está adivinhando? – French perguntou lentamente.

– Sim.

Ele caminhou até a mesa coberta e depositou a arma a alguma distância da outra:

– Melhor etiquetá-las logo, Fred. São gêmeas. Nós dois assinaremos as etiquetas.

Beifus aquiesceu e vasculhou os bolsos. Se aproximou com umas etiquetas auto-adesivas. O tipo de coisa que os tiras sempre carregam consigo.

French voltou-se para mim:

– Vamos parar com as adivinhações e ir logo para a parte que você sabe de fato.

– Uma moça que eu conheço me ligou esta noite e disse que um cliente meu estava correndo perigo aqui. Correndo perigo com ele – apontei com o queixo para o homem morto na poltrona. – Essa moça me trouxe de carro até aqui. Passamos pela barreira na estrada. Várias pessoas nos viram. Ela me deixou nos fundos da casa e foi embora.

– Alguém que tenha um nome? – French perguntou.

– Dolores Gonzales, prédio Château Bercy. Na rua Franklin. Ela trabalha no cinema.

– Oh, oh... – Beifus disse e revirou os olhos.

– Quem é o seu cliente? Aquela mesma? – French perguntou.

– Não. Este é outro, completamente diferente.

– Tem um nome?

– Ainda não.

Eles me olharam com rostos duros e vívidos. A mandíbula de French moveu-se quase que numa forte contração. Nós de músculo apareceram nos lados da sua mandíbula.

– Regras novas, é? – ele disse, calmamente.

Falei:

– É preciso algum acordo sobre publicidade. O promotor não vai se importar.

Beifus disse:

– Você não conhece bem o promotor, Marlowe. Ele come publicidade como eu como as ervilhas tenras do meu jardim.

French disse:

– Não lhe damos absolutamente nenhuma garantia.

– Então, o cliente não tem nome – falei.

– Existe uma dúzia de maneiras de descobrirmos isso, rapaz – Beifus disse. – Para que cairmos na rotina e ser pior para todos nós?

– Nada de imprensa – falei –, a não ser que as queixas estejam devidamente registradas.

– Você não vai escapar desta, Marlowe.

– Deus do céu – falei –, este homem matou Orrin Quest. Levem essa arma para o centro da cidade e a chequem com as balas encontradas no corpo de Quest. Façam pelo menos isso por mim, antes de me colocarem em uma posição desagradável.

– Eu não daria a você a ponta suja de um fósforo queimado – French disse.

Não falei nada. Ele ficou me encarando com ódio gelado nos olhos. Seus lábios moveram-se lentamente e disseram a Beifus:

– Coloque as algemas atrás.

Beifus hesitou, e então apanhou um par de algemas de aço do bolso esquerdo da calça e veio até mim:

– Coloque as mãos para trás – ele disse, com uma voz desconfortável.

Assim o fiz. Ele fechou as algemas. French caminhava lentamente e se postou na minha frente. Seus olhos estavam semicerrados. A pele ao redor deles estava acinzentada de cansaço.

– Vou fazer um pequeno discurso – ele disse. – Você não vai gostar nem um pouco.

Não falei nada.

French disse:

– É assim conosco, *baby*. Somos tiras, e todo mundo nos odeia. E, como se já não tivéssemos problemas suficiente, temos que aturar você. Como se já não fôssemos suficientemente pressionados pelos caras dos serviços de informações, pela Câmara de Comércio, pela Sua Excelência o prefeito, com o seu escritório apainelado quatro vezes maior do que os três cômodos fétidos em que toda a equipe de homicídios tem que trabalhar. Como se não tivéssemos tido que lidar com 114 homicídios no ano passado, em três cômodos que não têm cadeiras suficientes para todo o pessoal se sentar ao mesmo tempo. Passamos nossas vidas revirando roupa de baixo suja e farejando dentes podres. Subimos escadas escuras para pegar um marginal com os braços cheios de furos e às vezes não chegamos até lá em cima, e nossas mulheres esperam sozinhas com o jantar, essa noite e todas as outras noites. Não vamos mais para casa. E nas noites em que vamos para casa, estamos tão fodidamente cansados que não conseguimos comer ou dormir ou mesmo ler as mentiras que os jornais contam sobre a gente. Então ficamos deitados no escuro em uma casa barata em alguma vizinhança barata e ouvimos os bêbados lá embaixo na rua se divertindo. E, exatamente quando começamos a relaxar, o telefone toca e nos levantamos e começamos tudo de novo outra vez. Nada do que fazemos é certo, nunca. Nem uma única vez. Se conseguimos uma confissão, é porque batemos no cara, dizem, e algum imbecil nos chama de Gestapo no tribunal e nos ironiza quando tropeçamos na gramática. Se cometemos algum erro, nos largam de uniforme na vila e passamos as agradáveis e frescas noites de verão tirando bêbados da sarjeta e ouvindo gritos de prostitutas e tirando facas de caras vestidos em ternos baratos. Mas tudo isso não basta para nos fazer inteiramente felizes. Temos que aturar você.

Ele parou e recuperou o fôlego. O seu rosto reluziu um pouco, como se suado. Ele debruçou o tronco para a frente.

– Temos que aturar você – ele repetiu. – Temos que aturar vigaristas com registro de detetive particular, escondendo informações, tramando pelos cantos e levantando poeira para a gente respirar. Precisamos aturar você suprimindo provas e armando ciladas que não enganariam um nenê retardado. Você não se importaria que eu o chamasse de filho da puta, de traidor, de xereta de buraco de fechadura, se importaria, *baby*?

– Quer que eu me importe? – perguntei.

Ele se endireitou:

– Eu adoraria – ele disse. – Adoraria imensamente.

– Algo do que diz é verdade – falei. – Mas nem tudo. Qualquer detetive particular quer cooperar com a polícia. Às vezes é um pouco difícil descobrir quem está fazendo as regras. Às vezes ele não confia na polícia, e com razão. Às vezes ele simplesmente se mete numa enrascada, sem querer, e tem que jogar com o que tem na mão e de acordo com as regras. Normalmente, ele preferiria ter outras regras. E gostaria de continuar sobrevivendo do seu trabalho.

– O seu registro já era – French disse. – A partir deste exato instante. Um problema a menos para perturbá-lo.

– Ele "já era" apenas quando a comissão que o concedeu para mim assim disser. Não antes disso.

Beifus disse, baixinho:

– Vamos continuar, Christy. Isto pode esperar.

– Estou terminando – French disse. – Do meu jeito. A ficha deste passarinho ainda não caiu. Estou esperando ele ficar esperto. A réplica espirituosa. Não me diga que o seu estoque de piadinhas acabou, Marlowe.

– O que exatamente você quer que eu diga? – perguntei-lhe.

– Adivinhe – ele disse.

– Você está um destruidor de homens esta noite – falei. – Quer me partir em dois. Mas precisa de uma desculpa. E quer que eu a dê a você?

– Isso poderia ajudar – ele disse, entre os dentes.

– O que você teria feito, no meu lugar? – perguntei.

– Eu não conseguiria me imaginar descendo tão baixo.

Ele lambeu a ponta do lábio superior. Seu braço direito pendia ao lado do corpo. Ele estava cerrando e abrindo a mão, sem se dar conta.

– Vá com calma, Christy – Beifus disse. – Deixe para lá.

French não se moveu. Beifus veio e se colocou no meio de nós. French disse:

– Saia daí, Fred.

– Não.

French fechou o punho e o soqueou com força, na ponta da mandíbula. Beifus tropeçou para trás, me derrubando. Seus joelhos fraquejaram. Ele se dobrou para a frente e tossiu. Balançou a cabeça lentamente em uma posição meio curvada. Depois de um tempo, se endireitou com um grunhido. Voltou-se e olhou para mim. Sorriu, irônico.

– É um novo tipo de interrogatório – ele disse. – Os tiras se moem de pancada e o suspeito acaba se abrindo, só da agonia de olhar.

A sua mão se ergueu e apalpou a mandíbula. Já parecia

inchada. A sua boca sorria num esgar, mas os olhos ainda estavam um pouco vazios. French permanecia enraizado no chão e quieto.

Beifus tirou para fora um maço de cigarros, afrouxou um deles e estendeu o maço para French. French olhou para o cigarro, olhou para Beifus.

– Dezessete anos disso – ele disse. – Até a minha mulher me odeia.

Ele ergueu a mão aberta e deu um tapinha fraco no rosto de Beifus. Beifus continuou sorrindo num esgar.

French perguntou:

– Foi em você que eu bati, Fred?

Beifus respondeu:

– Ninguém me bateu, Christy. Ninguém que eu lembre.

French disse:

– Tire as algemas dele e leve-o para o carro. Ele está preso. Algeme-o ao carro, se achar necessário.

– Ok – Beifus deu a volta por trás de mim. As algemas foram soltas. – Venha, *baby* – Beifus disse.

Encarei French longamente. Ele olhou para mim como se eu fosse o papel de parede. Seus olhos pareciam absolutamente não me ver.

Passei por baixo do arco e saí da casa.

# 30

Nunca soube o seu nome, mas ele era meio baixo e magro demais para um tira. Que era o que ele devia ser, em parte porque ele estava lá e em parte porque, quando se debruçou em cima da mesa para apanhar um cartão, pude ver o coldre de couro e a ponta da coronha de um 38 da polícia.

Ele não falava muito, mas quando o fazia, tinha uma voz agradável, uma voz suave. E um sorriso que aquecia a sala inteira.

– Lance maravilhoso – falei, olhando para ele por sobre as cartas.

Estávamos jogando um tipo de paciência. Ou melhor, ele estava. Eu estava apenas lá, olhando-o, olhando as suas mãos muito pequenas, muito arrumadas e muito limpas irem através da mesa, tocarem uma carta, levantarem-na delicadamente e a colocarem em algum outro lugar. Quando ele fazia isso, contraía um pouco os lábios e assobiava sem melodia, um assobio baixo e fraco, como um motor muito jovem que ainda não tem segurança de si mesmo.

Ele sorriu e colocou um nove vermelho sobre um dez preto.

– O que você faz no seu tempo livre? – perguntei-lhe.

– Toco bastante piano – ele disse. – Tenho um Steinway de dezessete pedais. Mozart e Bach, principalmente. Sou um pouco antiquado. A maioria das pessoas os acha aborrecidos. Eu não.

– Jogada perfeita – falei e coloquei uma carta em algum lugar.

– Você ficaria surpreso em saber o quanto são difíceis algumas coisas do Mozart – ele disse. – E parecem tão simples quando são bem executadas.

– E quem a executa bem? – perguntei.

– Schnabel.

– Rubinstein?

Ele balançou a cabeça:

– Pesado demais. Emocional demais. Mozart é apenas música. Não requer comentário da parte do pianista.

– Aposto que você consegue deixar muitos com vontade de fazer confissões – falei. – Gosta do trabalho?

Ele movimentou outra carta e flexionou os dedos com leveza. Suas unhas eram brilhantes e curtas. Você podia perceber que ele era um homem que tinha prazer em mover as mãos, fazer movimentos pequenos, limpos e imperceptíveis com elas, movimentos sem nenhum significado específico, mas macios, fluidos e leves como a penugem de um cisne. Faziam com que ele passasse a sensação de coisas delicadas feitas delicadamente – mas não frágeis. Mozart, claro. Eu podia perceber.

Era por volta das cinco e meia, e o céu por trás da janela velada estava clareando. O tampo corrediço da escrivaninha no canto estava fechado. O quarto era o mesmo em que eu estivera na noite anterior. Lá no final da mesa, o lápis quadrado de carpinteiro repousava onde alguém o tinha recolocado depois de o tenente Maglashan, de Bay City, tê-lo jogado contra a parede. A escrivaninha à qual Christy French tinha se sentado estava suja de cinzas. Um velho toco de charuto equilibrava-se na extremidade de um cinzeiro de vidro. Uma mariposa voava em círculos ao redor da lâmpada de um desses lustres brancos e verdes que ainda existem em hotéis do interior.

– Cansado? – ele perguntou.

– Acabado.

– Não deveria se envolver nesses casos complicados. Não vejo nenhuma razão para isso.

– Nenhuma razão para atirar em um homem?

Ele abriu o sorriso cálido:

– Você nunca atirou em ninguém.

– O que o faz dizer isso?

– Bom senso. E muita experiência de sentar aqui com as pessoas.

– Imagino que realmente gosta do trabalho – falei.

– É trabalho noturno. Fico com os dias livres para praticar. Tenho este emprego há doze anos. Vi muitos engraçadinhos virem e irem embora.

Ele pegou outro ás, bem a tempo. Estávamos quase bloqueados.

– Consegue muitas confissões?

– Não ouço confissões – ele disse. – Apenas crio um ambiente.

– E por que revelar tudo?

Ele se reclinou e tamborilou gentilmente a extremidade da mesa com a ponta de uma carta. O sorriso veio novamente.
– Não vou revelar nada. Entendemos você há muito tempo.

– Então, para que estão me segurando aqui?

Isso ele não respondia. Ele olhou ao redor, para o relógio na parede.

– Acho que podíamos chamar alguma comida agora – ele se levantou e foi até a porta. Abriu-a pela metade e falou calmamente com alguém lá fora. Então voltou, tornou a sentar-se e olhou para as cartas que tínhamos pela frente.

– É inútil – ele disse. – Mais três e estamos bloqueados. Tudo bem para você começarmos de novo?

– Tudo bem comigo se nunca começássemos. Não jogo cartas. Xadrez.

Ele levantou os olhos para mim rapidamente:

– Por que não disse logo? Eu também preferiria xadrez.

– Eu preferiria beber um pouco de café preto, quente e amargo como o pecado.

– Já vai chegar. Mas não prometo que o café seja aquilo com que está acostumado.

– Ora, eu como qualquer coisa... Bem, se eu não atirei nele, quem atirou?

– Acho que é isso que está chateando eles.

– Deveriam estar felizes por ele ter sido baleado.

– Provavelmente estão – ele disse. – Mas não gostam do jeito como foi feito.

– Pessoalmente, acho um trabalho tão bem-feito quanto possível.

Ele me olhou em silêncio. Tinha as cartas entre as mãos, todas em um bolo. Ele as alinhou, embaralhou-as rapidamente com as caras viradas para baixo e pôs-se a dividi-las em dois montes. As cartas pareciam brotar das mãos dele como num jorro indistinto.

– Se você fosse tão rápido com uma arma... – comecei.

O jorro de cartas parou. Sem nenhum movimento aparente, uma arma tomou o lugar delas. Ele a segurava levemente na mão direita, apontada para um canto distante da sala. Ela desapareceu, e as cartas começaram a fluir novamente.

– Você está sendo desperdiçado aqui – falei. – Deveria estar em Las Vegas.

Ele apanhou um dos montes, embaralhou-o delicada e rapidamente, cortou e me deu um *flush* de espadas com rei.

– Estou mais seguro com um Steinway – ele disse.

A porta se abriu, e um homem uniformizado entrou com uma bandeja.

Comemos guisado enlatado e bebemos café quente, porém fraco. A essa altura, já era de manhã.

Às oito e quinze Christy French veio e ficou ali parado, com o chapéu na cabeça inclinado para trás e bolsas escuras embaixo dos olhos.

Meu olhar foi dele para o homenzinho do outro lado da mesa. Mas ele não estava mais lá. As cartas também não estavam mais lá. Nada estava lá, a não ser uma cadeira cuidadosamente encostada à mesa e os pratos nos quais tínhamos comido, reunidos em uma bandeja. Por um momento, tive uma sensação um pouco sinistra.

Então Christy French caminhou ao redor da mesa, puxou a cadeira para fora, sentou-se e recostou o queixo na mão. Tirou o chapéu e despenteou os cabelos. Ele me encarou com olhos duros e lentos. Eu estava de volta ao território dos tiras.

# 31

– O promotor quer vê-lo às nove horas – ele disse. – Depois disso, acho que pode ir para casa. Isto é, se eles não conseguirem nada contra você. Sinto muito que tenha ficado sentado naquela cadeira a noite toda.

– Tudo bem – falei. – Eu estava precisando de exercício.

– É, de volta à rotina – ele disse e olhou com melancolia para os pratos na bandeja.

– Pegou Lagardie? – perguntei-lhe.

– Não. Mas ele é realmente um médico – seus olhos vieram até os meus. – Ele clinicou em Cleveland.

Falei:

– Eu lamento que seja tudo tão certinho.

– O que quer dizer?

– O jovem Quest queria chantagear Steelgrave. Então, por puro acidente, ele dá de cara com o único cara em Bay City que poderia provar quem Steelgrave era. *Isso* é certinho demais.

– Você não está esquecendo de alguma coisa?

– Estou suficientemente cansado para esquecer até o meu nome. O quê?

– Eu também – French disse. – *Alguém* deve ter dito a ele quem Steelgrave era. Quando aquela foto foi tirada, Moe Stein ainda não tinha sido apagado. Então, qual a utilidade da foto a não ser que alguém soubesse quem era Steelgrave?

– Acho que a senhorita Weld sabia – falei. – E Quest era irmão dela.

– Você não está sendo claro, cara – ele deu um sorriso cansado. – Ela ajudaria o irmão a pôr as mãos no namorado e nela também?

– Eu desisti de entender. Talvez a foto fosse só uma coincidência. A outra irmã dele – a minha cliente – disse que ele gostava de roubar fotos. Quanto mais roubada, melhor. Se ele tivesse vivido o suficiente, você poderia prendê-lo por vadiagem.

– Por assassinato – French disse, indiferentemente.

– Ãhã?

– Maglashan encontrou aquele picador de gelo. Ele só não queria admitir para você.

– Mas é necessário mais do que isso.

– Sim, mas é um caso morto. Clausen e Mileaway Marston, ambos tinham ficha na polícia. O garoto está morto. A família dele, respeitável. Ele tinha um temperamento arredio e se meteu com as pessoas erradas. Não tem por que difamar a família dele apenas para provar que a polícia pode solucionar um caso.

– Isso é digno da sua parte. E quanto a Steelgrave?

– Isso está fora da minha alçada – ele começou a se levantar. – Quando um gângster se vinga, quanto tempo dura a investigação?

– Apenas o tempo que o caso estiver nas primeiras páginas – falei. – Mas há uma questão de identidade envolvida aqui.

– Não.

Olhei para ele.

– Como assim, não?

– Simplesmente não. Temos certeza. – Ele já estava de pé agora. Penteou os cabelos com os dedos e arrumou a gravata e o chapéu. Com o canto da boca, disse, numa voz baixa: – Em *off* – sempre tivemos certeza. Apenas não tínhamos provas contra ele.

– Obrigado – falei –, vou guardar isso para mim. E quanto às armas?

Ele parou e olhou para baixo, na mesa. Seus olhos levantaram-se até os meus bastante lentamente.

– Ambas pertenciam a Steelgrave. E mais: ele tinha porte de arma. Emitido pelo xerife de outro condado. Não me pergunte por quê. Uma delas... – ele fez uma pausa e olhou para cima, para a parede sobre a minha cabeça – uma delas matou Quest... A mesma arma matou Stein.

– Qual delas?

Ele deu um sorriso fraco:

– Seria um inferno se os caras da balística as confundissem e não soubéssemos – ele disse.

Esperou que eu falasse alguma coisa. Eu não tinha nada a dizer. Ele fez um gesto com a mão:

– Bem, até logo. Nada de pessoal, sabe, mas espero que o promotor arranque o seu disfarce. Lenta e dolorosamente.

Ele se virou e saiu.

Eu poderia ter feito o mesmo, mas apenas fiquei ali sentado, olhando para a parede por cima da mesa, como se eu tivesse esquecido como se faz para levantar. Depois de um tempo, a porta se abriu, e entrou a rainha ruiva. Ela destrancou a escrivaninha de tampo corrediço, tirou o chapéu de cima do cabelo improvável e pendurou o casaco em um gancho vazio na parede vazia. Abriu a janela mais próxima de si, destapou a sua máquina de escrever e alimentou-a com papel. Então seu olhar atravessou até onde eu estava.

– Esperando alguém?

– Estou hospedado aqui – falei. – Fiquei aqui a noite toda.

Ela continuou a me olhar firmemente por um momento.

– Você estava aqui ontem à tarde, me lembro.

Ela se voltou para a máquina de escrever, e os seus dedos começaram a voar. Da janela aberta às suas costas veio o ronco de carros enchendo o estacionamento. O céu tinha um brilho esbranquiçado, e não havia muita neblina. Seria um dia quente.

O telefone tocou na mesa da rainha ruiva. Ela falou no fone, inaudivelmente, e desligou. Olhou na minha direção novamente.

– O sr. Endicott está no escritório – ela disse. – Sabe o caminho?

– Trabalhei lá uma vez. Mas não para ele. Fui despedido.

Ela me encarou com aquele olhar-departamento-de-polícia que eles têm. Uma voz que parecia vir de qualquer parte exceto da sua boca disse:

– Bata na cara dele com uma luva molhada.

Aproximei-me dela e fiquei olhando para o cabelo laranja. Havia bastante raízes brancas.

– Quem disse isso?

– É a parede – ela disse. – Ela fala. As vozes dos homens mortos que passaram por aqui no caminho para o inferno.

Saí da sala caminhando lentamente e fechei a porta com muita delicadeza, para que não fizesse barulho.

# 32

Você passa por portas vaivém duplas. Do outro lado das portas, há um terminal de telefonista e uma mesa de informações à qual fica sentada uma daquelas mulheres sem idade definida que se vê em escritórios municipais em todos os lugares do mundo. Nunca foram jovens e nunca serão velhas. Não têm beleza, charme, estilo. Não precisam agradar ninguém. Estão a salvo. São civilizadas sem nunca serem educadas. São inteligentes e têm conhecimento geral sem terem qualquer interesse específico por coisa alguma. São aquilo em que os seres humanos se transformam quando trocam a vida pela existência e a ambição pela segurança.

Mais além dessa mesa há uma fileira de cubículos envidraçados que se estendem ao longo de um dos lados de um quarto muito longo. No outro lado fica a sala de espera, com uma fileira de cadeiras duras, todas viradas para o mesmo lado, na direção dos cubículos.

Cerca de metade das cadeiras estava ocupada por pessoas esperando, com a expressão de quem já acumulava uma longa espera e a expectativa de mais espera a caminho. A maioria delas eram pessoas gastas. Um cara era da própria prisão, em uniforme azul, acompanhado por um guarda. Um garoto de rosto branco, com olhos doentes e vazios.

Ao fundo da linha de cubículos uma porta continha as seguintes letras: SEWELL ENDICOTT-PROMOTOR PÚBLICO. Bati e adentrei um cômodo grande e arejado. Uma sala bastante boa, em estilo antigo, com cadeiras estofadas de couro escuro e quadros de ex-promotores públicos e ex-governadores nas paredes. Uma brisa movimentava as cortinas nas quatro janelas. Um ventilador localizado em uma prateleira alta ronronava e dançava devagar, perfazendo languidamente um arco.

Sewell Endicott sentou-se atrás de uma escrivaninha simples e escura e me observou entrar. Ele apontou para uma cadeira à sua frente. Sentei nela. Era alto, magro e moreno, com cabelos negros um pouco desgrenhados e dedos longos e delicados.

– Você é Marlowe? – ele perguntou, em uma voz que tinha um toque macio do Sul.

Não pensei que ele realmente precisasse de uma resposta para aquilo. Apenas esperei.

– Está em apuros, Marlowe. As coisas não parecem nada bem. Foi pego suprimindo provas importantes para a solução de um caso de assassinato. Isso é obstruir a Justiça. Pode ser condenado por isso.

– Suprimindo que provas? – perguntei.

Ele pegou uma foto de cima da sua escrivaninha e franziu o cenho para ela. Olhei para as duas outras pessoas na sala. Estavam sentadas em cadeiras uma ao lado da outra. Uma delas era Mavis Weld. Usava óculos escuros com uma ampla armação branca. Eu não podia ver os seus olhos, mas achei que ela estava olhando para mim. Ela não sorriu. Ficou sentada, parada.

Ao lado dela, um homem em um terno de flanela cinza claro angelical, com um cravo do tamanho de uma dália na lapela. Ele estava fumando um cigarro com suas iniciais e salpicando as cinzas no chão, ignorando o cinzeiro próximo ao seu cotovelo. Eu o conhecia de fotos que tinha visto nos jornais. Lee Farrell, um dos mais quentes advogados do país em matéria de casos difíceis. Tinha cabelos brancos, mas seus olhos eram brilhantes e joviais. Ele apresentava um forte bronzeado de quem andara pegando sol na rua. Parecia alguém cujo aperto de mão custaria mil dólares.

Endicott se reclinou e tamborilou nos braços da cadeira com seus longos dedos. Ele se voltou com polida indiferença para Mavis Weld.

– E quão bem conhecia Steelgrave, senhorita Weld?

– Intimamente. Ele tinha algumas características muito atraentes. Mal posso acreditar... – ela começou a soluçar e a sacudir os ombros.

– E você está preparada para subir ao banco das testemunhas e jurar quanto à hora e ao lugar em que essa fotografia foi tirada? – ele virou a foto e a mostrou a ela.

Farrell disse, indiferentemente:

– Um momento. É essa a evidência que o sr. Marlowe supostamente suprimiu?

– Eu faço as perguntas – Endicott disse asperamente.

Farrell sorriu:

– Bem, no caso de a resposta ser sim, a foto não prova coisa alguma.

Endicott disse, macio:

– Vai responder a minha pergunta, senhorita Weld?

Ela disse, calma e simplesmente:

– Não, sr. Endicott, eu não poderia jurar sobre quando essa foto foi tirada ou onde. Eu não sabia que estava sendo tirada.

– Tudo que tem a fazer é olhar para ela – Endicott sugeriu.

– E tudo o que posso afirmar é o que vejo na foto – ela replicou.

Eu sorri. Farrell deu-me um rápido piscar de olhos. Endicott apanhou a piscadela com o canto do olho.

– Algo que o senhor acha divertido? – ele disparou na minha direção.

– Estive acordado a noite toda. Meu rosto está cansado – falei.

Ele me deu um olhar severo e se voltou novamente para Mavis Weld.

– Pode falar mais a respeito, senhorita Weld?

– Muitas fotos minhas foram tiradas, sr. Endicott. Em vários lugares diferentes e com as pessoas mais variadas. Almocei e jantei no The Dancers com o sr. Steelgrave e com vários outros homens. Não sei o que quer que eu diga.

Farrell acrescentou, com cuidado:

– Se entendo o seu ponto de vista, o senhor gostaria que a senhorita Weld fosse a sua testemunha para estabelecer alguma relação a partir dessa foto. Em que tipo de julgamento?

– Isso é assunto meu – Endicott disse, curto e grosso. – Alguém assassinou Steelgrave a tiros na noite passada. Pode ter sido uma mulher. Pode até ter sido a senhorita Weld. Sinto muito em dizer isso, mas essa opção parece fazer parte do jogo.

Mavis Weld olhou para as mãos. Torceu uma luva branca entre os dedos.

– Bem, vamos imaginar um julgamento – Farrell disse. – Um no qual a foto seja parte das provas. Se conseguir fazer com que faça parte das provas. Tudo o que ela sabe sobre a foto é o que ela vê ao examiná-la. O que qualquer outra pessoa pode ver. Você teria de conectar a foto a uma testemunha que possa jurar quanto a quando, de que modo e onde ela foi tirada. De outro modo, eu me oporia – se eu estivesse do outro lado. Eu poderia até mesmo apresentar especialistas que jurariam que a foto é falsificada.

– Tenho certeza de que poderia – Endicott disse, seco.

– O único homem que poderia fazer a conexão necessária para você é o homem que a tirou – Farrell continuou sem pressa ou afobação. – Pelo que sei, este homem está morto. Suspeito, inclusive, que tenha sido assassinado por essa razão.

Endicott disse:

– Essa foto é uma prova clara de que em um certo momento e lugar Steelgrave não estava na prisão e, portanto, não tinha álibi para a morte de Stein.

Farrell disse:

– Será uma prova quando e somente quando você conseguir introduzi-la como prova, Endicott. Pelo amor de Deus, não estou tentando lhe ensinar as leis. Você sabe disso. Esqueça a foto. Não prova absolutamente coisa alguma. Nenhum jornal ousaria publicá-la. Nenhum juiz admitiria isso como prova, porque nenhuma testemunha competente pode conectá-la aos fatos. E se é essa a prova suprimida por Marlowe, então ele não suprimiu prova nenhuma, no sentido legal.

– Eu não estava pensando em acusar Steelgrave de assassinato – Endicott disse, seco. – Mas *estou* um pouco interessado em saber quem pode ter assassinado ele. O departamento de polícia, surpreendentemente, também tem interesse nisso. Espero que os nossos interesses não ofendam o senhor.

Farrell disse:

– Nada me ofende. É por isso que estou onde estou. Tem certeza de que Steelgrave foi assassinado?

Endicott ficou olhando para ele. Farrell disse, confortável:

– Pelo que sei, duas armas foram encontradas, ambas de propriedade de Steelgrave.

– Quem disse isso a você? – Endicott perguntou, áspero, e inclinou-se para a frente, com o cenho franzido.

Farrell deixou cair o seu cigarro no cinzeiro e levantou os ombros:

– Ora, essas coisas vêm à tona. Uma dessas armas tinha matado Quest e Stein. A outra matou Steelgrave. Disparada a pouca distância, também. Admito que os rapazes da polícia nem sempre gostam de falar. Mas pode acontecer.

Endicott disse, gravemente:

– Sem dúvida alguma. Obrigado pela informação. Mas simplesmente está errada.

Farrell sorriu um pouco e ficou em silêncio. Endicott virou-se lentamente para Mavis Weld.

– Senhorita Weld, este escritório – ou o atual representante dele, pelo menos – não acredita em buscar publicidade às custas de pessoas às quais um certo tipo de publicidade pode ser fatal. É meu dever determinar se alguém deve ser levado a julgamento por qualquer um desses assassinatos e processar essa pessoa, se as provas assim permitirem. Não é meu dever arruinar a sua carreira ao explorar o fato de que a senhorita teve a má sorte ou o mau julgamento de ser amiga de um homem que, embora nunca condenado ou mesmo indiciado por um crime, foi indubitavelmente membro de uma organização mafiosa em uma certa época. Não acho que tenha sido perfeitamente honesta comigo sobre essa fotografia, mas não vou insistir no assunto agora. Não há muita razão para perguntar à senhorita se matou ou não Steelgrave. Mas pergunto se tem alguma informação que possa apontar quem o pode ter matado.

Farrell disse, rapidamente:

– Conhecimento de causa, senhorita Weld. Não mera suspeita.

Ela encarou Endicott com firmeza:

– Não.

Ele se levantou e se inclinou num cumprimento:

– Isto seria tudo por enquanto. Muito obrigado por terem vindo.

Farrell e Mavis Weld se levantaram. Eu não me mexi. Farrell perguntou:

– Vai dar uma coletiva à imprensa?

– Acho que vou deixar isso para você, sr. Farrell. Tem sido muito hábil ao tratar com a imprensa.

Farrell assentiu e foi abrir a porta. Eles saíram. Ela não parecia olhar para mim quando saiu, mas algo tocou gentilmente a parte de trás do meu pescoço. Provavelmente um acidente. A manga da roupa dela.

Endicott observou a porta fechar-se. Olhou para mim por sobre a mesa:

– Farrell está representando você? Esqueci de perguntar a ele.

– Não posso me dar esse luxo. Então, sou vulnerável.

Ele sorriu sutilmente:

– Deixo eles usarem todos os truques e então salvo minha dignidade trabalhando em você, hein?

– Eu não poderia impedi-lo.

– Você não está exatamente orgulhoso pelo modo como tratou as coisas, está, Marlowe?

– Comecei errado. Depois disso, eu só tive que arcar com as conseqüências.

– Não acha que tem certa obrigação para com a lei?

– Acharia, se a lei fosse como o senhor.

Ele correu os dedos pálidos e longos pelo cabelo preto desgrenhado.

– Eu poderia fazer mil comentários sobre isso – ele disse. – Todos se pareceriam. O cidadão é a lei. Neste país, ainda não conseguimos entender isso. Pensamos na lei como em um inimigo. Somos uma nação de pessoas que odeiam a polícia.

– Vai ser preciso muito para mudar isso – falei. – De ambos os lados.

Ele se inclinou para a frente e apertou uma campainha.

– Sim – ele disse, baixo. – Será preciso. Mas alguém precisa começar. Muito obrigado por ter vindo.

Enquanto eu saía, um secretário entrou por outra porta com uma pasta de arquivo gorda na mão.

# 33

Uma barba e um segundo café-da-manhã fizeram eu me sentir um pouco menos como a caixa de papelão onde uma gata tem os seus filhotes. Subi até o escritório, abri a porta e aspirei o ar saturado e o cheiro de poeira. Abri uma janela e inalei o cheiro de cozinha e fritura do café ao lado. Sentei na minha mesa e senti a madeira com as pontas dos meus dedos. Enchi um cachimbo, o acendi, me recostei e olhei ao redor.

– Alô – falei.

Eu estava apenas cumprimentando o equipamento do escritório, os três arquivos verdes, o tapete puído, a cadeira de visitas à minha frente e a lâmpada no teto, com três mariposas mortas no seu interior, que estavam ali havia pelo menos seis meses. Eu estava falando com o vidro rugoso da porta, com as madeiras carcomidas, com o jogo de canetas na mesa e com o cansado, exausto telefone. Eu estava falando com a carapaça de um jacaré, o nome do jacaré sendo Marlowe, um detetive particular da nossa pequena e próspera comunidade. Não o cara mais brilhante do mundo, mas barato. Ele começou sendo barato, continuou barato e terminou barato.

Me abaixei e coloquei a garrafa de Old Forester sobre a mesa. Ainda tinha cerca de um terço da bebida. Old Forester. Agora, quem foi mesmo que deu isso para você, cara? É rótulo verde. Totalmente acima do seu nível. Deve ter sido um cliente. Tive um cliente, uma vez.

E isso me fez pensar nela, e talvez eu tenha pensamentos mais fortes do que eu imaginava. O telefone tocou, e a voz engraçadinha e clara soou do mesmo modo que da primeira vez que ela ligou.

– Estou naquela cabine telefônica – ela disse. – Se está sozinho, vou subir.

– Ã-hã.

– Imagino que esteja bravo comigo.

– Não estou bravo com ninguém. Apenas cansado.

– Ah, está sim – a vozinha apertada disse. – Mas vou subir de qualquer modo. Não me importo se *estiver* bravo comigo.

Ela desligou. Tirei a rolha da garrafa de Old Forester e dei uma cheirada. Estremeci. Era isso. Quando chegasse a hora em que eu não mais conseguisse cheirar uísque sem estremecer, eu estaria acabado.

Coloquei a garrafa de lado e me levantei para abrir a porta comunicante. Então ouvi-a caminhando ao longo do corredor. Eu reconheceria aqueles pequenos passinhos apertados em qualquer lugar. Abri a porta, ela veio até mim e me olhou timidamente.

Tudo tinha ido embora. Os óculos puxados, o novo penteado e o pequeno chapeuzinho maroto, e o perfume e o toque vaidoso. As bijuterias, o *rouge*, tudo. Tudo por água abaixo. Ela estava de volta exatamente ao ponto de onde começara naquela primeira manhã. A mesma roupa marrom feita sob medida, a mesma bolsa quadrada, os mesmo óculos sem aro, o mesmo sorrisinho recatado e óbvio.

– Sou eu – ela disse. – Estou indo para casa.

Então me seguiu até a minha sala particular de preocupações, sentou-se empertigada, e eu sentei como sempre e olhei fixamente para ela.

– De volta para Manhattan – falei. – Fico surpreso que a deixem fazer isso.

– Pode ser que eu precise voltar.

– Você pode pagar?

Rapidamente ela deu uma risadinha meio constrangida.

– Não vai me custar nada – disse. Ela levantou o braço e tocou os óculos sem aro. – Estes parecem estranhos agora – ela falou. – Eu gostava dos outros. Mas o dr. Zugsmith não aprovaria eles de jeito nenhum.

Ela colocou a bolsa sobre a mesa e desenhou uma linha ao longo da escrivaninha com o dedo. Também aquilo era como da primeira vez.

– Não consigo me lembrar se devolvi ou não os seus vinte dólares – falei. – Passamos eles adiante tantas vezes que perdi a conta.

– Oh, você me devolveu – ela disse. – Obrigada.

– Tem certeza?

– Nunca me engano com dinheiro. Você está bem? Eles machucaram você?

– A polícia? Não. E foi um trabalho duro como eles nunca tinham experimentado.

Ela parecia inocentemente surpresa. Então seus olhos brilharam:

– Você deve ser tremendamente corajoso.

– Foi apenas sorte – falei. Apanhei um lápis e apalpei-lhe a ponta. Era uma ponta bem afiada, se alguém quisesse escrever algo. Eu não queria. Me debrucei, enfiei o lápis entre a alça da sua bolsa e a puxei na minha direção.

– Não toque na minha bolsa – ela disse rapidamente e fez menção de puxá-la de volta.

Eu sorri e a tirei do seu alcance.

– Está bem. Mas é uma bolsinha bonitinha. Parece tanto com você.

Ela se recostou. Havia uma vaga preocupação nos seus olhos, mas ela sorriu.

– Acha que sou bonitinha, Philip? Sou tão comum.

– Eu não diria isso.

– Não diria?

– Ora, claro que não, acho que você é uma das garotas mais especiais que já conheci.

Puxei a bolsa pela alça e a pousei no canto da mesa. Seus olhos se fixaram nela rapidamente, mas ela lambeu os lábios e continuou sorrindo para mim.

– E aposto que você conheceu um bocado de garotas – ela disse. – Por que... – ela olhou para baixo e fez aquilo na mesa de novo, com a ponta do dedo – por que você nunca se casou?

Pensei em todas as maneiras possíveis de se responder a isso. Pensei em todas as mulheres de quem eu tinha gostado a esse ponto. Bem, não em todas. Mas algumas.

– Acho que sei a resposta – falei. – Mas soaria brega. Aquelas com as quais eu talvez quisesse casar... bem, eu não tinha o que elas precisavam. Com as outras você não precisa casar. Você apenas as seduz. Se elas não o forçarem a fazer isso antes.

Ela ficou vermelha até as raízes do seu cabelo escuro.

– Você fica horrível quando fala desse jeito.

– Isso vale para algumas das legais, também – falei. – Não o que você disse. O que eu disse. Você mesma não seria tão difícil.

– Não fale assim, por favor!

– Bem, seria?

Ela olhou para baixo, na direção da mesa:

– Eu gostaria que você me dissesse – ela falou, lentamente – o que aconteceu com Orrin. Estou toda confusa.

– Falei a você que provavelmente ele saiu dos trilhos. Na primeira vez que você veio aqui. Lembra?

Ela aquiesceu lentamente, ainda vermelha.

– Um tipo de vida familiar anormal – falei. – Um tipo de cara muito inibido e com uma idéia muito elevada da sua própria importância. Isso saltava aos olhos naquele retrato que você me deu. Não quero dar uma de psicólogo para cima de você, mas imagino que ele era exatamente o tipo de cara que enlouquece completamente, se é que enlouqueceu. Então tinha aquela terrível fome por dinheiro que acontece na sua família. Em todos, com exceção de uma pessoa.

Ela sorriu para mim agora. Se achou que eu estava falando dela, isso não era problema para mim.

– Há uma pergunta que eu gostaria de lhe fazer – falei. – O seu pai tinha sido casado antes?

Ela balançou a cabeça: sim.

— Isso ajuda. Leila tinha outra mãe. Faz muito sentido para mim. Me conte mais um pouco. Afinal de contas, trabalhei um bocado para você, por uma quantia líquida bem baixa de zero dólar.

— Você foi pago — ela disse, áspera. — Bem pago. Por Leila. E não espere que eu a chame de Mavis Weld. Não farei isso.

— Mas você não sabia que eu seria pago.

— Bem... — houve uma longa pausa, durante a qual os seus olhos correram de novo até a bolsa — você foi pago.

— Ok, vamos deixar passar essa. Por que você não me dizia quem era ela?

— Eu estava com vergonha. Tanto minha mãe quanto eu tínhamos vergonha.

— Orrin não tinha. Ele adorava isso.

— Orrin? — Houve um breve silêncio enquanto ela olhava para a bolsa de novo. Eu estava começando a ficar curioso quanto àquela bolsa. — Ele tinha vindo para cá, e suponho que tenha se acostumado à idéia.

— Trabalhar no cinema não é tão mau assim, com certeza.

— Não era apenas isso — ela disse, rápida, seus dentes vieram para a extrema beirada do lábio inferior, e algo pegou fogo nos seus olhos e muito lentamente morreu. Eu levei outro fósforo ao meu cachimbo. Estava cansado demais para demonstrar qualquer emoção, mesmo que eu sentisse alguma.

— Eu sei. Ou, de todo modo, meio que adivinhei. Como foi que Orrin descobriu algo sobre Steelgrave que os tiras não sabiam?

— Eu... eu não sei — ela disse lentamente, escolhendo com cuidado o caminho entre as palavras, como um gato que atravessa uma cerca. — Pode ter sido o médico?

— Oh, claro — falei, com um grande sorriso. — Ele e Orrin se tornaram amigos, de algum jeito. Um interesse comum por ferramentas pontiagudas, talvez.

Ela se recostou na cadeira. Seu pequeno rosto parecia magro e anguloso agora. Seus olhos tinham uma expressão atenta.

– Você está apenas sendo desagradável – ela disse. – De tempos em tempos você tem que agir assim.

– Que pena – falei. – Eu seria uma figura adorável se fosse um ermitão. Bonita bolsa. – Apanhei-a, puxei-a para mim e a abri de um só golpe.

Ela saltou da cadeira e investiu na minha direção.

– Deixe a minha bolsa em paz!

Olhei-a diretamente através dos óculos sem aro:

– Quer ir para casa, para Manhattan, Kansas, não quer? Hoje? Está com a sua passagem e tudo?

Ela moveu os lábios e lentamente sentou de novo.

– Ok – falei. – Não estou impedindo você. Eu apenas estava me perguntando quanta grana você conseguiu tirar no negócio.

Ela começou a chorar. Abri a bolsa e a vasculhei. Nada, até que cheguei ao bolso com zíper na parte de trás: abri-o e enfiei a mão. Ali havia um pacote chato de notas novas. Tirei-as para fora e as abri num leque. Dez notas de cem. Todas novinhas. Todas lindas. Um belo milhar de dólares. Um bom trocado para a viagem.

Eu me recostei e fiquei batendo com a ponta do pacote no canto da mesa. Ela estava sentada quieta agora, olhando para mim com olhos úmidos. Tirei um lenço da bolsa e joguei para ela. Ela limpou o canto dos olhos. Olhava para mim por cima do lenço. De vez em quando, tirava da garganta um belo e comovente soluço.

– Leila me deu o dinheiro – falou, macio.

– Que golpe você deu?

Ela apenas abriu a boca, e uma lágrima escorreu pela sua bochecha.

– Deixe para lá – falei. Derrubei o pacote de dinheiro de volta na bolsa, fechei-a e a empurrei para o outro lado da mesa, na sua direção. – Acho que você e Orrin pertencem àquela classe de gente que consegue convencer a si própria que tudo o que fazem é certo. Ele era capaz de chantagear a própria irmã e então, quando um bando de pilantras de segunda linha sacam a sua jogada e o tiram do negócio, ele era capaz de ir até eles e eliminá-los com um picador de gelo na nuca. Provavelmente sequer perdeu o sono por uma noite. Provavelmente você é capaz de fazer o mesmo. Leila não deu esse dinheiro a você. Steelgrave deu. Por quê?

– Você é imundo – ela disse. – Você é vil. Como ousa dizer essas coisas para mim?

– Quem falou à polícia que o dr. Lagardie conhecia Clausen? Lagardie achava que tinha sido eu. Eu não fui. Então foi você. Por quê? Para evaporar o seu irmão, que não estava incluindo você no bolo. Porque exatamente naquele momento ele tinha perdido o seu trunfo e estava se escondendo. Eu bem que gostaria de ver algumas daquelas cartas que ele escreveu para casa. Aposto que são suculentas. Posso vê-lo trabalhando nelas, vigiando a irmã, tentando enquadrá-la na sua Leica, com o bom doutor Lagardie esperando quieto nos bastidores pela parte dele no negócio. Para que você me contratou?

– Eu não sabia – ela disse sem alterar a voz. Ela secou os olhos novamente, guardou o lenço na bolsa e se recompôs, pronta para ir embora. – Orrin nunca mencionou nenhum nome. Eu não sabia que Orrin tinha perdido as fotos. Mas eu sabia que ele as tinha tirado e que eram valiosas. Vim até aqui para me certificar.

– Se certificar do quê?

– De que Orrin estava me tratando direitinho. Ele podia ser horrivelmente mau às vezes. Ele poderia querer ficar com todo o dinheiro só para ele.

– Por que ele ligou para você na sua penúltima noite?

– Ele estava com medo. O dr. Lagardie não estava mais satisfeito com ele. Estava sem as fotos. Outra pessoa as tinha. Orrin não sabia quem. Mas estava com medo.

– Eu estava com as fotos. Ainda estou – falei. – Estão naquele cofre.

Ela virou a cabeça muito lentamente para olhar para o cofre. Correu interrogativamente um dedo pelo lábio. Tornou a se virar de frente para mim.

– Não acredito em você – ela disse, e seus olhos me espreitaram como um gato espreita um buraco de rato.

– Que tal dividir essa bolada comigo? Aí você fica com as fotos.

Ela pensou no assunto.

– Eu dificilmente poderia lhe dar todo esse dinheiro por algo que não lhe pertence – ela disse e sorriu. – Por favor, me dê as fotos. Por favor, Philip. Leila precisa recebê-las de volta.

– Por quanta grana?

Ela fez cara feia e pareceu magoada.

– Ela é minha cliente agora – falei. – Mas atraiçoá-la duplamente não seria mau negócio. Pelo preço certo, é claro.

– Não acredito que você as tenha.

– Ok – levantei e fui até o cofre.

Em um momento eu estava de volta com o envelope. Despejei as cópias e o negativo sobre a mesa. Sobre o meu lado da mesa. Ela olhou para eles e fez menção de avançar para pegá-los.

Recolhi e juntei tudo, e mostrei uma foto para que ela pudesse ver. Quando ela tentou apanhá-la, puxei a foto para trás.

– Mas não consigo vê-la de tão longe – ela reclamou.

– Chegar mais perto custa dinheiro.

– Nunca pensei que você fosse um chantagista – ela disse com dignidade.

Não falei nada. Tornei a acender o cachimbo.

– Eu posso forçá-lo a entregá-las à polícia – ela disse.

– Pode tentar.

De repente, ela falou, rápido:

– Eu não poderia dar a você esse dinheiro que está comigo, realmente, não poderia. Nós, minha mãe e eu, ainda devemos dinheiro por causa do meu pai e a casa ainda não está paga e...

– O que você vendeu a Steelgrave por essa bolada?

A sua boca se abriu e ela pareceu muito feia. Cerrou os

lábios com força. Era um rosto duro e tenso esse que eu estava olhando.

– Você tinha uma coisa para vender – falei. – Você sabia onde Orrin estava. Para Steelgrave, essa informação valia muito. Fácil. É uma questão de juntar as evidências, mas você não entenderia. Steelgrave foi até lá e o matou. E pagou a você o dinheiro pelo endereço.

– Leila contou a ele – ela disse, numa voz distante.

– Leila disse para mim que disse para ele – falei. – Se necessário, Leila diria ao mundo inteiro que foi ela quem contou para ele. Assim como ela diria ao mundo inteiro que ela matou Steelgrave. Se essa fosse a única saída. Leila é um tipo de garota hollywoodiana descolada e acessível que não tem muitas preocupações morais. Mas quando se trata de princípios, ela tem de sobra. Não é do tipo de picador de gelo. E não é do tipo que gosta de dinheiro manchado de sangue.

A cor se esvaiu do seu rosto e a deixou pálida como gelo. Sua boca estremeceu, então se fechou com firmeza em um pequeno nó rígido. Ela empurrou a cadeira para trás e se inclinou para frente, para se levantar.

– Dinheiro manchado de sangue – falei, baixinho. – Seu próprio irmão. E você armou a cilada para que eles pudessem matá-lo. Mil dólares manchados de sangue. Espero que seja muito feliz com eles.

Ela se afastou da cadeira e deu alguns passos para trás. Então, de repente, ela riu.

– Quem poderia provar isso? – ela quase guinchou. – Quem está vivo para prová-lo? Você? Quem é você? Um piadista barato, um ninguém – ela se desfez em risadas estridentes. – Ora, até vinte dólares compram você.

Eu ainda estava segurando o pacote de fotografias. Acendi um fósforo, deixei cair o negativo no cinzeiro e observei enquanto ele se incendiava.

Ela ficou como morta, congelada em algum tipo de horror. Comecei a rasgar as fotos em tiras. Sorri para ela.

– Um piadista barato – falei. – Bem, o que você esperava? Não tenho irmãos ou irmãs para dedurar. Então, deduro os meus clientes.

Ela ficou rígida, com o olhar penetrante. Terminei de rasgar e queimei as tiras de papel no cinzeiro.

– Uma coisa da qual sentirei falta – falei – é não ver o seu encontro lá em Manhattan, Kansas, com a velha e querida mamãe. Não ver a briga sobre como dividir a bolada. Aposto que seria algo bonito de se ver.

Cutuquei o papel com um lápis para mantê-lo queimando. Ela veio lentamente, passo a passo, até a mesa, e seus olhos estavam fixos na pequena pilha fumegante de cópias rasgadas.

– Eu poderia avisar a polícia – ela sussurrou. – Posso dizer a eles muitas coisas. Eles acreditariam em mim.

– Eu poderia dizer a eles quem atirou em Steelgrave – falei. – Porque eu sei quem não atirou. Pode ser que acreditem em *mim*.

A pequena cabeça se moveu num sobressalto. A luz refletia nos seus óculos. Não havia olhar nenhum por trás deles.

– Não se preocupe – falei. – Não vou fazer isso. Me custaria muito. E custaria demais para uma certa pessoa.

O telefone tocou, e ela deu um pulo para trás. Virei-me para atendê-lo, coloquei o fone contra o meu rosto e disse:

– Alô.

– *Amigo*, você está bem?

Um som veio de trás. Me virei e vi a porta se fechando. Eu estava sozinho na sala.

– Você está bem, *amigo*?

– Estou cansado. Fiquei acordado a noite toda. A não ser por...

– A mocinha ligou para você?

– A irmãzinha? Ela estava aqui ainda agora. Está voltando para Manhattan, Kansas, com a pilhagem.

– Pilhagem?

– Os trocados que ela conseguiu com Steelgrave por dedurar o irmão.

Houve um silêncio, então ela disse, gravemente:

– Você não tem como saber isso, *amigo*.

– Assim como sei que estou sentado nesta escrivaninha, inclinado, segurando este telefone. Assim como sei que estou ouvindo a sua voz. E, não com tanta certeza, mas com certeza suficiente, assim como sei quem atirou em Steelgrave.

– Você é bem tolo em dizer isso para mim, *amigo*. Não estou acima da crítica. Não deveria confiar demais em mim.

– Eu cometo erros, mas este não vai ser um deles. Queimei as fotografias. Tentei vendê-las a Orfamay. Mas ela não ofereceu o suficiente.

– Com certeza você está brincando, *amigo*.

– Estou? Com quem?

A sua risada estalou na linha:

– Gostaria de me levar para almoçar?

– Talvez. Está em casa?

– *Sí*.

– Estarei aí daqui a pouco.

– Ficarei encantada.

Desliguei.

A encenação tinha chegado ao fim. Eu estava sentado na platéia vazia. A cortina tinha sido baixada e nela eu podia ver indistintamente a ação. Mas alguns dos atores já estavam ficando vagos e irreais. A irmãzinha, sobretudo. Em alguns dias, eu esqueceria como ela se parecia. Porque, de certo modo, ela *era* irreal. Pensei na sua viagem de volta a Manhattan, Kansas, e na velha e querida mamãe, com aqueles dólares novos e gordinhos na bolsa. Algumas pessoas haviam sido mortas para que ela pudesse tê-los, mas não achei que isso iria incomodá-la por muito tempo. Imaginei-a indo até o escritório de manhã – qual era o nome do homem? Oh, sim, dr. Zugsmith –, limpando a mesa do médico antes que ele chegasse e arrumando as revistas na sala de espera.

Ela estaria com os seus óculos de aro fino e um vestido simples, e seu rosto estaria sem maquiagem e seus modos para com os pacientes seriam dos mais corretos. "Dr. Zugsmith vai atendê-la agora, senhora fulana."

Ela seguraria a porta aberta com um pequeno sorriso, e a sra. Fulana passaria por ela, e o dr. Zugsmith estaria sentado atrás da sua mesa, parecendo profissional como o diabo com o jaleco branco e o estetoscópio pendurado ao redor do pescoço. Uma pasta de arquivo estaria à sua frente, e seu bloco de anotações e seu receituário estariam cuidadosamente colocados em um canto da mesa. Nada que o dr. Zugsmith não soubesse. Não se poderia enganá-lo. Ele tinha tudo na ponta dos dedos. Quando olhava para um paciente, ele sabia as respostas para todas as perguntas que faria apenas por uma questão de formalidade.

Quando ele olhasse para a sua recepcionista, senhorita Orfamay Quest, veria uma mocinha quieta e comportada, vestida apropriadamente para um consultório médico, sem unhas vermelhas, sem maquiagem gritante, nada que ofendesse os pacientes mais antiquados. Uma recepcionista ideal, a senhorita Quest.

Dr. Zugsmith, quando pensava nela, o fazia com satisfação. Ele a fizera ser o que ela era. Ela era aquilo que o doutor ordenava.

Muito provavelmente ele ainda não teria tentado cantá-la. Talvez não façam isso, nessas cidades pequenas. Rá! Cresci numa delas.

Mudei de posição, olhei para o meu relógio e peguei aquela garrafa de Old Forester da gaveta. Cheirei-a. Tinha um cheiro bom. Servi uma boa dose e segurei-a contra a luz.

– Bem, dr. Zugsmith – falei em voz alta, como se ele estivesse sentado ali do outro lado da mesa com um drinque na mão –, não o conheço muito bem, e você não me conhece nem um pouco. Normalmente, não acredito em dar conselhos para estranhos, mas tive um curso intensivo com a senhorita Orfamay Quest e vou fazer uma exceção. Se algum dia essa moça quiser algo de você, dê-lhe rapidamente, o que quer que seja. Não tente inventar desculpas ou gaguejar sobre impostos e despesas da clínica. Apenas transforme-se num sorriso e passe-lhe a grana. Não se envolva em qualquer discussão sobre o que pertence a quem. Mantenha a mocinha contente, isso é o mais importante. Boa sorte para você, doutor, e não deixe nenhum arpão à vista no consultório.

Virei metade do meu drinque e esperei que ele me aquecesse. Quando o fez, bebi o resto e coloquei a garrafa de lado.

Bati as cinzas frias do meu cachimbo e o reabasteci do porta-fumo de couro que um admirador me havia dado de Natal – admirador que, por uma estranha coincidência, tinha o mesmo nome que eu.

Quando o cachimbo se encheu, acendi-o cuidadosamente, sem pressa, e saí pelo corredor, tão confortável quanto um britânico voltando de uma caça a tigres.

# 34

O Château Bercy era velho mas tinha sido reformado. Tinha o tipo de lobby que pede veludo e plantas indianas de plástico, mas recebe tijolos de vidro, rebaixamento de gesso para a iluminação, mesas de vidro de três lados e um ar de ter sido redecorado por um interno de um hospital psiquiátrico. Suas cores principais eram verde-bile, marrom-cataplasma-de-linhaça, cinza-calçada e azul traseiro-de-macaco. Tão tranqüilizante quanto um lábio rachado.

A pequena mesa estava vazia, mas o espelho por trás dela podia ser falso, então não tentei me esgueirar escada acima. Toquei uma campainha, e um homem grande e gordo escorreu por detrás de uma parede e sorriu para mim com lábios úmidos e macios, dentes branco-azulados e olhos sobrenaturalmente brilhantes.

– A senhorita Gonzales – falei. – O nome é Marlowe. Ela está me esperando.

– Ora, claro – ele disse, dançando com as mãos. – Sim, claro. Vou chamá-la logo – ele tinha uma voz que dançava, também.

Ele apanhou o fone, gorgolejou dentro dele e o desligou.

– Sim, sr. Marlowe. A senhorita Gonzales pede que suba. Apartamento 412 – ele soltou um risinho. – Mas imagino que o senhor já saiba.

– Agora sei – falei. – Aliás, você estava aqui em fevereiro?

– Fevereiro passado? Fevereiro passado... Oh, sim, eu estava aqui em fevereiro – ele pronunciava tudo exatamente como se soletrado.

– Lembra-se da noite em que Stein foi apagado aí na frente?

O sorriso foi-se embora apressadamente daquele rosto gordo:

– Você é da polícia – a voz dele agora estava fina e esganiçada.

– Não. Mas sua calça está aberta, se quer saber.

Ele olhou para baixo com horror e fechou as calças com mãos que estavam quase tremendo.

– Ah, obrigado – falou. – Obrigado. – Ele se inclinou por sobre a mesa baixinha. – Não foi aqui na frente – ele disse. – Isto é, não bem na frente. Foi quase próximo à esquina.

– Ele estava morando aqui, não estava?

– Eu realmente preferiria não falar a respeito. Realmente preferiria não falar a respeito – ele fez uma pausa e correu a língua rosada pelo lábio inferior. – Por que pergunta?

– Só para ver você falar. Devia tomar mais cuidado, cara. Posso senti-lo no seu hálito.

O rubor tomou conta do seu rosto, chegando até o pescoço:

– Se está sugerindo que estive bebendo...

– Apenas chá verde – falei. – E não em uma xícara.

Dei-lhe as costas. Ele ficou quieto. Olhei para trás enquanto ia até o elevador. Ele estava com as mãos postas em cima da mesa e torceu a cabeça para me olhar. Mesmo à distância ele parecia estar tremendo.

O elevador não tinha ascensorista. O quarto andar era cinza-pálido, com carpete espesso. Havia uma pequena campainha manual ao lado do apartamento 412. Repicou suave lá dentro. A porta foi aberta instantaneamente. Os belos olhos negros e fundos olharam para mim, e a boca vermelho-carmim sorriu na minha direção. Calça preta e camisa cor de fogo, como na noite anterior.

– *Amigo* – ela disse docemente. Estendeu os braços. Apanhei os punhos dela, juntei-os e fiz as suas palmas se tocarem. Brinquei de bate-palminha com ela por um momento. A expressão nos seus olhos era langorosa e orgulhosa ao mesmo tempo.

Larguei seus pulsos, fechei a porta com o meu cotovelo e passei por ela deslizando. Era como a primeira vez.

– Você deveria fazer um seguro para esses aí – falei, tocando um deles. Era bem real. O mamilo estava duro como um rubi.

Ela começou com sua risada alegre. Continuei avançando e observei o lugar. Era cinza-francês e azul-mofo. Não eram as cores dela, mas eram muito bonitas. Havia uma lareira falsa com toras a gás, várias cadeiras, mesas e lâmpadas, mas não em excesso. Havia uma pequena adega no canto.

– Você gosta do meu cantinho, *amigo*?

– Não diga cantinho. Parece uma prostituta falando.

Não olhei para ela. Não queria olhar para ela. Sentei em um sofá e esfreguei uma mão na testa.

– Quatro horas de sono e alguns drinques – falei. – E aí eu poderia falar bobagens com você de novo. Neste exato momento, mal tenho forças para dizer algo que faça sentido. Mas preciso.

Ela veio se sentar perto de mim. Balancei a cabeça.

– Chegue mais para lá. Eu realmente tenho que falar sério.

Ela se sentou à minha frente e olhou para mim com olhos negros e graves.

– Mas, claro, *amigo*, como quiser. Sou sua garota. Ou

pelo menos seria sua garota com muito prazer.

– Onde você morou, em Cleveland?

– Em Cleveland? – a sua voz era muito macia, quase um arrulho. – Eu falei que vivi em Cleveland?

– Você disse que o conhecia de lá.

Ela tentou lembrar e então concordou.

– Nessa época eu era casada, *amigo*. Qual o problema?

– Então você realmente viveu em Cleveland.

– Sim – ela disse, calmamente.

– E como conheceu Steelgrave?

– Naqueles dias era divertido conhecer um gângster. Uma forma de soberba às avessas, suponho. Íamos aos lugares que diziam que eles freqüentavam e, com sorte, uma noite...

– Você deixou ele dar em cima de você.

Ela aquiesceu radiante.

– Digamos que *eu* dei em cima dele. Era um homenzinho bem simpático. É verdade, era.

– E o marido? O *seu* marido. Ou não se lembra?

Ela sorriu:

– As ruas do mundo são pavimentadas com maridos jogados fora – disse.

– E não é que é verdade? Estão por toda parte. Até em Bay City.

Não consegui nada com aquilo. Ela deu de ombros, educadamente:

– Não duvidaria disso.

– Podem ser até mesmo graduados na Sorbonne. Podem até estar marcando passo, com uma prática médica interiorana e vagabunda. Esperando e aguardando. Eis uma coincidência que eu gostaria de aceitar. Tem algo de poético.

O sorriso polido continuou no lugar, no seu rosto adorável.

– Nós nos distanciamos – falei. – Muito. E chegamos a nos dar bem por um tempo.

Olhei para os meus dedos. Minha cabeça estava doendo. Eu não era nem mesmo quarenta por cento do que deveria. Ela me ofereceu uma caixa de cristal com cigarros, e eu peguei um. Então ela encaixou um para si em uma das piteiras douradas. Apanhara o cigarro de uma caixa diferente.

– Eu gostaria de experimentar um dos seus – falei.

– Mas fumo mexicano é muito pesado para a maioria das pessoas.

– Desde que seja fumo, não tem problema – falei, observando-a. Então me decidi. – Não, tem razão. Eu não ia gostar.

– O que – ela perguntou cuidadosamente – quer dizer com isso?

– O recepcionista é um puxador de fumo.

Ela assentiu, lentamente:

– Eu já o avisei – ela disse. – Várias vezes.

– *Amigo* – falei.

– O quê?

– Você não pratica muito o espanhol, não é? Talvez porque não saiba muito espanhol. *Amigo* está surradíssimo.

– Isto não vai ser como ontem à noite, espero – ela disse, lentamente.

– Não. A única coisa mexicana em você é um punhado de palavras e uma maneira cautelosa de falar, para dar a impressão de uma pessoa que está falando uma língua que teve de aprender. Dizendo as frases certinhas, esse tipo de coisa.

Ela não respondeu. Baforou gentilmente do seu cigarro e sorriu.

– Estou em apuros lá na cidade – continuei. – Aparentemente, a senhorita Weld teve o bom senso de contar tudo ao chefe dela, Julius Oppenheimer, e ele intercedeu. Contratou Lee Farrell para ela. Não acho que eles pensem que ela matou Steelgrave. Mas eles acham que eu sei quem matou, e por isso não gostam mais de mim.

– E você sabe, *amigo*?

– Eu disse a você no telefone que sabia.

Ela me olhou fixamente por um longo e lânguido momento:

– Eu estava lá – a sua voz tinha um tom seco e sério, finalmente. – Foi muito curioso, realmente. A mocinha queria ver a casa de jogos. Nunca tinha visto nada como aquilo e tinha saído nos jornais...

– Ela estava ficando aqui, com você?

– Não no meu apartamento, *amigo*. Num quarto que consegui para ela, aqui.

– Não é de se admirar que ela não tenha me dito – falei. – Mas acho que você não teve tempo de ensinar a ela o *métier*.

Ela franziu o cenho muito suavemente e fez um movimento no ar com o cigarro marrom. Observei a fumaça escrever algo ilegível no ar parado.

– Por favor. Como eu estava dizendo, ela queria ir até aquela casa. Então liguei para ele, e ele disse para irmos. Quando chegamos lá, ele estava bêbado. Eu nunca tinha visto ele bêbado antes. Ele riu e colocou o braço ao redor de Orfamay e disse-lhe que ela tinha feito por merecer o dinheiro. Falou que tinha algo para ela, então tirou do bolso um maço de dinheiro enrolado em um tecido e o deu para ela. Quando ela o desembrulhou, havia um buraco no meio do pano e ele estava manchado com sangue.

– Isso não foi legal – falei. – Eu nem chegaria a chamar isso de típico.

– Você não o conhecia bem.

– Verdade. Continue.

– A pequena Orfamay pegou o maço e olhou para ele. O seu pequeno rostinho estava muito parado. Então ela agradeceu e abriu a bolsa, para guardar o maço, pensei eu... foi tudo muito curioso...

– Então um grito – falei. – Eu teria caído ofegante no chão, de susto...

– Mas em vez disso ela tirou uma arma da bolsa. Era uma arma que ele havia dado para Mavis, acho. Era como a arma que...

– Sei exatamente como era – falei. – Brinquei um pouco com ela.

– Ela se virou e o matou com um tiro. Foi muito dramático.

Ela colocou o cigarro marrom novamente na boca e sorriu para mim. Um sorriso curioso, meio distante, como se ela estivesse pensando em algo longe.

– Você a fez confessar a Mavis Weld – falei.

Ela assentiu.

– Mavis não teria acreditado em *você*, imagino.

– Eu não queria correr esse risco.

– Não foi você que deu a Orfamay os mil dólares, foi, querida? Para fazer com que ela falasse? Ela é uma mocinha que percorreria um longo caminho por mil dólares.

– Não me darei ao trabalho de responder isso – ela disse com dignidade.

– Não. Então ontem à noite, quando você me levou para lá, já sabia que ele estava morto e que não havia nada a temer, e toda aquela encenação com a arma foi só exatamente isso, uma encenação?

– Não gosto de brincar de Deus – ela disse, calmamente. – Havia um problema e eu sabia que de um jeito ou de outro você iria livrar Mavis. Ninguém mais podia fazer isso. Mavis estava determinada a assumir a autoria.

– Melhor eu tomar um drinque – falei. – Estou ficando tonto.

Ela deu um pulo e foi até a pequena adega. Voltou com um par de copos enormes de scotch com água. Alcançou-me um deles e me observou por cima do seu copo conforme eu experimentava o drinque. Era maravilhoso. Bebi mais um pouco. Ela se afundou na cadeira novamente e pegou as piteiras de ouro.

– Expulsei-a – eu disse, finalmente. – Estou falando de Mavis. Ela me disse que tinha atirado nele. Estava com a arma. A arma gêmea daquela que você me deu. Você provavelmente não tinha notado que a sua tinha sido disparada.

– Entendo muito pouco de armas – ela disse, suavemente.

– Claro. Contei as balas e, supondo que estivesse completamente carregada no começo de tudo, duas balas tinham sido disparadas. Quest foi morto com dois tiros de uma automática 32. Mesmo calibre. Juntei do chão os cartuchos vazios lá embaixo.

– Lá embaixo onde, *amigo*?

Estava começando a me irritar. *Amigo* demais, *amigo* além da conta.

– Claro que eu não podia saber que era a mesma arma, mas parecia valer a pena tentar. Apenas confundir as coisas um pouco e dar uma trégua para Mavis. Então troquei as armas e coloquei a dele atrás do bar. A dele era uma 38 preta. Se parecia mais com algo que ele carregaria, se fosse carregar algo. Mesmo em uma coronha que não seja lisa você pode deixar impressões, mas em uma coronha de marfim você pode deixar uma bela coleção de impressões no lado esquerdo. Steelgrave não carregaria esse tipo de arma.

Os olhos dela estavam redondos, vazios e confusos.

– Receio não estar acompanhando você muito bem.

– E, se ele matasse um homem, ele o mataria para valer, certificando-se de que o cara estivesse bem morto. O nosso cara se levantou e caminhou um pouco.

Um clarão de alguma coisa apareceu nos seus olhos e foi embora.

– Bem que eu gostaria de dizer que ele falou um pouco – continuei. – Mas não falou. Seus pulmões estavam muito cheios de sangue. Morreu aos meus pés. Lá embaixo.

– Mas lá embaixo onde? Você não me disse onde foi que esse...

– Preciso?

Ela bebericou do seu copo. Sorriu. Depôs o copo. Eu falei:

– Você estava presente quando a pequena Orfamay disse a ele aonde ir.

– Oh, claro que sim. – Boa recuperação. Rápida e limpa. Mas o sorriso dela parecia um pouco mais cansado.

– Só que ele não foi.

O cigarro dela parou no ar. Foi só o que fez. Nada mais. Me aproximei lentamente dos seus lábios. Ela baforou com elegância.

– Essa tem sido a questão esse tempo todo – falei. – Eu

simplesmente não conseguia aceitar o que estava me olhando bem na cara. Steelgrave é Weepy Moyer. Isso é bem sólido, não?

– Certamente que sim. E pode ser provado.

– Steelgrave é um cara regenerado e bem-sucedido. Então esse tal de Stein aparece enchendo o saco dele, querendo algum. Estou adivinhando, mas é mais ou menos assim que aconteceria. Ok, Stein tem que desaparecer. Steelgrave não quer matar ninguém. E ele nunca foi acusado de matar ninguém. Nenhuma acusação pendente. Nenhum ponto obscuro, exceto que ele teve algum tipo de ligação com o crime organizado. Mas ele tem que se livrar de Stein. Ele dá um jeito de ser preso. E então ele sai da cadeia subornando o médico da polícia, mata Stein e volta imediatamente para a cadeia. Quando o assassinato vem a público, seja quem tenha sido que o deixou sair da cadeia vai fugir até o inferno e destruir quaisquer registros existentes da saída dele. Porque os tiras vão aparecer e fazer perguntas.

– Muito naturalmente, *amigo*.

Olhei para ela à procura de fissuras, mas ainda não havia nenhuma.

– Até aí, tudo bem. Mas temos que admitir que esse cara tinha alguma massa cinzenta. Por que ele deixou que o mantivessem na cadeia por dez dias? Resposta número um: para conseguir um álibi. Resposta número dois: porque sabia que mais cedo ou mais tarde essa suspeita de ele ser Moyer seria arejada, então, por que não dar a eles tempo e resolver tudo de uma vez? Assim, a qualquer momento em que um marginal fosse apagado por aqui eles não ficariam chateando Steelgrave e tentando pôr a culpa nele.

– Você gosta dessa idéia, *amigo*?

– Sim. Veja por esse lado. Por que ele almoçaria em um lugar público no exato dia em que estava fora da cadeia para liquidar Stein? E, se ele almoçou, porque ter o jovem Quest por perto para bater a foto? Stein ainda não tinha sido morto, então a foto não era prova de nada. Gosto quando as pessoas dão sorte, mas isto é sorte *demais*. De novo, mesmo se

Steelgrave não soubesse que aquela foto tinha sido tirada, ele sabia quem Quest era. Tinha que saber. Quest andava pedindo dinheiro à irmã para sobreviver desde que perdera o emprego, talvez até antes. Steelgrave tinha uma chave do apartamento de Mavis. Deve ter ficado sabendo de algo sobre esse irmão dela. De onde se conclui simplesmente que *naquela* noite, dentre todas as outras, Steelgrave *não* teria atirado em Stein. Mesmo que tivesse planejado isso.

– Agora cabe a mim perguntar a você quem atirou – ela disse, educadamente.

– Alguém que conhecia Stein e que podia chegar perto dele. Alguém que já sabia que aquela foto tinha sido tirada, que sabia quem Steelgrave era, que sabia que Mavis Weld estava prestes a se tornar uma grande estrela, que sabia que a relação dela com Steelgrave era perigosa, mas que seria mil vezes mais perigosa se Steelgrave fosse acusado pelo assassinato de Stein. Alguém que conhecia Quest, porque ele estivera no apartamento de Mavis Weld, e que o tenha conhecido lá e dado a ele todo o serviço. Ele era um rapaz que sairia fora de si com aquele tipo de tratamento. Alguém que soubesse que aquelas pistolas calibre 32 com coronha de marfim estavam registradas no nome de Steelgrave, mesmo que ele apenas as tivesse comprado para dar a umas garotas, e que, se ele próprio carregasse uma arma, seria uma arma sem registro que não tivesse conexões com ele. Alguém que sabia que...

– Pare! – o som da voz dela era uma apunhalada afiada, mas nem assustada e nem mesmo brava. – Pare já, por favor! Não vou tolerar isso nem mais um minuto. Vá embora agora!

Levantei-me. Ela se recostou, com a pulsação do coração na garganta. Ela estava esplêndida, morena, mortal. E nada jamais conseguiria tocá-la, nem mesmo a lei.

– Por que você matou Quest? – perguntei.

Ela se levantou e chegou bem perto de mim, sorrindo novamente.

– Por duas razões, *amigo*. Ele era louco demais e, no

final, teria me matado. E a outra razão é que nada disso, absolutamente nada, foi por dinheiro. Foi por amor.

Quase comecei a rir na cara dela, mas me segurei. Ela estava séria como a morte. Era algo sobrenatural.

– Não importa quantos amantes uma mulher tenha – ela disse suavemente –, sempre há um que ela não suportará perder para outra mulher. Steelgrave era esse amante.

Fiquei olhando para os adoráveis olhos negros.

– Acredito em você – falei, finalmente.

– Beije-me, *amigo*.

– Meu Deus!

– Preciso ter homens, *amigo*. Mas o homem que amo está morto. Eu o matei. Aquele homem eu não dividiria com ninguém.

– Você esperou um longo tempo.

– Sei ser paciente. Desde que haja esperança.

– Que loucura.

Ela sorriu um sorriso livre, lindo e perfeitamente natural.

– E você não pode fazer coisa nenhuma quanto a tudo isso, querido, a não ser que destrua Mavis Weld inteiramente e de uma vez por todas.

– Ontem à noite ela provou que estava disposta a destruir a si própria.

– Se é que ela não estava atuando – ela olhou agudamente para mim e riu. – Isso doeu, não doeu? Você está apaixonado por ela.

Falei, devagar:

– Isso seria um tanto tolo. Eu poderia sentar no escuro com ela e ficar de mãos dadas, mas por quanto tempo? Em pouco tempo ela vai ser sugada para um labirinto de *glamour*, roupas caras, futilidades, irrealidade e sexo perverso. Não será mais uma pessoa normal. Apenas uma voz em uma trilha sonora, um rosto numa enorme tela. Eu ia querer mais do que isso.

Eu me dirigi à porta sem lhe dar as costas. Mas não esperava realmente por um tiro. Achava que ela preferia me manter do jeito que eu estava: sem poder fazer coisa alguma quanto àquilo tudo.

Olhei para trás enquanto abria a porta. Esguia, morena, adorável e sorridente. Exalando sexo. Inteiramente fora das leis morais deste ou de qualquer outro mundo que eu possa imaginar.

Ela era um fenômeno digno de ser recordado. Saí sem fazer barulho. Muito suavemente a voz dela veio até mim enquanto eu fechava a porta.

– *Querido*, gostei muito de você. É uma pena.

Fechei a porta.

# 35

Quando o elevador se abriu no saguão, um homem estava ali, de pé, esperando por ele. Era alto e magro, e o seu chapéu estava puxado para baixo, por sobre os olhos. Era um dia quente, mas ele estava vestindo uma capa leve com o colarinho virado para cima. Mantinha o queixo colado ao peito.

– Dr. Lagardie – falei, devagar.

Ele olhou discretamente para mim sem nenhum traço de me reconhecer. Entrou no elevador, que subiu.

Fui até a mesinha da recepção e toquei a campainha. O homem grande e gordo veio e se postou com um sorriso doloroso na boca frouxa. Seus olhos não estavam muito brilhantes.

– Me dê o telefone.

Ele se abaixou e o colocou sobre a mesa. Eu disquei Madison 7911. A voz disse:

– Polícia – era o serviço de emergência.

– Château Bercy Apartments, Franklin esquina com Girard, em Hollywood. Um homem chamado dr. Vincent Lagardie, que está sendo procurado para interrogatório por homicídio pelos tenentes French e Beifus, acabou de subir ao apartamento 412. Aqui é Philip Marlowe, detetive particular.

– Franklin e Girard. Espere aí, por favor. Você está armado?
– Sim.
– Segure-o se ele tentar sair.

Desliguei e passei a mão na boca. O gordinho estava recostado contra o balcão, com olhos arregalados.

Vieram rápido – mas não rápido o suficiente. Talvez eu devesse tê-lo impedido. Talvez eu tenha tido o pressentimento do que ele faria e deliberadamente deixei-o fazer. Às vezes, quando estou deprimido, tento pensar nisso tudo. Mas fica complicado demais. Todo o maldito caso foi assim. Nunca houve um ponto em que eu pudesse fazer a coisa óbvia e natural sem ter de parar para atormentar a minha cabeça tentando imaginar de que modo isso afetaria alguém a quem eu devia algo.

Quando arrombaram a porta, ele estava sentado no sofá abraçando-a contra o seu coração. Os olhos dele estavam cegos, e espuma ensangüentada saía da sua boca. Ele tinha mordido a língua.

Embaixo do seio esquerdo e contra a camisa cor de fogo repousava o cabo prateado de uma faca que eu já tinha visto antes. O cabo tinha a forma de uma mulher nua. Os olhos da senhorita Dolores Gonzales estavam entreabertos, e nos seus lábios havia o fantasma indistinto de um sorriso provocante.

– O sorriso de Hipócrates – o residente da ambulância disse, e suspirou. – Nela fica bem.

Ele olhou rapidamente para o dr. Lagardie, que não via nem ouvia nada, a julgar pela sua expressão.

– Acho que alguém perdeu um sonho – o residente disse. Então curvou-se sobre ela e fechou-lhe os olhos.

# Cronologia

**1888** – Nasce Raymond Thorton Chandler, a 23 de julho, em Chicago, filho da imigrante irlandesa Florence Dart Thorton Chandler e de Maurice Benjamin Chandler.

**1889-1894** – Maurice bebe e se ausenta muito. Chandler passa os verões com a mãe e familiares em Plattsmouth, Nebraska. Seus pais acabam se divorciando. O pai desaparece, sem prestar auxílio à família.

**1895-1899** – Muda-se para a Inglaterra com a mãe, em 1895. Cultivam a religião anglicana, e Chandler estuda em uma escola local.

**1900** – Chandler entra para o Dulwich College, em Dulwich, onde estuda matemática, música, latim, francês e história inglesa.

**1901-1902** – Prepara-se para a carreira de negócios. Classifica-se entre os melhores da turma e destaca-se pela habilidade matemática.

**1903-1904** – Lê Virgílio, Cícero, César, Lívio e Ovídio em latim, e Platão, Aristófanes e outros em grego.

**1905-1906** – A família decide mandar Chandler para o exterior, para aprimorar seus estudos em línguas estrangeiras. Reside em Paris e Munique.

**1907-1908** – Vai viver com a mãe em Streatham, subúrbio de Londres. Naturaliza-se súdito britânico. Faz um concurso público, classifica-se em terceiro lugar dentre seiscentos candidatos. Trabalha como funcionário na Marinha, mas pede demissão após seis meses.

**1909-1910** – Trabalha por um curto período de tempo como jornalista no *Daily Express* e então no *Westminster Gazette*. Publica alguns poemas. Em 1911, começa a colaborar com ensaios literários para o periódico *The academy*.

**1912** – Pega emprestadas quinhentas libras esterlinas de um tio e volta aos Estados Unidos. Estabelece-se em Los Angeles. Trabalha em uma fazenda de cultivo de pêssegos e conserta raquetes de tênis. Mora em quartos alugados.

**1913-1914** – Estuda biblioteconomia. Consegue um emprego de bibliotecário e contador em uma fábrica de laticínios, com a ajuda do amigo Warren Lloyd, um advogado.

**1915-1916** – Volta a morar com a mãe, que também está de volta aos Estados Unidos.

**1917** – Engaja-se no exército canadense. Toma um navio para a Inglaterra, após três meses de treinamento.

**1918** – Designado para o 7º batalhão da 2ª Brigada de Infantaria da 1ª Divisão canadense, é mandado à França. Luta nas trincheiras, e mais tarde escreverá: "Uma vez que você tem de liderar um pelotão diretamente para os tiros da metralhadora, nada mais é como antes". Volta à Inglaterra como sargento, após sofrer uma concussão. É transferido para a Royal Air Force, mas a guerra termina durante seu treinamento.

**1919** – Aceita um emprego em um banco inglês, na cidade de San Francisco. Volta a Los Angeles e trabalha por seis semanas no *Daily Express*. Envolve-se com Cissy Pascal, pianista casada com o também pianista Julian Pascal, ambos os quais lhe haviam sido apresentados por Lloyd.

**1920-1923** – Chandler ainda mora com a mãe, quando o divórcio dos Pascal é concluído. Ele protela os planos de casamento com Cissy devido à desaprovação da sua mãe por causa da diferença de idade entre os dois. Trabalha como bibliotecário para Dabney Oil Syndicate, companhia petroleira de propriedade de um irmão de Lloyd.

**1924** – Florence Chandler morre de câncer em janeiro. Chandler e Cissy casam-se em fevereiro. Chandler torna-se auditor da companhia e é logo promovido a vice-presidente do escritório de Los Angeles.

**1925-1931** – Chandler começa a perceber as reais implicações da sua diferença de idade com Cissy. Bebe muito, ameaça suicidar-se e tem casos amorosos com mulheres mais novas que trabalham na mesma companhia que ele.

**1932** – É despedido por alcoolismo e absenteísmo. Passa um tempo em Seattle e volta a Los Angeles quando Cissy é hospitalizada com pneumonia. Trabalha como assistente de Edward Lloyd, filho do seu amigo Warren Lloyd, em um grande caso contra a South Basin Oil Company (ex-Dabney Oil Syndicate) por apropriação indevida de lucros provenientes de campos de extração de propriedade da família Lloyd. Passa a receber uma pensão de US$ 100 de Edward Lloyd, o que lhe permite dedicar-se à escrita. Bebe menos.

**1933** – Decide escrever para revistas de histórias de crime. Seu primeiro conto, *Blackmailers don't shoot* é publicado na *Black mask*, principal revista do gênero da época, que também publicava obras de Dashiell Hammett, Erle Stanley Gardner, entre outros.

**1934-1937** – Publica histórias policiais em *Black mask*, *Dime detective* e *Detective Fiction Weekly*. Chandler e Cissy mudam-se com freqüência.

**1938** – Começa a redação de *O sono eterno (The big sleep)*, seu primeiro romance. Cria o detetive Philip Marlowe e incorpora material de histórias publicadas em revistas (usará a mesma técnica de "canibalização" ao escrever, mais tarde, *Adeus, minha adorada (Farewell, my lovely)* e *A dama do lago (The lady in the lake)*.

**1939** – *O sono eterno* é publicado pela Alfred Knopf nos Estados Unidos e pela Hamish Hamilton na Inglaterra. Recebe boas críticas e vende bem. Começa a escrever *A dama do lago* e *Adeus, minha adorada*. Com o início da Segunda Guerra Mundial, voluntaria-se para treinamento no Exército Canadense, mas é rejeitado devido à idade. Continua a publicar histórias em revistas, mas em menor quantidade.

**1940** – Termina e publica *Adeus, minha adorada*. As vendas decepcionam. Começa a trabalhar em *A janela alta (The high window)*.

**1941** – Vende os direitos de adaptação cinematográfica de *Adeus, minha adorada*.

**1942** – Termina *A janela alta*, e o texto é adaptado para o cinema, no filme *Time to kill*.

**1943** – É contratado pela Paramount para trabalhar no roteiro baseado em *Double Indemnity*, de James M. Cain. Mais tarde, dirá que a experiência foi agoniante. Volta a beber muito. *A dama do lago* é publicado.

**1944** – O filme *Double Indemnity* faz um estrondoso sucesso. O roteiro é indicado ao Oscar. Trabalha como roteirista contratado da Paramount. Publica o ensaio *A simples arte de matar (The simple art of murder)* no *Atlantic Monthly*.

**1945** – Começa o roteiro original de *The blue dahlia*, que deve ser filmado antes de o famoso ator Alan Ladd entrar no serviço militar. Chandler atrasa a entrega do roteiro, e as filmagens se iniciam quando este ainda não foi completado. Chandler propõe ao produtor do filme que trabalhe bêbado para terminar o roteiro. O produtor aceita, e Chandler conclui o roteiro em oito dias, ditando para secretários e recebendo injeções regulares de glicose (o filme sairá em 1946, Chandler será indicado ao Oscar pelo roteiro e receberá o prêmio Edgar da associação Mystery Writers of America). Começa a trabalhar para a MGM no roteiro de *A dama do lago*, mas abandona o projeto depois de desavenças com o estúdio.

**1946** – Sai a versão para cinema de *O sono eterno*. Chandler elogia a interpretação de Humphrey Bogart como Philip Marlowe. Rompe com a Paramount. Ele e Cissy, enfraquecida, vivem em relativa reclusão. Cessa o abuso de álcool.

**1948** – Começa a escrever *A irmãzinha (Little sister)*.

**1949** – Sofre de várias doenças, incluindo bronquite, alergias de pele e herpes. *A irmãzinha* é lançado nos Estados Unidos por uma nova editora, Houghton Mifflin.

**1950** – Trabalha com o diretor e roteirista Alfred Hitchcock na adaptação do romance *Strangers on a train*, de Patricia

Highsmith, para a Warner Brothers (o filme receberia o nome, no Brasil, de *Pacto sinistro*), mas Hitchcock decepciona-se com seu trabalho e substitui Chandler. *A simples arte de matar*, coletânea de histórias antigas, é publicada.

**1951** – Começa a trabalhar no texto do que será *O longo adeus (The long goodbye)*.

**1952** – A saúde de Cissy piora.

**1953** – Recomeça a beber. Cissy sofre de problemas respiratórios e cardíacos. *O longo adeus* é publicado.

**1954** – Cissy morre, após uma série de hospitalizações.

**1955** – Chandler bebe muito e sofre de depressão. Bêbado, tenta o suicídio com um revólver, em 22 de fevereiro. O tiro sai pelo teto do banheiro. Chandler é levado a hospitais psiquiátricos para observação. Vende a casa que comprara com Cissy e deixa a Califórnia, indo visitar amigos em vários lugares. Em Nova York, bebe muito e tem de ser hospitalizado. A bordo do navio no qual viaja para a Inglaterra, recebe a notícia de que ganhou o prêmio Edgar da Mystery Writers of America por *O longo adeus*. Torna-se amigo do escritor Ian Flemming e da pianista Natasha Spender (mulher do poeta Stephen Spender). Retorna aos Estados Unidos, mas volta à Inglaterra ao descobrir que Natasha está doente. Viajam pela Espanha e Marrocos, e voltam a Londres. Natasha é submetida a uma operação bem-sucedida. Chandler bebe muito, é internado e descobre que tem malária.

**1956** – Aluga um pequeno apartamento em Londres, sofre devido ao seu relacionamento com Natasha e acaba voltando aos Estados Unidos por causa dos impostos britânicos. Bebe muito e é hospitalizado em Nova York por má nutrição e fadiga. Continua a beber e por um breve momento considera a possibilidade de casar-se com uma admiradora que no ano anterior lhe escrevera uma carta. Encontra-se com Natasha em dezembro.

**1957** – Envolve-se na vida pessoal da sua secretária, uma australiana divorciada, e seus dois filhos. É internado em conseqüência do abuso de álcool.

**1958** – Inicia a redação do romance *Amor & morte em Poodle Springs (Poodle Springs)*, mas só termina alguns capítulos. Viaja à Inglaterra e então a Capri, na companhia de sua agente e amiga Helga Greene, para entrevistar o mafioso "Lucky" Luciano para o *Sunday Times*. O artigo, *My friend Luco*, não é publicado por razões legais. É hospitalizado em Londres. O romance *Playback*, escrito a partir de um roteiro iniciado, é publicado. Sua saúde continua a declinar.

**1959** – Hospitalizado por Helga Greene, propõe-lhe casamento. Ela aceita. Viaja a Nova York no início de maio na companhia de Helga para tomar posse da presidência do Mystery Writers of America. Ela volta para La Jolla, na Califórnia, enquanto Greene segue para Londres, onde pretendem se estabelecer. Chandler bebe muito, desenvolve pneumonia, é hospitalizado em 23 de março. Morre no dia 26 e no dia 30 é enterrado no cemitério Mount Hope, em San Diego.

# Coleção L&PM POCKET

1. **Catálogo geral da Coleção**
2. **Poesias** – Fernando Pessoa
3. **O livro dos sonetos** – org. Sergio Faraco
4. **Hamlet** – Shakespeare / trad. Millôr
5. **Isadora, frag. autobiográficos** – Isadora Duncan
6. **Histórias sicilianas** – G. Lampedusa
7. **O relato de Arthur Gordon Pym** – Edgar A. Poe
8. **A mulher mais linda da cidade** – Bukowski
9. **O fim de Montezuma** – Hernan Cortez
10. **A ninfomania** – D. T. Bienville
11. **As aventuras de Robinson Crusoé** – D. Defoe
12. **Histórias de amor** – A. Bioy Casares
13. **Armadilha mortal** – Roberto Arlt
14. **Contos de fantasmas** – Daniel Defoe
15. **Os pintores cubistas** – G. Apollinaire
16. **A morte de Ivan Ilitch** – L.Tolstói
17. **A desobediência civil** – D. H. Thoreau
18. **Liberdade, liberdade** – F. Rangel e M. Fernandes
19. **Cem sonetos de amor** – Pablo Neruda
20. **Mulheres** – Eduardo Galeano
21. **Cartas a Théo** – Van Gogh
22. **Don Juan** – Molière / Trad. Millôr Fernandes
24. **Horla** – Guy de Maupassant
25. **O caso de Charles Dexter Ward** – Lovecraft
26. **Vathek** – William Beckford
27. **Hai-Kais** – Millôr Fernandes
28. **Adeus, minha adorada** – Raymond Chandler
29. **Cartas portuguesas** – Mariana Alcoforado
30. **A mensageira das violetas** – Florbela Espanca
31. **Espumas flutuantes** – Castro Alves
32. **Dom Casmurro** – Machado de Assis
34. **Alves & Cia.** – Eça de Queiroz
35. **Uma temporada no inferno** – A. Rimbaud
36. **A corresp. de Fradique Mendes** – Eça de Queiroz
38. **Antologia poética** – Olavo Bilac
39. **O rei Lear** – Shakespeare
40. **Memórias póstumas de Brás Cubas** – M. de Assis
41. **Que loucura!** – Woody Allen
42. **O duelo** – Casanova
43. **Gentidades** – Darcy Ribeiro
45. **Mem. de um Sarg. de Milícias** – M. A. de Almeida
46. **Os escravos** – Castro Alves
47. **O desejo pego pelo rabo** – Pablo Picasso
48. **Os inimigos** – Máximo Gorki
49. **O colar de veludo** – Alexandre Dumas
50. **Livro dos bichos** – Vários
51. **Quincas Borba** – Machado de Assis
52. **O exército de um homem só** – Moacyr Scliar
54. **Frankenstein** – Mary Shelley
55. **Dom Segundo Sombra** – Ricardo Güiraldes
56. **De vagões e vagabundos** – Jack London
57. **O homem bicentenário** – Isaac Asimov
58. **A viuvinha** – José de Alencar
59. **Livro das cortesãs** – org. de Sergio Faraco
60. **Últimos poemas** – Pablo Neruda
61. **A moreninha** – Joaquim Manuel de Macedo
62. **Cinco minutos** – José de Alencar
63. **Saber envelhecer e a amizade** – Cícero
64. **Enquanto a noite não chega** – J. Guimarães
65. **Tufão** – Joseph Conrad
66. **Aurélia** – Gérard de Nerval
67. **I-Juca-Pirama** – Gonçalves Dias
68. **Fábulas** – Esopo
69. **Teresa Filósofa** – Anônimo do Séc. XVIII
70. **Avent. inéditas de Sherlock Holmes** – A. C. Doyle
71. **Quintana de bolso** – Mario Quintana
72. **Antes e depois** – Paul Gauguin
73. **A morte de Olivier Bécaille** – Émile Zola
74. **Iracema** – José de Alencar
75. **Iaiá Garcia** – Machado de Assis
76. **Utopia** – Tomás Morus
77. **Sonetos para amar o amor** – Camões
78. **Carmem** – Prosper Mérimée
79. **Senhora** – José de Alencar
80. **Hagar, o horrível 1** – Dik Browne
81. **O coração das trevas** – Joseph Conrad
82. **Um estudo em vermelho** – Arthur Conan Doyle
83. **Todos os sonetos** – Augusto dos Anjos
84. **A propriedade é um roubo** – P.-J. Proudhon
85. **Drácula** – Bram Stoker
86. **O marido complacente** – Sade
87. **De profundis** – Oscar Wilde
88. **Sem plumas** – Woody Allen
89. **Os bruzundangas** – Lima Barreto
90. **O cão dos Baskervilles** – Arthur Conan Doyle
91. **Paraísos artificiais** – Charles Baudelaire
92. **Cândido, ou o otimismo** – Voltaire
93. **Triste fim de Policarpo Quaresma** – Lima Barreto
94. **Amor de perdição** – Camilo Castelo Branco
95. **A megera domada** – Shakespeare / trad. Millôr
96. **O mulato** – Aluísio Azevedo
97. **O alienista** – Machado de Assis
98. **O livro dos sonhos** – Jack Kerouac
99. **Noite na taverna** – Álvares de Azevedo
100. **Aura** – Carlos Fuentes
102. **Contos gauchescos e Lendas do sul** – Simões Lopes Neto
103. **O cortiço** – Aluísio Azevedo
104. **Marília de Dirceu** – T. A. Gonzaga
105. **O Primo Basílio** – Eça de Queiroz
106. **O ateneu** – Raul Pompéia
107. **Um escândalo na Boêmia** – Arthur Conan Doyle
108. **Contos** – Machado de Assis
109. **200 Sonetos** – Luis Vaz de Camões
110. **O príncipe** – Maquiavel
111. **A escrava Isaura** – Bernardo Guimarães
112. **O solteirão nobre** – Conan Doyle
114. **Shakespeare de A a Z** – Shakespeare
115. **A relíquia** – Eça de Queiroz
117. **Livro do corpo** – Vários
118. **Lira dos 20 anos** – Álvares de Azevedo
119. **Esaú e Jacó** – Machado de Assis
120. **A barcarola** – Pablo Neruda
121. **Os conquistadores** – Júlio Verne
122. **Contos breves** – G. Apollinaire
123. **Taipi** – Herman Melville

124. **Livro dos desaforos** – org. de Sergio Faraco
125. **A mão e a luva** – Machado de Assis
126. **Doutor Miragem** – Moacyr Scliar
127. **O penitente** – Isaac B. Singer
128. **Diários da descoberta da América** – C.Colombo
129. **Édipo Rei** – Sófocles
130. **Romeu e Julieta** – Shakespeare
131. **Hollywood** – Charles Bukowski
132. **Billy the Kid** – Pat Garrett
133. **Cuca fundida** – Woody Allen
134. **O jogador** – Dostoiévski
135. **O livro da selva** – Rudyard Kipling
136. **O vale do terror** – Arthur Conan Doyle
137. **Dançar tango em Porto Alegre** – S. Faraco
138. **O gaúcho** – Carlos Reverbel
139. **A volta ao mundo em oitenta dias** – J. Verne
140. **O livro dos esnobes** – W. M. Thackeray
141. **Amor & morte em Poodle Springs** – Raymond Chandler & R. Parker
142. **As aventuras de David Balfour** – Stevenson
143. **Alice no país das maravilhas** – Lewis Carroll
144. **A ressurreição** – Machado de Assis
145. **Inimigos, uma história de amor** – I. Singer
146. **O Guarani** – José de Alencar
147. **A cidade e as serras** – Eça de Queiroz
148. **Eu e outras poesias** – Augusto dos Anjos
149. **A mulher de trinta anos** – Balzac
150. **Pomba enamorada** – Lygia F. Telles
151. **Contos fluminenses** – Machado de Assis
152. **Antes de Adão** – Jack London
153. **Intervalo amoroso** – A.Romano de Sant'Anna
154. **Memorial de Aires** – Machado de Assis
155. **Naufrágios e comentários** – Cabeza de Vaca
156. **Ubirajara** – José de Alencar
157. **Textos anarquistas** – Bakunin
159. **Amor de salvação** – Camilo Castelo Branco
160. **O gaúcho** – José de Alencar
161. **O livro das maravilhas** – Marco Polo
162. **Inocência** – Visconde de Taunay
163. **Helena** – Machado de Assis
164. **Uma estação de amor** – Horácio Quiroga
165. **Poesia reunida** – Martha Medeiros
166. **Memórias de Sherlock Holmes** – Conan Doyle
167. **A vida de Mozart** – Stendhal
168. **O primeiro terço** – Neal Cassady
169. **O mandarim** – Eça de Queiroz
170. **Um espinho de marfim** – Marina Colasanti
171. **A ilustre Casa de Ramires** – Eça de Queiroz
172. **Lucíola** – José de Alencar
173. **Antígona** – Sófocles – trad. Donaldo Schüler
174. **Otelo** – William Shakespeare
175. **Antologia** – Gregório de Matos
176. **A liberdade de imprensa** – Karl Marx
177. **Casa de pensão** – Aluísio Azevedo
178. **São Manuel Bueno, Mártir** – Unamuno
179. **Primaveras** – Casimiro de Abreu
180. **O noviço** – Martins Pena
181. **O sertanejo** – José de Alencar
182. **Eurico, o presbítero** – Alexandre Herculano
183. **O signo dos quatro** – Conan Doyle
184. **Sete anos no Tibet** – Heinrich Harrer
185. **Vagamundo** – Eduardo Galeano
186. **De repente acidentes** – Carl Solomon
187. **As minas de Salomão** – Rider Haggar
188. **Uivo** – Allen Ginsberg
189. **A ciclista solitária** – Conan Doyle
190. **Os seis bustos de Napoleão** – Conan Doyle
191. **Cortejo do divino** – Nelida Piñon
194. **Os crimes do amor** – Marquês de Sade
195. **Besame Mucho** – Mário Prata
196. **Tuareg** – Alberto Vázquez-Figueroa
197. **O longo adeus** – Raymond Chandler
199. **Notas de um velho safado** – C. Bukowski
200. **111 ais** – Dalton Trevisan
201. **O nariz** – Nicolai Gogol
202. **O capote** – Nicolai Gogol
203. **Macbeth** – William Shakespeare
204. **Heráclito** – Donaldo Schüler
205. **Você deve desistir, Osvaldo** – Cyro Martins
206. **Memórias de Garibaldi** – A. Dumas
207. **A arte da guerra** – Sun Tzu
208. **Fragmentos** – Caio Fernando Abreu
209. **Festa no castelo** – Moacyr Scliar
210. **O grande deflorador** – Dalton Trevisan
212. **Homem do príncipio ao fim** – Millôr Fernandes
213. **Aline e seus dois namorados** – A. Iturrusgarai
214. **A juba do leão** – Sir Arthur Conan Doyle
215. **Assassino metido a esperto** – R. Chandler
216. **Confissões de um comedor de ópio** – T.De Quincey
217. **Os sofrimentos do jovem Werther** – Goethe
218. **Fedra** – Racine / Trad. Millôr Fernandes
219. **O vampiro de Sussex** – Conan Doyle
220. **Sonho de uma noite de verão** – Shakespeare
221. **Dias e noites de amor e de guerra** – Galeano
222. **O Profeta** – Khalil Gibran
223. **Flávia, cabeça, tronco e membros** – M. Fernandes
224. **Guia da ópera** – Jeanne Suhamy
225. **Macário** – Álvares de Azevedo
226. **Etiqueta na prática** – Celia Ribeiro
227. **Manifesto do partido comunista** – Marx & Engels
228. **Poemas** – Millôr Fernandes
229. **Um inimigo do povo** – Henrik Ibsen
230. **O paraíso destruído** – Frei B. de las Casas
231. **O gato no escuro** – Josué Guimarães
232. **O mágico de Oz** – L. Frank Baum
233. **Armas no Cyrano's** – Raymond Chandler
234. **Max e os felinos** – Moacyr Scliar
235. **Nos céus de Paris** – Alcy Cheuiche
236. **Os bandoleiros** – Schiller
237. **A primeira coisa que eu botei na boca** – Deonísio da Silva
238. **As aventuras de Simbad, o marújo**
239. **O retrato de Dorian Gray** – Oscar Wilde
240. **A carteira de meu tio** – J. Manuel de Macedo
241. **A luneta mágica** – J. Manuel de Macedo
242. **A metamorfose** – Kafka
243. **A flecha de ouro** – Joseph Conrad
244. **A ilha do tesouro** – R. L. Stevenson
245. **Marx - Vida & Obra** – José A. Giannotti
246. **Gênesis**
247. **Unidos para sempre** – Ruth Rendell
248. **A arte de amar** – Ovídio

249. **O sono eterno** – Raymond Chandler
250. **Novas receitas do Anonymus Gourmet** – J.A.P.M.
251. **A nova catacumba** – Arthur Conan Doyle
252. **O dr. Negro** – Arthur Conan Doyle
253. **Os voluntários** – Moacyr Scliar
254. **A bela adormecida** – Irmãos Grimm
255. **O príncipe sapo** – Irmãos Grimm
256. **Confissões** *e* **Memórias** – H. Heine
257. **Viva o Alegrete** – Sergio Faraco
258. **Vou estar esperando** – R. Chandler
259. **A senhora Beate e seu filho** – Schnitzler
260. **O ovo apunhalado** – Caio Fernando Abreu
261. **O ciclo das águas** – Moacyr Scliar
262. **Millôr Definitivo** – Millôr Fernandes
264. **Viagem ao centro da Terra** – Júlio Verne
265. **A dama do lago** – Raymond Chandler
266. **Caninos brancos** – Jack London
267. **O médico e o monstro** – R. L. Stevenson
268. **A tempestade** – William Shakespeare
269. **Assassinatos na rua Morgue** – E. Allan Poe
270. **99 corruíras nanicas** – Dalton Trevisan
271. **Broquéis** – Cruz e Sousa
272. **Mês de cães danados** – Moacyr Scliar
273. **Anarquistas – vol. 1 – A idéia** – G. Woodcock
274. **Anarquistas – vol. 2 – O movimento** – G.Woodcock
275. **Pai e filho, filho e pai** – Moacyr Scliar
276. **As aventuras de Tom Sawyer** – Mark Twain
277. **Muito barulho por nada** – W. Shakespeare
278. **Elogio da loucura** – Erasmo
279. **Autobiografia de Alice B. Toklas** – G. Stein
280. **O chamado da floresta** – J. London
281. **Uma agulha para o diabo** – Ruth Rendell
282. **Verdes vales do fim do mundo** – A. Bivar
283. **Ovelhas negras** – Caio Fernando Abreu
284. **O fantasma de Canterville** – O. Wilde
285. **Receitas de Yayá Ribeiro** – Celia Ribeiro
286. **A galinha degolada** – H. Quiroga
287. **O último adeus de Sherlock Holmes** – A. Conan Doyle
288. **A. Gourmet** *em* **Histórias de cama & mesa** – J. A. Pinheiro Machado
289. **Topless** – Martha Medeiros
290. **Mais receitas do Anonymus Gourmet** – J. A. Pinheiro Machado
291. **Origens do discurso democrático** – D. Schüler
292. **Humor politicamente incorreto** – Nani
293. **O teatro do bem e do mal** – E. Galeano
294. **Garibaldi & Manoela** – J. Guimarães
295. **10 dias que abalaram o mundo** – John Reed
296. **Numa fria** – Charles Bukowski
297. **Poesia de Florbela Espanca** vol. 1
298. **Poesia de Florbela Espanca** vol. 2
299. **Escreva certo** – E. Oliveira e M. E. Bernd
300. **O vermelho e o negro** – Stendhal
301. **Ecce homo** – Friedrich Nietzsche
302(7). **Comer bem, sem culpa** – Dr. Fernando Lucchese, A. Gourmet e Iotti
303. **O livro de Cesário Verde** – Cesário Verde
304. **100 receitas de macarrão** – S. Lancellotti
305. **160 receitas de molhos** – S. Lancellotti
307. **100 receitas light** – H. e Â. Tonetto
308. **100 receitas de sobremesas** – Celia Ribeiro
309. **Mais de 100 dicas de churrasco** – Leon Diziekaniak
310. **100 receitas de acompanhamentos** – C. Cabeda
311. **Honra ou vendetta** – S. Lancellotti
312. **A alma do homem sob o socialismo** – Oscar Wilde
313. **Tudo sobre Yôga** – Mestre De Rose
314. **Os varões assinalados** – Tabajara Ruas
315. **Édipo em Colono** – Sófocles
316. **Lisístrata** – Aristófanes / trad. Millôr
317. **Sonhos de Bunker Hill** – John Fante
318. **Os deuses de Raquel** – Moacyr Scliar
319. **O colosso de Marússia** – Henry Miller
320. **As eruditas** – Molière / trad. Millôr
321. **Radicci 1** – Iotti
322. **Os Sete contra Tebas** – Ésquilo
323. **Brasil Terra à vista** – Eduardo Bueno
324. **Radicci 2** – Iotti
325. **Júlio César** – William Shakespeare
326. **A carta de Pero Vaz de Caminha**
327. **Cozinha Clássica** – Sílvio Lancellotti
328. **Madame Bovary** – Gustave Flaubert
329. **Dicionário do viajante insólito** – M. Scliar
330. **O capitão saiu para o almoço...** – Bukowski
331. **A carta roubada** – Edgar Allan Poe
332. **É tarde para saber** – Josué Guimarães
333. **O livro de bolso da Astrologia** – Maggy Harrisonx e Mellina Li
334. **1933 foi um ano ruim** – John Fante
335. **100 receitas de arroz** – Aninha Comas
336. **Guia prático do Português correto – vol. 1** – Cláudio Moreno
337. **Bartleby, o escriturário** – H. Melville
338. **Enterrem meu coração na curva do rio** – Dee Brown
339. **Um conto de Natal** – Charles Dickens
340. **Cozinha sem segredos** – J. A. P. Machado
341. **A dama das Camélias** – A. Dumas Filho
342. **Alimentação saudável** – H. e Â. Tonetto
343. **Continhos galantes** – Dalton Trevisan
344. **A Divina Comédia** – Dante Alighieri
345. **A Dupla Sertanojo** – Santiago
346. **Cavalos do amanhecer** – Mario Arregui
347. **Biografia de Vincent van Gogh por sua cunhada** – Jo van Gogh-Bonger
348. **Radicci 3** – Iotti
349. **Nada de novo no front** – E. M. Remarque
350. **A hora dos assassinos** – Henry Miller
351. **Flush - Memórias de um cão** – Virginia Woolf
352. **A guerra no Bom Fim** – M. Scliar
353(1). **O caso Saint-Fiacre** – Simenon
354(2). **Morte na alta sociedade** – Simenon
355(3). **O cão amarelo** – Simenon
356(4). **Maigret e o homem do banco** – Simenon
357. **As uvas e o vento** – Pablo Neruda
358. **On the road** – Jack Kerouac
359. **O coração amarelo** – Pablo Neruda
360. **Livro das perguntas** – Pablo Neruda
361. **Noite de Reis** – William Shakespeare
362. **Manual de Ecologia** – vol.1 – J. Lutzenberger
363. **O mais longo dos dias** – Cornelius Ryan
364. **Foi bom prá você?** – Nani

365. **Crepusculário** – Pablo Neruda
366. **A comédia dos erros** – Shakespeare
367(5). **A primeira investigação de Maigret** – Simenon
368(6). **As férias de Maigret** – Simenon
369. **Mate-me por favor (vol.1)** – L. McNeil
370. **Mate-me por favor (vol.2)** – L. McNeil
371. **Carta ao pai** – Kafka
372. **Os vagabundos iluminados** – J. Kerouac
373(7). **O enforcado** – Simenon
374(8). **A fúria de Maigret** – Simenon
375. **Vargas, uma biografia política** – H. Silva
376. **Poesia reunida (vol.1)** – A. R. de Sant'Anna
377. **Poesia reunida (vol.2)** – A. R. de Sant'Anna
378. **Alice no país do espelho** – Lewis Carroll
379. **Residência na Terra 1** – Pablo Neruda
380. **Residência na Terra 2** – Pablo Neruda
381. **Terceira Residência** – Pablo Neruda
382. **O delírio amoroso** – Bocage
383. **Futebol ao sol e à sombra** – E. Galeano
384(9). **O porto das brumas** – Simenon
385(10). **Maigret e seu morto** – Simenon
386. **Radicci 4** – Iotti
387. **Boas maneiras & sucesso nos negócios** – Celia Ribeiro
388. **Uma história Farroupilha** – M. Scliar
389. **Na mesa ninguém envelhece** – J. A. P. Machado
390. **200 receitas inéditas do Anonymus Gourmet** – J. A. Pinheiro Machado
391. **Guia prático do Português correto – vol.2** – Cláudio Moreno
392. **Breviário das terras do Brasil** – Assis Brasil
393. **Cantos Cerimoniais** – Pablo Neruda
394. **Jardim de Inverno** – Pablo Neruda
395. **Antonio e Cleópatra** – William Shakespeare
396. **Tróia** – Cláudio Moreno
397. **Meu tio matou um cara** – Jorge Furtado
398. **O anatomista** – Federico Andahazi
399. **As viagens de Gulliver** – Jonathan Swift
400. **Dom Quixote – v.1** – Miguel de Cervantes
401. **Dom Quixote – v.2** – Miguel de Cervantes
402. **Sozinho no Pólo Norte** – Thomaz Brandolin
403. **Matadouro 5** – Kurt Vonnegut
404. **Delta de Vênus** – Anaïs Nin
405. **O melhor de Hagar 2** – Dik Browne
406. **É grave Doutor?** – Nani
407. **Orai pornô** – Nani
408(11). **Maigret em Nova York** – Simenon
409(12). **O assassino sem rosto** – Simenon
410(13). **O mistério das jóias roubadas** – Simenon
411. **A irmãzinha** – Raymond Chandler
412. **Três contos** – Gustave Flaubert
413. **De ratos e homens** – John Steinbeck
414. **Lazarilho de Tormes** – Anônimo do séc. XVI
415. **Triângulo das águas** – Caio Fernando Abreu
416. **100 receitas de carnes** – Sílvio Lancellotti
417. **Histórias de robôs: vol.1** – org. Isaac Asimov
418. **Histórias de robôs: vol.2** – org. Isaac Asimov
419. **Histórias de robôs: vol.3** – org. Isaac Asimov
420. **O país dos centauros** – Tabajara Ruas
421. **A república de Anita** – Tabajara Ruas
422. **A carga dos lanceiros** – Tabajara Ruas
423. **Um amigo de Kafka** – Isaac Singer
424. **As alegres matronas de Windsor** – Shakespeare
425. **Amor e exílio** – Isaac Bashevis Singer
426. **Use & abuse do seu signo** – Marília Fiorillo e Marylou Simonsen
427. **Pigmaleão** – Bernard Shaw
428. **As fenícias** – Eurípides
429. **Everest** – Thomaz Brandolin
430. **A arte de furtar** – Anônimo do séc. XVI
431. **Billy Bud** – Herman Melville
432. **A rosa separada** – Pablo Neruda
433. **Elegia** – Pablo Neruda
434. **A garota de Cassidy** – David Goodis
435. **Como fazer a guerra: máximas de Napoleão** – Balzac
436. **Poemas escolhidos** – Emily Dickinson
437. **Gracias por el fuego** – Mario Benedetti
438. **O sofá** – Crébillon Fils
439. **O "Martín Fierro"** – Jorge Luis Borges
440. **Trabalhos de amor perdidos** – W. Shakespeare
441. **O melhor de Hagar 3** – Dik Browne
442. **Os Maias (volume1)** – Eça de Queiroz
443. **Os Maias (volume2)** – Eça de Queiroz
444. **Anti-Justine** – Restif de La Bretonne
445. **Juventude** – Joseph Conrad
446. **Contos** – Eça de Queiroz
447. **Janela para a morte** – Raymond Chandler
448. **Um amor de Swann** – Marcel Proust
449. **À paz perpétua** – Immanuel Kant
450. **A conquista do México** – Hernan Cortez
451. **Defeitos escolhidos e 2000** – Pablo Neruda
452. **O casamento do céu e do inferno** – William Blake
453. **A primeira viagem ao redor do mundo** – Antonio Pigafetta
454(14). **Uma sombra na janela** – Simenon
455(15). **A noite da encruzilhada** – Simenon
456(16). **A velha senhora** – Simenon
457. **Sartre** – Annie Cohen-Solal
458. **Discurso do método** – René Descartes
459. **Garfield em grande forma** – Jim Davis
460. **Garfield está de dieta** – Jim Davis
461. **O livro das feras** – Patricia Highsmith
462. **Viajante solitário** – Jack Kerouac
463. **Auto da barca do inferno** – Gil Vicente
464. **O livro vermelho dos pensamentos de Millôr** – Millôr Fernandes
465. **O livro dos abraços** – Eduardo Galeano
466. **Voltaremos!** – José Antonio Pinheiro Machado
467. **Rango** – Edgar Vasques
468(8). **Dieta mediterrânea** – Dr. Fernando Lucchese e José Antonio Pinheiro Machado
469. **Radicci 5** – Iotti
470. **Pequenos pássaros** – Anaïs Nin
471. **Guia prático do Português correto – vol.3** – Cláudio Moreno
472. **Atire no pianista** – David Goodis
473. **Antologia Poética** – García Lorca
474. **Alexandre e César** – Plutarco
475. **Uma espiã na casa do amor** – Anaïs Nin
476. **A gorda do Tiki Bar** – Dalton Trevisan
477. **Garfield um gato de peso** – Jim Davis

478. **Canibais** – David Coimbra
479. **A arte de escrever** – Arthur Schopenhauer
480. **Pinóquio** – Carlo Collodi
481. **Misto-quente** – Charles Bukowski
482. **A lua na sarjeta** – David Goodis
483. **O melhor do Recruta Zero (1)** – Mort Walker
484. **Aline 2** – Adão Iturrusgarai
485. **Sermões do Padre Antonio Vieira**
486. **Garfield numa boa** – Jim Davis
487. **Mensagem** – Fernando Pessoa
488. **Vendeta** seguido de **A paz conjugal** – Balzac
489. **Poemas de Alberto Caeiro** – Fernando Pessoa
490. **Ferragus** – Honoré de Balzac
491. **A duquesa de Langeais** – Honoré de Balzac
492. **A menina dos olhos de ouro** – Honoré de Balzac
493. **O lírio do vale** – Honoré de Balzac
494.(17). **A barcaça da morte** – Simenon
495.(18). **As testemunhas rebeldes** – Simenon
496.(19). **Um engano de Maigret** – Simenon
497.(1). **A noite das bruxas** – Agatha Christie
498.(2). **Um passe de mágica** – Agatha Christie
499.(3). **Nêmesis** – Agatha Christie
500. **Esboço para uma teoria das emoções** – Sartre
501. **Renda básica de cidadania** – Eduardo Suplicy
502.(1). **Pílulas para viver melhor** – Dr. Lucchese
503.(2). **Pílulas para prolongar a juventude** – Dr. Lucchese
504.(3). **Desembarcando o Diabetes** – Dr. Lucchese
505.(4). **Desembarcando o Sedentarismo** – Dr. Fernando Lucchese e Cláudio Castro
506.(5). **Desembarcando a Hipertensão** – Dr. Lucchese
507.(6). **Desembarcando o Colesterol** – Dr. Fernando Lucchese e Fernanda Lucchese
508. **Estudos de mulher** – Laerte
509. **O terceiro tira** – Flann O'Brien
510. **100 receitas de aves e ovos** – J. A. P. Machado
511. **Garfield em toneladas de diversão** – Jim Davis
512. **Trem-bala** – Martha Medeiros
513. **Os cães ladram** – Truman Capote
514. **O Kama Sutra de Vatsyayana**
515. **O crime do Padre Amaro** – Eça de Queiroz
516. **Odes de Ricardo Reis** – Fernando Pessoa
517. **O inverno da nossa desesperança** – Steinbeck
518. **Piratas do Tietê (1)** – Laerte
519. **Rê Bordosa: do começo ao fim** – Angeli
520. **O Harlem é escuro** – Chester Himes
521. **Café-da-manhã dos campeões** – Kurt Vonnegut
522. **Eugénie Grandet** – Balzac
523. **O último magnata** – F. Scott Fitzgerald
524. **Carol** – Patricia Highsmith
525. **100 receitas de patisseria** – Sílvio Lancellotti
526. **O fator humano** – Graham Greene
527. **Tristessa** – Jack Kerouac
528. **O diamante do tamanho do Ritz** – S. Fitzgerald
529. **As melhores histórias de Sherlock Holmes** – Arthur Conan Doyle
530. **Cartas a um jovem poeta** – Rilke
531.(20). **Memórias de Maigret** – Simenon
532.(4). **O misterioso sr. Quin** – Agatha Christie
533. **Os analectos** – Confúcio
534.(21). **Maigret e os homens de bem** – Simenon
535.(22). **O medo de Maigret** – Simenon
536. **Ascensão e queda de César Birotteau** – Balzac
537. **Sexta-feira negra** – David Goodis
538. **Ora bolas – O humor de Mario Quintana** – Juarez Fonseca
539. **Longe daqui aqui mesmo** – Antonio Bivar
540.(5). **É fácil matar** – Agatha Christie
541. **O pai Goriot** – Balzac
542. **Brasil, um país do futuro** – Stefan Zweig
543. **O processo** – Kafka
544. **O melhor de Hagar 4** – Dik Browne
545.(6). **Por que não pediram a Evans?** – Agatha Christie
546. **Fanny Hill** – John Cleland
547. **O gato por dentro** – William S. Burroughs
548. **Sobre a brevidade da vida** – Sêneca
549. **Geraldão (1)** – Glauco
550. **Piratas do Tietê (2)** – Laerte
551. **Pagando o pato** – Ciça
552. **Garfield de bom humor** – Jim Davis
553. **Conhece o Mário?** – Santiago
554. **Radicci 6** – Iotti
555. **Os subterrâneos** – Jack Kerouac
556.(1). **Balzac** – François Taillandier
557.(2). **Modigliani** – Christian Parisot
558.(3). **Kafka** – Gérard-Georges Lemaire
559.(4). **Júlio César** – Joël Schmidt
560. **Receitas da família** – J. A. Pinheiro Machado
561. **Boas maneiras à mesa** – Celia Ribeiro
562.(9). **Filhos sadios, pais felizes** – R. Pagnoncelli
563.(10). **Fatos & mitos** – Dr. Fernando Lucchese
564. **Ménage à trois** – Paula Taitelbaum
565. **Mulheres!** – David Coimbra
566. **Poemas de Álvaro de Campos** – Fernando Pessoa
567. **Medo e outras histórias** – Stefan Zweig
568. **Snoopy e sua turma (1)** – Schulz
569. **Piadas para sempre (1)** – Visconde da Casa Verde
570. **O alvo móvel** – Ross Macdonald
571. **O melhor do Recruta Zero (2)** – Mort Walker
572. **Um sonho americano** – Norman Mailer
573. **Os broncos também amam** – Angeli
574. **Crônica de um amor louco** – Bukowski
575.(5). **Freud** – René Major e Chantal Talagrand
576.(6). **Picasso** – Gilles Plazy
577.(7). **Gandhi** – Christine Jordis
578. **A tumba** – H. P. Lovecraft
579. **O príncipe e o mendigo** – Mark Twain
580. **Garfield, um charme de gato** – Jim Davis
581. **Ilusões perdidas** – Balzac
582. **Esplendores e misérias das cortesãs** – Balzac
583. **Walter Ego** – Angeli
584. **Striptiras (1)** – Laerte
585. **Fagundes: um puxa-saco de mão cheia** – Laerte
586. **Depois do último trem** – Josué Guimarães
587. **Ricardo III** – Shakespeare
588. **Dona Anja** – Josué Guimarães
589. **24 horas na vida de uma mulher** – Stefan Zweig
590. **O terceiro homem** – Graham Greene
591. **Mulher no escuro** – Dashiell Hammett
592. **No que acredito** – Bertrand Russell
593. **Odisséia (1): Telemaquia** – Homero
594. **O cavalo cego** – Josué Guimarães

595. **Henrique V** – Shakespeare
596. **Fabulário geral do delírio cotidiano** – Bukowski
597. **Tiros na noite 1: A mulher do bandido** – Dashiell Hammett
598. **Snoopy em Feliz Dia dos Namorados! (2)** – Schulz
599. **Mas não se matam cavalos?** – Horace McCoy
600. **Crime e castigo** – Dostoiévski
601(7). **Mistério no Caribe** – Agatha Christie
602. **Odisséia (2): Regresso** – Homero
603. **Piadas para sempre (2)** – Visconde da Casa Verde
604. **À sombra do vulcão** – Malcolm Lowry
605(8). **Kerouac** – Yves Buin
606. **E agora são cinzas** – Angeli
607. **As mil e uma noites** – Paulo Caruso
608. **Um assassino entre nós** – Ruth Rendell
609. **Crack-up** – F. Scott Fitzgerald
610. **Do amor** – Stendhal
611. **Cartas do Yage** – William Burroughs e Allen Ginsberg
612. **Striptiras (2)** – Laerte
613. **Henry & June** – Anaïs Nin
614. **A piscina mortal** – Ross Macdonald
615. **Geraldão (2)** – Glauco
616. **Tempo de delicadeza** – A. R. de Sant'Anna
617. **Tiros na noite 2: Medo de tiro** – Dashiell Hammett
618. **Snoopy em Assim é a vida, Charlie Brown! (3)** – Schulz
619. **1954 – Um tiro no coração** – Hélio Silva
620. **Sobre a inspiração poética (Íon) e ...** – Platão
621. **Garfield e seus amigos** – Jim Davis
622. **Odisséia (3): Ítaca** – Homero
623. **A louca matança** – Chester Himes
624. **Factótum** – Charles Bukowski
625. **Guerra e Paz: volume 1** – Tolstói
626. **Guerra e Paz: volume 2** – Tolstói
627. **Guerra e Paz: volume 3** – Tolstói
628. **Guerra e Paz: volume 4** – Tolstói
629(9). **Shakespeare** – Claude Mourthé
630. **Bem está o que bem acaba** – Shakespeare
631. **O contrato social** – Rousseau
632. **Geração Beat** – Jack Kerouac
633. **Snoopy: É Natal! (4)** – Charles Schulz
634(8). **Testemunha da acusação** – Agatha Christie
635. **Um elefante no caos** – Millôr Fernandes
636. **Guia de leitura (100 autores que você precisa ler)** – Organização de Léa Masina
637. **Pistoleiros também mandam flores** – David Coimbra
638. **O prazer das palavras – vol. 1** – Cláudio Moreno
639. **O prazer das palavras – vol. 2** – Cláudio Moreno
640. **Novíssimo testamento: com Deus e o diabo, a dupla da criação** – Iotti
641. **Literatura Brasileira: modos de usar** – Luís Augusto Fischer
642. **Dicionário de Porto-Alegrês** – Luís A. Fischer
643. **Clô Dias & Noites** – Sérgio Jockymann
644. **Memorial de Isla Negra** – Pablo Neruda
645. **Um homem extraordinário e outras histórias** – Tchekhov
646. **Ana sem terra** – Alcy Cheuiche
647. **Adultérios** – Woody Allen
648. **Playback** – Raymond Chandler
649. **Nosso homem em Havana** – Graham Greene
650. **Dicionário Caldas Aulete de Bolso**
651. **Snoopy: Posso fazer uma pergunta, professora? (5)** – Charles Schulz
652(10). **Luís XVI** – Bernard Vincent
653. **O mercador de Veneza** – Shakespeare
654. **Cancioneiro** – Fernando Pessoa
655. **Non-Stop** – Martha Medeiros
656. **Carpinteiros, levantem bem alto a cumeeira & Seymour, uma apresentação** – J.D.Salinger
657. **Ensaios céticos** – Bertrand Russell
658. **Melhor de Hagar 5** – Dik Browne
659. **Primeiro amor** – Ivan Turguêniev
660. **A trégua** – Mario Benedetti
661. **Um parque de diversões da cabeça** – Lawrence Ferlinghetti
662. **Aprendendo a viver** – Sêneca
663. **Garfield 9** – Jim Davis